Johannes Pantel

DER KALTE KRIEG DER GENERATIONEN

Johannes Pantel

DER KALTE KRIEG DER GENERATIONEN

Wie wir die Solidarität zwischen Jung und Alt erhalten

HERDER

FREIBURG · BASEL · WIEN

Für meine Eltern

MIX
Papier aus verantwortungsvollen Quellen
FSC® C014496

Verlag Herder GmbH, Freiburg im Breisgau 2022

www.herder.de

Umschlaggestaltung: © Sabine Hanel, Rohrdorf
Satz: Carsten Klein, Torgau
Herstellung: GGP Media GmbH, Pößneck

Printed in Germany

ISBN Print: 978-3-451-39082-1
ISBN E-Book (EPUB): 978-3-451-82699-3
ISBN E-Book (PDF): 978-3-451-82704-4

Inhalt

Vorwort

In Medien und sozialen Netzwerken ist das Thema schon eine Weile präsent: Die Jungen begehren auf. Sie graben das Kriegsbeil aus, um gegen die Alten zu Felde zu ziehen. Millennials gegen Boomer! Sie haben noch nichts davon gehört? Sie wissen nicht einmal genau, was ein Boomer ist? Dann sind Sie vielleicht selbst einer und sollten dieses Buch unbedingt lesen.

OK Boomer, um dies gleich am Anfang klarzustellen: Diese Anrede ist meist nicht als Kompliment gemeint. Sie hat etwas Spöttisches, Ausgrenzendes, Sarkastisches. Denn Boomer, so die verbreitete Ansicht, blicken – bei aller Herablassung, mit der sie jüngeren Menschen begegnen – nicht wirklich durch. Sie sind langsam, altmodisch, uncool, peinlich, mit anderen Worten: Boomer sind *cringe*!

Boomer oder Babyboomer ist eine Fremdbezeichnung. Im engeren Sinne steht sie für die Mitglieder der geburtenstarken Jahrgänge, also für diejenigen, die in den Jahren 1955 bis 1969 das Licht der Welt erblickten. Im weiteren Sinne wird sie abfällig für alte Menschen im Allgemeinen verwendet, für alle über 50 oder wahlweise für diejenigen, die graue Haare haben, schon etwas länger auf der Welt sind und damit zu »den Alten« gehören, die bekanntlich den Planeten an die Wand gefahren haben.

Und »die Alten« werden immer mehr. Unsere Gesellschaft altert unaufhaltsam. Oft schon wurde – teils in alarmistischen Pamphleten, teils in seriösen wissenschaftlichen Publikationen – auf die möglichen sozialen Folgen des demografischen Wandels hingewiesen. Diese Entwicklung berge Sprengstoff, so hieß es, nicht nur für unsere sozialen und medizinisch-pflegerischen Versorgungssysteme, sondern auch für den gesellschaftlichen Zusammenhalt insgesamt. Doch die Katastrophen blieben aus und die Kassandrarufe verhallten. Bisher konnten wir danach stets wieder zur Tagesordnung übergehen.

Mit Eintritt der Babyboomer in den Ruhestand sind diese Zeiten endgültig vorbei: Die Stimmung beginnt zu kippen und das lauernde Konfliktpotenzial könnte endgültig scharf gestellt werden. Denn die unangenehme Wahrheit ist: Aufgrund der schieren Größe der Boomer-Generation handelt es sich bei dem drohenden Generationenkonflikt wie kaum je zuvor um einen Ressourcenkonflikt, der nicht nur die Solidarität zwischen Jung und Alt, sondern auch die Lebens- und Überlebenschancen alter Menschen zur Disposition stellen könnte.

Das klingt bedrohlich. Und doch ist dies kein Buch, das vor der angeblichen »Überalterung« oder »Vergreisung« unserer Gesellschaft warnt. Denn davon gibt es schon zu viele. Vielmehr möchte ich dazu anregen, über die Gefahren einer Militarisierung im Verhältnis der Generationen nachzudenken, über die Gefahren einer Aufrüstung in den Köpfen, eines »Kalten Krieges« der Generationen gar. Denn sollten sich die Feindbilder verfestigen, so stünde dies nicht nur allen konstruktiven Lösungen des heraufziehenden Generationenkonfliktes im Weg, sondern könnte bald schon zulasten derjenigen gehen, die der Solidarität unserer Gesellschaft in besonderer Weise bedürfen. In diesem Sinne habe ich dieses Buch für Menschen jeden Alters geschrieben, denen an einem friedlichen und solidarischen Miteinander gelegen ist.

Johannes Pantel im Frühjahr 2022

Teil 1:

Nicht mehr beste Freunde?

Warum erleidet ein ganzes Land durch Corona Einschränkungen, wenn neun von zehn Todesopfer der Krankheit über 60 sind? Wer muss umziehen, wenn durch den Klimawandel die ersten Städte überschwemmt werden? Wer bezahlt die Milliardenschulden, die wir heute machen, morgen zurück? Und was passiert, wenn aufgrund des demografischen Wandels das Rentensystem zusammenbricht?

Tassilo Hummel und Jan Karon (beide Jahrgang 1992) am 15.9.2020 in *Deutschlandfunk Kultur*

Schiebt ab! Es ist genug!

Karolin Würfel (Jahrgang 1986) an die Adresse der Babyboomer im Februar 2018 in *Jetzt*, dem Online-Magazin der *Süddeutschen Zeitung*

Kapitel 1: Jung gegen Alt – nichts Neues unter der Sonne?

»Bereichern sich die Alten auf Kosten der Jungen?«, fragt die *Zeit* und sieht düstere Wolken am Generationenhimmel aufziehen.[1] Das österreichische Lifestyle-Magazin *Wiener* sieht gar einen Krieg der Jungen gegen die Alten[2] herannahen und kennt auch den Grund: Die ältere Generation habe ihren hemmungslosen Konsumfetischismus ohne Rücksicht auf die Nachgeborenen ausgelebt. Diese müssten jetzt die Zeche zahlen. Die Alten hätten das Land zubetoniert, die Flüsse vergiftet, die Atemluft verpestet, kurzum, unsere Welt ruiniert und den Jungen damit die Zukunft genommen. »Jetzt kommt ein gnadenloser Krieg!«, titelt kurz darauf der *Spiegel*, und macht einen »zunehmenden Altenhass« unter jungen Deutschen aus.[3] Ein demografischer Umsturz ohnegleichen habe die Stimmung der jüngeren Generation verhagelt: Die Menschen lebten immer länger, aber von unten wachse wenig nach. So sei der Kollaps des herkömmlichen Rentensystems absehbar, da immer weniger Junge für immer mehr Alte aufkommen sollen. Erbarmungslose Verteilungskämpfe seien die Folge. In den USA habe man hierfür bereits deutliche Worte gefunden: »Age wars«.

Krieg den Alten?

Hier findet der gerade aufbrechende Generationenkonflikt seinen journalistischen Niederschlag, könnte man glauben. Aufgebrachte Millennials, die gegen Babyboomer im Vorruhestand zu Felde ziehen. Rhetorisch überzogen, aber topaktuell.

Tatsächlich stammen die düsteren Kriegsprognosen aus dem Jahr 1989, sie sind also über dreißig Jahre alt. Menschen, die man heute als »Boomer« verunglimpfen würde, wurden damals abfällig »Gruftis« genannt. Ich selbst war sechsundzwanzig, studierte Medizin und durfte mich, gemeinsam mit den anderen Babyboomern meiner Generation, zu den Jungen zählen. Mit zunehmendem Unwohlsein – schließlich ging es auch um meine eigene Zukunft – verfolgte ich, wie die Debatte »Deutschland gegen Methusalem«[4] noch im selben Jahr an Fahrt aufnahm: Der Generationenkonflikt breche als »Altersklassenkampf«, als »Bürgerkrieg zwischen Jungen und Alten« neu auf, konstatierte etwa der Soziologe Reimer Gronemeyer in seinem viel beachteten Essay »Die Entfernung vom Wolfsrudel«.[5] Die Jungen würden anfangen, ihr Verhältnis zu den Alten neu zu betrachten, eine »smarte Rohheit« gegenüber den Alten komme auf. Alte Menschen würden nicht mehr als integrationsbedürftige Randgruppe gesehen, sondern als kostenträchtige Problemgruppe. Respekt vor den Alten? Wieso denn, aus welchen Gründen? Teure, nutzlose, konsumgierige Menschen in großer Zahl seien zu besichtigen.[6]

Die demografischen Entwicklungen seien »alarmierend«, »dramatisch«, gar »explosiv«, stellte auch der Fernsehjournalist und ZDF-Gesundheitsexperte Hans Mohl in seinem wenig später erschienenen Bestseller »Die Altersexplosion« fest. Die demografische »Zeitbombe« müsse entschärft, der »Explosionsherd abgesichert« werden, sonst drohe die Gesellschaft am »Problem ihrer Überalterung« zu scheitern.[7]

Fast zeitgleich setzte der Deutsche Bundestag eine Enquete-Kommission ein, die den Namen »Demografischer Wandel – Herausforderungen unserer älter werdenden Gesellschaft an den Einzelnen und die Politik« trug. Insbesondere das »Verhältnis zwischen den Generationen« verlange eine eingehende Analyse, heißt es in dem 2002 publizierten Abschlussbericht.[8] Denn der demografische Wandel sei immens und mache es erforderlich, über die Veränderung im Bevölkerungsaufbau intensiv nachzudenken. Mögliche Konsequenzen seien aufzuzeigen. Es folgte eine Reihe von Handlungsempfehlungen an Politik und Wirtschaft, verbunden mit der Hoffnung, dass diese die »notwendigen Veränderungen initiieren und positiv beeinflussen« werden. Die eine oder andere – etwa die Erhöhung des Renteneintrittsalters – wurde in der Folgezeit umgesetzt. Aber war die »Zeitbombe« damit wirklich entschärft?

Ein wenig verzagt las ich kurze Zeit später Frank Schirrmachers »Methusalem-Komplott«[9]. Der »wirkliche Schock« werde sich vermutlich zwischen 2010 und 2020 ereignen, prognostizierte der Mitherausgeber der *Frankfurter Allgemeinen Zeitung* in seiner viel beachteten Streitschrift. Dieser »Alterungsschock« sei mit dem Schock der Weltkriege vergleichbar und werde mit einer nie da gewesenen »rassistischen Diskriminierung« alter Menschen einhergehen. Nur ein Komplott der Alten gegen den biologischen und sozialen »Terror der Altersangst«, eine »militante Revolution unseres Bewusstseins«, könne diese dramatische Entwicklung noch abwenden. Bleibe dieser aus, so werden die Jungen von heute im Alter in die »seelische Sklaverei« gehen.

Weitere achtzehn Jahr später – wir schreiben das Jahr 2022 – gehöre ich selbst zu »den Alten« oder bin zumindest auf dem besten Weg dorthin. Der angeblich kurz bevorstehende, spätestens jedoch ab 2010 über uns hereinbrechende Krieg der Generationen ist ausgeblieben.[10] Auch der bereits vor dreißig Jahren prognostizierte volkswirtschaftliche Ruin selbst so reicher Nationen wie den USA, die unter der Last der Kosten zur »Verlängerung des Lebens von unheilbar Kranken und Alten«[11] kollabieren würden, lässt weiterhin auf sich warten.

Also, so frage ich mich, war das alles nur falscher Alarm? Führt der demografische Wandel am Ende doch nicht in die vielfach angekündigte Katastrophe? Waren das Schüren der »Methusalem-Angst« und die Warnungen vor dem drohenden Generationenkrieg Teil einer medial inszenierten »Alterslüge«,[12] die neoliberalen Politikern dazu diente, mithilfe von Privatisierungsprogrammen die Axt an die Grundfeste unserer sozialen Sicherungssysteme zu legen? Oder waren sie gar hysterische Dramatisierungen? Es wäre natürlich beruhigend, diese Frage mit Ja beantworten zu können, aber leider ist diese Geschichte noch nicht zu Ende erzählt.

Die demografische Urangst der Deutschen

Die sorgenvolle Beschäftigung mit der Altersstruktur unserer Bevölkerung sowie die Warnung vor einem hieraus gespeisten Krieg der Generationen sind zumindest nicht neu. Angeregt durch diese Beobachtung beginne ich, mich mit der Geschichte des demografischen Diskurses in Deutschland zu beschäftigen, und stelle bald fest: Die Demografie war schon immer eines der großen Angstthemen der Deutschen.[13] Bereits in der ersten Hälfte des 20. Jahrhunderts wurden die Gefahren eines »Volks ohne Jugend« publizistisch heraufbeschworen und Warnungen vor einer »biologischen Selbstvernichtung« der Deutschen durch »die drohende Schrumpfung und Überalterung des Volkskörpers«[14] ausgesprochen. Entsprechend war die Steuerung der demografischen Entwicklung ein zentrales Anliegen der Nationalsozialisten, u. a. mit tödlichen Folgen für alte, kranke und pflegebedürftige Menschen, die als »unproduktive Ballastexistenzen«[15] galten. Wenige Jahre später warnte der erste Bundeskanzler der neu gegründeten Bundesrepublik, Konrad Adenauer, vor den Gefahren einer »wachsenden Überalterung« und nannte die Bevölkerungsbilanz des deutschen Volkes erschreckend.[16] Und, siehe da, die Deutschen erhörten ihren Kanzler und die Zahl der Geburten schoss nach oben! In den folgenden Jahren erblickten die Babyboomer das Licht der Welt. Bald schon machten Begriffe wie »Geburtenschwemme« die Runde und um das Thema Demografie wurde es eine Weile still.

Erst zu Beginn der 1980er Jahre – der »Pillenknick« hatte längst seine drastischen Spuren in den Kurven der Demografen hinterlassen – nahm die Diskussion wieder Fahrt auf. Von nun an lässt sich dieser nicht selten unter völkisch-rassistischen Vorzeichen (»Deutschland ohne Deutsche!«) stehende Diskursstrang, einmal stärker, einmal schwächer ausgeprägt, bis in die Gegenwart verfolgen.[17]

Neben der Angst vor dem vermeintlichen »Genosuizid«, dem »Volksselbstmord«, drängte dann Ende der 1980er Jahre – als man allmählich begriff, dass die Babyboomer auch einmal das Rentenalter erreichen werden – eine zweite demografische Angst in die öffentliche Wahrnehmung: Diese hat weniger das »Aussterben der Deutschen« zum Gegenstand als vielmehr eine angebliche »Überalterung« bzw. »Vergreisung« unserer Gesellschaft und die damit verbundenen Bedrohungen für den gesellschaftlichen Frieden. Die »Methusalem-Angst« war geboren, von der oben schon die Rede war.

Und doch: Die Deutschen werden immer älter

Aber was ist dran an der gefühlten Bedrohung? Ein Blick auf die aktuellen Statistiken macht deutlich: Tatsächlich hat die »Methusalem-Angst« einen wahren Kern, aus dem sie, bei aller überzogenen Rhetorik, ihre Plausibilität bezieht: Der demografische Wandel ist real, unabwendbar und wird sich in den kommenden Jahren weiter beschleunigen. Dies besagen zumindest die Vorausberechnungen, die demografische Experten im Auftrag der Bundesregierung zuletzt im Jahr 2021 vorgenommen haben:[18] Bedingt durch das Altern der geburtenstarken Jahrgänge, *vulgo* der Babyboomer, wird in den vor uns liegenden zwei Jahrzehnten insbesondere die Zahl der über 67-Jährigen (d. h. der Ruheständler) deutlich zulegen, während die Zahl der unter 67-Jährigen ebenso drastisch zurückgehen wird (vgl. Abbildung 1).[19] Konkret bedeutet dies: Die ältere Bevölkerungsgruppe wird zwischen 2020 und 2035 um 4 Millionen auf 20 Millionen (+22 %) und in den darauffolgenden fünf Jahren um weitere 2 Millionen auf dann über 22 Millionen Menschen anwachsen.

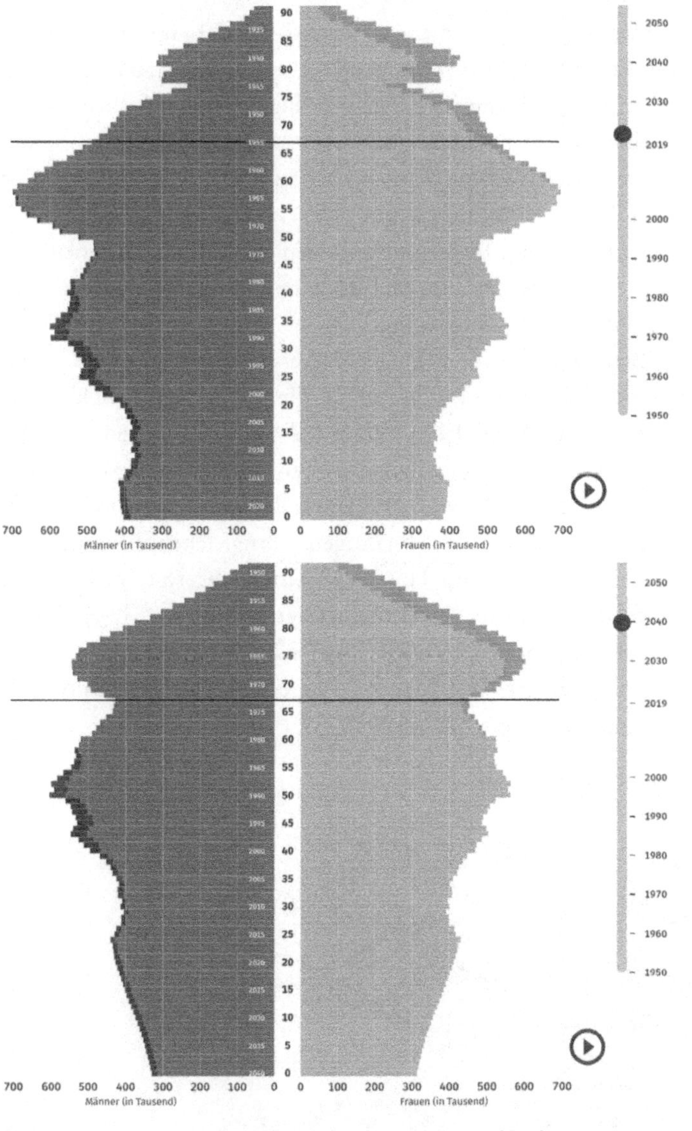

Abb. 1: 14. koordinierte Bevölkerungsvorausberechnung für Deutschland, Variante 1: Moderate Entwicklung bei niedrigem Wanderungssaldo (2022 und 2040). Quelle: Statistisches Bundesamt (Destatis), Wiesbaden 2022, https://service.destatis.de/bevoelkerungspyramide (abgerufen am 25.11.2021). Die waagerechte Linie markiert das 67. Lebensjahr.

Dabei wird zunächst die Zahl der 67- bis 79-Jährigen stark steigen. Diese lag in den vergangenen Jahren relativ stabil bei 10 Millionen und wird nun innerhalb weniger Jahre auf über 14 Millionen (+40 %) hochschnellen (vgl. Abbildung 2). Im Anschluss daran werden die Babyboomer nach und nach das 80. Lebensjahr überschreiten. Dadurch wird ab den 2030er Jahren vor allem die Gruppe der über 80-Jährigen starken Zuwachs bekommen, und zwar von 6 Millionen im Jahr 2022 auf beinah 9 Millionen Menschen im Jahr 2050 (+50 %).

Betrachtet man den Anteil der über 67-Jährigen an der Gesamtbevölkerung, so wird dieser durch die skizzierte Entwicklung bis zum Jahr 2040 von 19 % (2018) auf bis zu 27 % steil ansteigen, um im Jahr 2060 schließlich etwa ein Drittel der Bevölkerung zu umfassen. Dagegen wird der Anteil der Menschen im Erwerbsalter – d. h. der 20- bis 66-Jährigen – im gleichen Zeitraum stark sinken und bereits im Jahr 2037 nur noch etwas mehr als die Hälfte der Gesamtbevölkerung betragen.

Selbst nüchtern betrachtet muss man feststellen: Eine so rasche und ausgeprägte Verschiebung hat es im Zahlenverhältnis der Generationen noch nie gegeben.

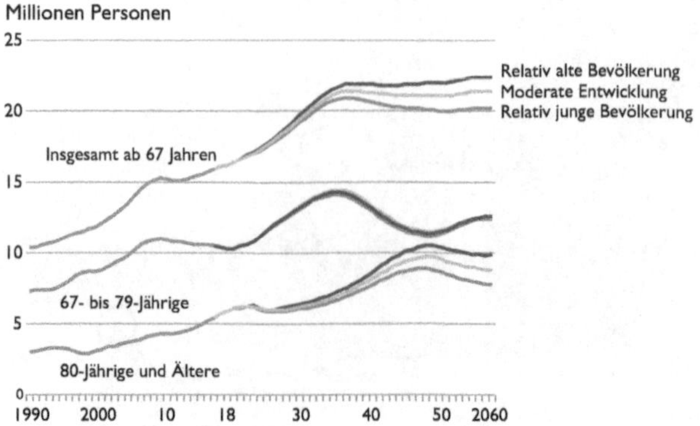

Abb. 2: Bevölkerung im Alter ab 67 Jahren (Prognose ab 2019). Quelle: DESTATIS – Statistisches Bundesamt, Bevölkerung im Wandel. Annahmen und Ergebnisse der 14. Koordinierten Bevölkerungsvorausberechnung, Wiesbaden 2019, Schaubild 8, S. 25.

Demografischer Wandel, Generationenvertrag und Generationenverhältnis

Es ist plausibel, dass sich eine so tief greifende demografische Veränderung mehr oder weniger stark auf das Verhältnis zwischen den Generationen auswirken wird. Die Konflikte erscheinen geradezu vorprogrammiert. Dies wird umso deutlicher, wenn man die Finanzierungsstrukturen unserer Sozialversicherungssysteme näher betrachtet. Diese sind nämlich in Deutschland im Wesentlichen umlagefinanziert gestaltet. Dabei wird Geld von der jüngeren zur älteren Generation umverteilt. Bei der Rentenversicherung geschieht dies auf direktem Weg, insofern als dass die Rentenbeiträge der Erwerbstätigen, d.h. der jungen und mittelalten Menschen, unmittelbar zur Finanzierung der Altersrenten verwendet werden. Dadurch erwirbt sich der Beitragszahler eine Anwartschaft auf eine spätere Rente, deren Höhe allerdings nicht garantiert ist.

Bei der gesetzlichen Kranken- und der sozialen Pflegeversicherung findet die Umverteilung indirekt statt. Zwar werden die eingezahlten Beiträge zur Finanzierung der Krankheitskosten aller Versicherten verwendet, aber alte Menschen nehmen im Durchschnitt mehr Gesundheits- und Pflegeleistungen in Anspruch als junge Menschen,[20] sodass sie insgesamt einen etwas größeren Teil des Kuchens abbekommen.

Damit diese Umverteilung zwischen den Generationen von den Jüngeren nicht von vornherein als ungerecht empfunden wird, gibt es den sogenannten Generationenvertrag. Dabei handelt es sich um eine teilweise auf gesellschaftlichen Werten und Normen basierende, teilweise auf Gesetzen (z.B. der Sozialgesetzgebung) beruhende Übereinkunft, die im Idealfall nach den Prinzipien von Solidarität und Gerechtigkeit zwischen den Generationen ausgestaltet ist.[21] Im Kern dieser Übereinkunft steht die Bereitschaft der mittleren (erwerbstätigen) Generation, für den Unterhalt sowohl der jüngeren, noch nicht erwerbstätigen als auch der älteren, nicht mehr erwerbstätigen Generation aufzukommen. Dafür erhält sie das Versprechen, im Alter ebenso versorgt zu werden.

Die Belastung, die die jeweils mittlere Generation dabei zu tragen hat, wird üblicherweise durch eine Verhältniszahl dargestellt. Diese verrät, wie viele Personen im nicht erwerbsfähigen Alter durch insgesamt 100 Personen im erwerbsfähigen Alter »versorgt« werden müssen (vgl. Abbildung 3). Setzt man die Zahl der Personen im Erwerbsalter in Beziehung mit der Zahl der unter 20-Jährigen (d. h. der Kinder und Jugendlichen) dann erhält man den sogenannten Jugendquotienten. Bezieht man die Zahl der Personen im Erwerbsalter auf die Zahl derjenigen Personen, die sich bereits im Rentenalter befinden, so resultiert daraus der »Altenquotient«. Durch die Addition beider Quotienten ergibt sich der »Gesamtquotient«, der letztlich zum Ausdruck bringen soll, welche »Versorgungslast« die Generation im erwerbsfähigen Alter zu tragen hat.

In der letzten Bevölkerungsvorausberechnung des Statistischen Bundesamtes aus dem Jahr 2019 wird der Eintritt in die Erwerbsfähigkeit mit 20 Jahren und der Eintritt in den Ruhestand mit 67 Jahren angenommen.[22] Demnach liegt der Jugendquotient für die Bundesrepublik Deutschland zu Beginn der 2020er Jahre bei 29 und der Altenquotient bei 31, woraus ein Gesamtquotient von 60 resultiert. Konkret bedeutet dies, dass 100 Personen im Erwerbsalter potenziell für insgesamt 60 Personen im nicht erwerbsfähigen Alter aufkommen mussten, davon 29 Kinder und Jugendliche sowie 31 Ruheständler.

Historisch betrachtet leben wir mit einem aktuellem Gesamtquotienten von 60 noch in einer relativ komfortablen Situation, was auch eine Erklärung dafür sein mag, dass der demografisch bedingte »Bankrott« unserer sozialen Sicherungssysteme nebst dem mehrfach beschworenen »Krieg der Generationen« bisher ausgeblieben ist.[23] Bedingt durch den damals hohen Jugendquotienten lag der Gesamtquotient in den 1970er Jahren sogar eine Weile lang über 70, sank in den 1980er Jahren ab, um seit etwa 2010 mehr oder weniger unverändert auf dem heutigen Niveau zu verharren.[24] Leider sind diese demografisch gemütlichen Zeiten jedoch endgültig vorbei, denn betrachtet man die zukünftige Entwicklung des Gesamtquotienten, so fällt auf, dass dieser bis Ende der 2030er Jahre deutlich auf über 80 ansteigen wird.[25] Dies ist vor allem auf den steilen Anstieg des Altenquotienten zurückzuführen, der bis 2038 auf knapp 50 klettern wird, während der Jugendquotient durch das Nachrücken der relativ schwach besetzten jungen Jahrgänge in das erwerbsfähige Alter auf ca. 35 nur moderat ansteigen wird.

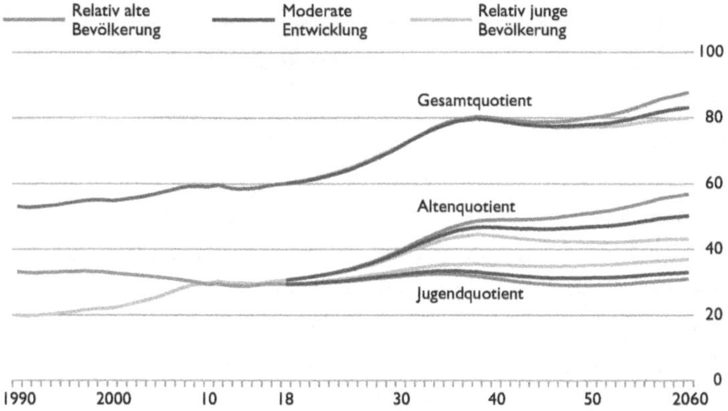

Abb. 3: Jugend-, Alten- und Gesamtquotient mit den Altersgrenzen 20 und 67 Jahren (Prognose ab 2019). Quelle: DESTATIS - Statistisches Bundesamt, Bevölkerung im Wandel. Annahmen und Ergebnisse der 14. Koordinierten Bevölkerungsvorausberechnung, Wiesbaden 2019, Schaubild 10, S. 28.

Das entspricht einer Steigerung um 58 %, die – Sie ahnen es – im Wesentlichen auf das Konto der Babyboomer-Jahrgänge geht. Im Jahr 2055 wird der Altenquotient dann die Marke von 50 knacken, um erst in der Folgezeit wieder abzufallen, wenn die Babyboomer zum großen Teil schon verstorben sein werden.

Wie alle modellbasierten Prognosen sind natürlich auch die Vorausberechnungen der Bundesregierung mit einer gewissen Unsicherheit behaftet, da einige wichtige Einflussvariablen nur geschätzt werden können. Hierzu zählen etwa die Entwicklung der Lebenserwartung und der Geburtenhäufigkeit oder die Zahl der Ein- bzw. Auswanderer. Festzuhalten bleibt jedoch, dass in allen durchgerechneten Varianten der Altenquotient (und damit auch der Gesamtquotient) ab den 2030er Jahren auf einen Rekordwert ansteigen wird, um danach auf hohem Niveau zu verharren.

Wer soll das bezahlen?

Zwar sieht eine »Altersexplosion« anders aus, denn wir sprechen hier nicht von einer plötzlich über uns hereinbrechenden Katastrophe. Auch nicht über einen Prozess, der jenseits eines bestimmten »Kipppunktes« in den unaufhaltsamen Niedergang führen wird, so wie dies womöglich beim Klimawandel der Fall ist. Gleichwohl ist Entdramatisierung nicht die richtige Strategie, verleitet sie doch dazu, die Größe der Herausforderung zu unterschätzen. Denn die dargestellte demografische Entwicklung wird unweigerlich dazu führen, dass die Ausgaben in allen drei Zweigen der Sozialversicherung deutlich ansteigen werden.[26] Dies gilt zumindest, wenn die Politik bisher gegebene Leistungsversprechen (»Die Rente ist sicher!«) nicht wesentlich einschränken möchte. Aber auch bei Gesundheit und Pflege wächst der finanzielle Druck. Die Ausgabensteigerungen werden womöglich nur teilweise durch höhere Einnahmen (z. B. durch eine Steigerung der Arbeitsproduktivität und damit einhergehende Lohnsteigerungen) kompensiert werden können.

Unter Beibehaltung der gegenwärtigen Rahmenbedingungen werden es vor allem die ab etwa 1990 Geborenen sein, die das Risiko hierfür tragen und – falls es schiefgeht – die Zeche zu zahlen haben. Ihre Abgabenlast wird steigen, um den Unterhalt, die Gesundheit und die Pflege der alternden Babyboomer zu finanzieren.

Damit ist, zumindest was die Funktionsfähigkeit unserer sozialen Sicherungssysteme betrifft, der Grundkonflikt zwischen den

Generationen skizziert. Im Kern handelt es sich um einen Verteilungskonflikt. In einer Gesellschaft, die auf Kooperation und sozialen Ausgleich ausgerichtet ist, muss das nicht unausweichlich in aggressiv ausgetragene Verteilungskämpfe oder gar einen Generationenkrieg münden. In einer idealen Welt sind viele Antworten auf die Frage nach einer gerechten Verteilung der Kosten des demografischen Wandels denkbar. Und, klar, dabei sollte es nicht nur um die faire Verteilung zwischen Jungen und Alten gehen, sondern auch zwischen anderen sozialen Interessengruppen: Arbeitnehmer versus Arbeitgeber, Beitragszahler versus Steuerzahler, Bürger versus Staat, arm versus reich. Auch bei der Auswahl der Steuerungsinstrumente stünden zahlreiche Optionen zur Verfügung, die von einer Erhöhung der Beitragssätze über Steuerfinanzierung und Bürgerversicherung bis hin zu Leistungseinschränkungen reichen können. Und gab es nicht bereits zahlreiche Reformen, die sich die Lösung des geschilderten Problems auf die Fahne geschrieben hatten?

Das dicke Ende kommt noch

Die Initiierung, Moderation und Gestaltung der notwendigen Reformen zur Bewältigung des demografischen Wandels ist Aufgabe der Politik. Gewiss wäre es unfair, zu behaupten, die Politik sei angesichts des demografischen Wandels untätig gewesen: Schon 1999 wurde die bereits erwähnte Enquete-Kommission »Demografischer Wandel« eingesetzt, die zwei Zwischenberichte (1994 und 1998) und 2002 ihren Abschlussbericht vorlegte, 2003 erarbeitete die »Herzog-Kommission« Vorschläge zur Reform der sozialen Sicherungssysteme, bei denen die demografischen Veränderungen eine zentrale Rolle spielten. Im Jahr 2011 erstellte die Bundesregierung einen »Demografiebericht«, dem 2012 eine »Demografiestrategie« und 2015 eine »weiterentwickelte Demografiestrategie« folgten. An vielen sozialpolitischen Stellschrauben wurde und wird gedreht, und zu gern möchte man glauben, dass wir auch deswegen bislang einigermaßen glimpflich durchgekommen sind.

Aber es bleibt das mulmige Gefühl, dass dies bestenfalls die halbe Wahrheit ist, dass die Angst vor Methusalem doch nicht so unangemessen war, wie von manchen erhofft. Denn, wie oben dargestellt, das dicke Ende steht uns noch bevor. Und offenbar haben wir bisher noch keine nachhaltige Lösung dafür gefunden. Die bisherigen Strategien sind einseitig am Wirtschaftswachstum orientiert, wie Kritiker bemerken. Sie setzen auf stetiges Wachstum, einen brummenden Arbeitsmarkt, auf Schuldenabbau und eine Konsolidierung der Staatsfinanzen. Damit wird jedoch die zukünftige Finanzierbarkeit der Sozialsysteme sehr anfällig für kaum kontrollierbare (welt-)wirtschaftliche Konjunktureinbrüche und andere nicht vorhersagbare Krisen.

Aber selbst unter günstigen wirtschaftlichen Rahmenbedingungen ist nicht garantiert, dass die zukünftig erwerbstätige Generation bereit sein wird, den Babyboomern eine auskömmliche Rente und eine angemessene Gesundheitsversorgung zu finanzieren. Vielleicht könnte das System die unausweichlichen Kostensteigerungen dann »abfedern«, aber teuer wird's trotzdem und dafür muss auf Dauer die politische Bereitschaft vorhanden sein.

Solidarität zwischen den Generationen ist keine Selbstverständlichkeit, sie lebt von Einstellungen, Werten und Normen, letztlich auch von gegenseitiger Wertschätzung. Ob sie Bestand haben wird oder ob die Stimmung kippt, hängt daher auch von der emotionalen Großwetterlage am Generationenhimmel ab. Dies gilt umso mehr, wenn man bedenkt, dass z. B. aufgrund von Fachkräftemangel das Problem der wachsenden Zahl von Pflegebedürftigen allein durch Geld nicht gelöst werden kann. Denn wenn die Kapazitäten in der institutionellen Pflege allein schon aufgrund eines Mangels an qualifiziertem Personal erschöpft sein werden, ist umso mehr die Pflege und Fürsorge im engeren familiären Rahmen gefordert, d. h. die gelebte Solidarität der Generationen innerhalb der Familien. Aber wer bringt das Opfer, sich um den pflegebedürftigen Vater zu kümmern, wenn alle Kinder (einschließlich der Töchter und Schwiegertöchter) berufstätig sind, berufstätig sein müssen, um trotz der hohen Sozialabgaben den eigenen Lebensstandard einigermaßen halten zu können?

Hinzu kommt, dass die Folgen des demografischen Wandels über Fragen der sozialpolitischen Verteilungsgerechtigkeit weit hinausgehen. Wie der Sozialgerontologe Jürgen Wolf schon vor über dreißig Jahren analysierte, betreffen sie die Gesellschaft als Ganzes:[27] die Bereitstellung von öffentlicher Infrastruktur, Konsum- und Arbeitsmärkte, politische Machtverhältnisse. Noch gibt die »gerontokratische« Mehrheit der Boomer den Ton an, während junge Menschen in ihren Sorgen und Zukunftsängsten nicht ernst genommen werden. So sieht es zumindest die Mehrheit »der Jungen«, schenkt man Umfragen und Medienberichten Glauben. Nimmt es daher wunder, wenn die Solidarität zwischen den Generationen allmählich zu bröckeln beginnt? Wenn zunehmend mehr Junge »den Alten« mit Ressentiments begegnen? Dass die Älteren unter dem Verdacht stehen, den Jüngeren durch eine verfehlte Klimapolitik ein ökologisches Problem von beängstigender Größe hinterlassen zu haben, trägt sicher auch nicht zu einer besseren Stimmung bei. Eine Emotion, die mit Greta Thunbergs Ausruf »How dare you! You have stolen my dreams!« ihren sinnbildlichen Ausdruck gefunden hat.

Kommt der abgeblasene Generationenkrieg doch noch?

Wird also das vielfach beschriebene Horrorszenario doch noch Realität? Die Jungen kündigen den Generationenvertrag auf, sie pfeifen auf die Solidarität und drehen den Alten den Hahn ab. Oder sollte man treffender sagen: Die Millennials drehen den Boomern den Hahn ab. Denn – sehen wir der Wahrheit ins Auge –

aus Sicht der Jüngeren sind alte Menschen *per se* nicht das eigentliche Problem. Viele pflegen eine enge Beziehung zu ihren eigenen Großeltern. Das Problem ist, dass es bald *zu viele* von ihnen gibt. Das Problem sind die geburtenstarken Jahrgänge, die Boomer.[28]

Was also wird geschehen?

Der offene Bruch mit dem Solidaritätsversprechen, die »Altenapartheid«, der »Rassismus gegen die Alten«, so wie Frank Schirrmacher es prophezeite, all das scheint noch in weiter Ferne zu liegen, zumindest, wenn man den Blick auf die Beziehungen von Alt und Jung in den Familien richtet. Auf der gesellschaftlichen Ebene jedoch zeigen sich im Verhältnis der Generationen bereits die ersten Risse. Und selbst wenn der Kampf der Generationen kein Krieg sein wird, der mit offenen Schlachten und krachenden Granaten einhergeht, sondern ein Kalter Krieg, in dem mit Herabwertungen, gehässigen Anfeindungen und dem schleichenden Entzug von Ressourcen gekämpft wird, werden die Leidtragenden vor allem die Babyboomer sein, meine Generation, die Alten von morgen. Denn in zwanzig Jahren, wenn sie in ihrer letzten Lebensphase angekommen sein werden, werden sie mehr denn je auf die Solidarität der Jüngeren angewiesen sein. Und wenn Ressentiment in Wut und Wut schließlich in Hass umschlägt, hat Solidarität keine Chance mehr. In den folgenden Kapiteln soll daher ein genauerer Blick auf die emotionale Befindlichkeit der Generationen geworfen werden.

Kapitel 2: Von Boomern und Zoomern – klare Sache?

Wenn von Generationenkonflikten oder – rhetorisch zugespitzt – von einem »Krieg der Generationen« die Rede ist, wird meist unhinterfragt vorausgesetzt, dass man die Mitglieder einer Gesellschaft in klar abgrenzbare Generationen einteilen kann. Innerhalb einer Familie oder eines Stammbaumes ist dies noch einfach, denn die Zugehörigkeit zur Generation der Kinder, Eltern, Großeltern etc. ist hier durch die Abstammungsverhältnisse klar definiert (»familiärer Generationenbegriff«). So bilden die Geschwister einer Familie gemeinsam mit ihren Cousinen und Cousins die Generation der Kinder, deren Eltern die Elterngeneration und deren Eltern wiederum die Generation der Großeltern.

Schwieriger wird es, wenn man den Generationenbegriff auf die ganze Gesellschaft überträgt, so wie dies bei der Rede von Generationengerechtigkeit, Generationenvertrag oder Generationenkonflikten geschieht. Denn allein die gemeinsame Zugehörigkeit zu einem Geburtsjahrgang (bzw. zu einer Jahrgangskohorte) schweißt Individuen noch lange nicht zu einer Generation zusammen. Vielmehr müssen gemeinsame zeitgeschichtliche Erfahrungen hinzukommen, die eine Jahrgangskohorte in besonderer Weise prägen und damit deren Einstellungen, Werte und Verhaltensweisen nachhaltig beeinflussen (»sozialer Generationenbegriff«). Historiker und Soziologen[1] sprechen daher auch von einer Generation als »Erfahrungsgemeinschaft«. Zu solchen Erfahrungen, deren prägender Einfluss in der Jugend und im frühen Erwachsenenalter besonders groß ist, zählen Kriege, Wirtschaftskrisen, aber auch soziale und kulturelle Umbrüche oder technische Innovationen. Die geteilten Einstellungen und Werte können darüber hinaus zur Ausbildung eines Identitätsgefühls in dieser Jahrgangskohorte führen.

Allerdings unterliegen Menschen neben den zeitgeschichtlichen Erfahrungen sehr vielen anderen bedeutsamen Einflüssen

(z. B. Geschlechtszugehörigkeit, Bildungshintergrund, sozialer Schichtzugehörigkeit etc.), die unter Umständen viel stärker prägen können als die Zugehörigkeit zu einer Jahrgangskohorte. Daher sollte man nicht der Versuchung erliegen, Mitgliedern einer Generation pauschal bestimmte Charaktereigenschaften oder Werthaltungen zu unterstellen, die auf diese Individuen womöglich gar nicht zutreffen oder mit denen sie sich gar nicht wirklich identifizieren können.

Hinzu kommt, dass viele der durch Medien, Unternehmensberatungen und andere selbst ernannte Experten gerne verbreiteten Fremdzuschreibungen durch sozialwissenschaftliche Studien gar nicht oder nur unzureichend belegbar sind. Bei Sätzen wie »die Generation der Boomer ist auf Konkurrenzverhalten, auf Aufmerksamkeit und Individualität fokussiert« oder »die Generation Z konzentriert sich nur auf ihre eigenen persönlichen Ziele, dadurch sind sie Einzelkämpfer und Individualisten« ist also Vorsicht geboten, will man sich nicht mit simplen Klischees und Vorurteilen zufriedengeben.[2]

Nicht zuletzt geht bei den öffentlich kursierenden Typologien der Generationen aufgrund der unzureichenden wissenschaftlichen Datenlage so manches drunter und drüber. In den verschiedenen Darstellungen stimmen schon teilweise die Bezeichnungen der Generationen, die Abgrenzung der Geburtsjahrgänge und erst recht die zugeordneten »typischen« Charaktereigenschaften nicht überein, sodass insgesamt ein unklares und widersprüchliches Bild entsteht. Es darf daher gefragt werden, inwieweit es sich bei einigen dieser Zuschreibungen um populäre Klischees und bei der Postulierung klar voneinander abgrenzbarer Generationstypologien eher um Mythen als um Fakten handelt.[3] Dass bereits heute die »Generation Alpha« (Geburtsjahre 2010 bis 2025) als Nachfolgegeneration der Generation Z ins Leben gerufen und hinsichtlich ihres möglichen Konsumverhaltens durchleuchtet wird,[4] obwohl deren Angehörigen zum Teil noch gar nicht geboren wurden, gibt in dieser Hinsicht zu denken. Jedenfalls sollte man sich davor hüten, Menschen nur aufgrund ihrer Zugehörigkeit zu einer bestimmten Jahrgangskohorte voreilig in eine Schublade zu packen.

Andererseits sind wir alle auch Kinder unserer Zeit und die Kenntnis der gängigen Generationstypologien kann dabei helfen, die in den jeweiligen Generationen vorherrschenden Werthaltungen und Einstellungen gegenüber den Angehörigen der anderen Generationen besser zu verstehen. Nicht zuletzt kann der Fortbestand von Generationenvertrag und Generationensolidarität von diesen Einstellungen und Werthaltungen abhängig sein. Im Folgenden möchte ich daher einen kurzen Abriss der für die deutsche Gesellschaft gängigen Generationentypologien geben.

Die Kriegskinder und Nachkriegskinder (Geburtsjahr ca. 1930 bis 1955)

Die Kriegskinder (Geburtsjahr ca. 1930 bis 1945) mussten einen Teil ihrer Kindheit in den Jahren des Zweiten Weltkrieges oder in der unmittelbaren Nachkriegszeit verbringen. Die Nachkriegskinder (Geburtsjahr 1945 bis 1955) wurden zwar erst nach Kriegsende geboren, haben jedoch teils ähnlich prägende Erfahrungen wie die Kriegskinder gemacht: Hierzu zählen insbesondere die traumatisierenden Eindrücke des Krieges und der Kriegsfolgen mit all ihren Zerstörungen, Gräueln und Entbehrungen, aber auch die totalitäre und menschenverachtende nationalsozialistische Erziehungskultur, die noch bis in die 1960er Jahre hineinwirkte. Diese Kindheitserfahrungen können bei einigen von ihnen noch im hohen Alter seelisches Leid und manifeste psychische Störungen verursachen. Die Kriegskinder werden als eine Generation der mehrheitlich »Unauffälligen« und Angepassten beschrieben, die (zumindest in Westdeutschland[5]) nach Kindheit und Jugend in politischer Unsicherheit und materieller Not als junge Erwachsene den ökonomischen Aufschwung des deutschen »Wirtschaftswunders« und die Anfänge des neuen demokratischen Staates unmittelbar erlebten, mitgestalteten und in vielfacher Hinsicht davon profitierten.

Allerdings zählen auch die Angehörigen der »68er-Generation« zu den Kriegskindern, so etwa die 1940 geborene Galionsfigur der Außerparlamentarischen Opposition (APO) Rudi Dutschke. Ihr politisches und kulturelles Aufbegehren wird als eine Reaktion auf die in der Nachkriegszeit vorherrschende Verdrängung und Verleugnung der Naziverbrechen gewertet, als eine überfällige Revolte gegen die reaktionären, autoritären und rassistischen Weltbilder der Eltern- und Großelterngeneration, die Hitler und den Holocaust möglich gemacht hatten und die im neuen demokratischen Staat immer noch wirksam waren. Den Kriegskindern gebührt daher die Ehre, den bisher einzigen Generationenkonflikt der deutschen Nachkriegsrepublik angezettelt und durchgefochten zu haben, der nennenswerte historische, politische und kulturelle Auswirkungen zeitigte. Auch an der Gründung der Grünen waren Kriegskinder maßgeblich beteiligt (so z. B. der Rechtsanwalt Otto Schilly oder der Bundeswehrgeneral Gert Bastian). Die Etablierung dieser Partei, die ihre wesentlichen Impulse aus der Umweltschutz-, der Friedens- und der Frauenbewegung erhielt, ist jedoch im Wesentlichen als die politische Großtat der Nachkriegskinder zu betrachten.

Die heute noch lebenden Mitglieder der Generation der Kriegs- und Nachkriegskinder sind oft schon seit vielen Jahren im Ruhestand, sind Großeltern oder Urgroßeltern und überwiegend materiell abgesichert. Die Mehrheit von ihnen nimmt aktiv am gesellschaftlichen Leben teil, viele sind ehrenamtlich engagiert. Sie stellen jedoch auch den Großteil der heute Pflegebedürftigen. Nicht wenige haben sich gleichwohl Wohlbefinden, Fitness und Selbstständigkeit bis ins hohe Alter bewahrt.

Die Babyboomer (Geburtsjahr ca. 1955 bis 1969)

Die Babyboomer (Synonym »Boomer«) sind die Kinder der Kriegskinder und werden daher gelegentlich auch als »Kriegsenkel« bezeichnet. Im Vergleich zu den USA und anderen europäischen Ländern setzte der »Babyboom« in Deutschland etwas später ein und erreichte 1964 mit beinah 1,4 Millionen Lebendgeborenen seinen bisher unübertroffenen Höhepunkt (vgl. Abbildung 4).[6] Das Nachholen von in der Nachkriegszeit aufgeschobenen Eheschließungen und Familiengründungen und das wirtschaftliche Erstarken Westdeutschlands mag dabei eine Rolle gespielt haben. Dafür spricht auch die Entwicklung in der DDR, in der es zeitgleich nur zu einer leichten Zunahme der Geburtenrate kam, die man kaum als Babyboom bezeichnen kann.

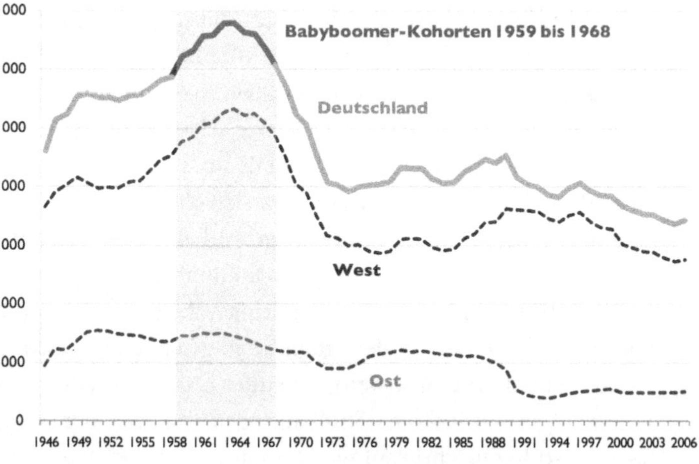

Abb. 4: Lebendgeborene in Deutschland, 1946 bis 2007. Quelle: Sonja Menning/Elke Hoffmann 2009, Die Babyboomer. Ein demografisches Porträt (Report Altersdaten, Nr. 2), Berlin, Abb. 2, S. 10.

Fragt man nach den prägenden Erfahrungen, die die Babyboomer als Generation geformt haben, so besteht heute zumindest in einem Punkt große Übereinstimmung:[7] Es ist die Erfahrung, *viele* und womöglich *zu viele* zu sein, Teil einer Masse, in der es auf den Einzelnen gar nicht mehr so sehr ankommt. In einem Thesenpapier des Berlin-Instituts für Bevölkerung und Entwicklung heißt es hierzu: »Historisch teilen die Babyboomer das Erlebnis, gemeinsam mit einer großen Zahl Gleichaltriger aufgewachsen zu sein und stets in Konkurrenz zu vielen anderen zu stehen.«[8]

Schon im Kindergarten trat meine Generation in großen Rudeln in Erscheinung und das setzte sich in den Schulen fort. Über vierzig Schülerinnen und Schüler pro Klasse waren normal, heute kaum vorstellbar.

Im Gegensatz zu ihrer Vorgängergeneration wuchsen die Babyboomer weitgehend im Wohlstand auf, wenngleich nicht im Überfluss wie ihre Kinder und Enkel. Teure Markenklamotten waren die Seltenheit, eher trug man die Garderobe der älteren Geschwister auf. Schließlich mussten die Eltern den Bausparvertrag bedienen, um bei horrenden Hypothekenzinsen von über 10 % irgendwann doch den Traum vom Eigenheim erfüllen zu können.

Nach der Schule (etwa jeder Vierte schaffte das Abitur) war der Weg in den Beruf nicht gerade mit Rosen bestreut. In vielen Ausbildungsbranchen war es zwecklos, sich ohne Abi zu bewerben, so groß war der Andrang auf die knappen Lehrstellen. Wer an die Uni ging, bekam vom ersten Tag des Studiums an zu spüren, was der Begriff Massenuniversität tatsächlich bedeuten kann, und wurde von den Profs mit der Prognose eingeschüchtert, dass jeder Zweite einmal arbeitslos werden würde. Dass dies selbst in vermeintlich »krisensicheren« Studiengängen wie etwa der Medizin geschah, schlug mächtig auf die Stimmung.

In vielen anderen Studiengängen, so bei den Geistes- und Naturwissenschaften, den Juristen oder im Lehramt, war es üblich, die Regelstudienzeit weit zu überschreiten, weil der Studentenstatus allemal attraktiver war als die Arbeitslosigkeit. Der Arbeitsmarkt für Akademiker hatte nämlich in der Zwischenzeit seinen einstigen Glanz verloren und für manchen mündete das Studium zunächst auf dem Fahrersitz eines Taxis oder hinter dem Tresen einer Kneipe. Traumberuf ade! Denn noch während die Babyboomer die Schulbank drückten, erlahmte das deutsche Wirtschaftswunder und eine Ahnung von Krise keimte auf: Wettrüsten und der ständig drohende Atomkrieg, Waldsterben, Ölpreisschock und der »Deutsche Herbst« weckten in ihnen das Gefühl, dass es so nicht weitergehen würde. Bei einigen wurde dadurch das Interesse an Politik geweckt, sie engagierten sich in der Umwelt- und Friedensbewegung und verweigerten den Wehrdienst. Dafür mussten sie ihr Gewissen in strengen Verfahren von staatlichen Kommissionen durchleuchten lassen und wurden mit einer fünf Monate längeren Dienstzeit bestraft. Andere landeten desillusioniert bei der Losung »No Future« des Punk, was angesichts der manchmal aussichtslosen Stimmung durchaus verständlich war.

Die Idee, uns gegen die Eltern zu erheben und sie für unsere Lebenssituation verantwortlich zu machen, kam uns nicht in den Sinn. Mit verstohlener Bewunderung blickten wir auf die Alt-68er – eine echte Protestgeneration, die wir nicht waren und niemals werden würden. Nicht zuletzt lebten wir in dem Bewusstsein, dass wir uns auf unsere Hinterbeine stellen mussten, da es in der Menge auf den Einzelnen nicht ankam. Wer sich querstellte oder ausscherte, wurde schnell aus dem Ring geboxt. Die Schlange derjenigen, die den frei werdenden Ausbildungs-, Studien- oder Arbeitsplatz mit Freude eingenommen hätten, war lang.

Der typische Babyboomer verfolgte keinen durchgestylten und reibungslos umsetzbaren Lebensentwurf, die Devise war Durchwurschteln, Gelegenheiten ergreifen, das Beste draus machen. Flexibel zu bleiben, war hilfreich, aber es hatte auch seinen Preis: Häufiger als in den vorhergehenden Generationen sind ihre Erwerbsbiografien von Brüchen, prekären Beschäftigungen und Zeiten der Arbeitslosigkeit geprägt.[9] Und so sind sie heute stärker als ihre Eltern von Altersarmut bedroht. Viele blieben Singles oder sind schon geschieden, was die Chancen auf soziale Unterstützung im Alter nicht gerade verbessert. Ein paar Kinder haben die Babyboomer schon in die Welt gesetzt, sonst gäbe es ja die Nachfolgegenerationen nicht, aber sie gönnten sich die Freuden der Elternschaft erst spät, wenn überhaupt. Ihre schlappe Reproduktionsrate ist vielleicht das größte Problem, das sich die Babyboomer selber geschaffen haben. Und wenn sie nicht aufpassen, wird es ihnen noch einmal richtig auf die Füße fallen.

Und doch können sie mit ihrer Lebensleistung bisher ganz zufrieden sein: Sie bekleiden heute in vielen Bereichen Führungspositionen oder haben für die Funktion ihrer Betriebe zentrales Wissen,[10] wobei ihnen im Vergleich zur Vorgängergeneration ein sehr gutes Bildungsniveau und (inzwischen) sehr viel Erfahrung zugutekommt. Aber nicht nur im Beruf, auch in allen anderen Bereichen der Gesellschaft, in den Familien, den Vereinen, den Gewerkschaften, den Kirchengemeinden, der Politik etc., sind es die Babyboomer, die den Laden heute am Laufen halten. Und – siehe da – auf einmal ist es ein großer Vorteil, dass sie so viele sind. Viele Köpfe, die Kreatives schaffen, viele Hände, die mit anpacken, viele Schultern, die unsere Gesellschaft tragen. Und weil sie so viele sind, zahlen sie auch sehr viel Geld in die Sozial- und Steuerkassen, Geld, das nicht nur ihnen selbst, sondern auch den *vor* und *nach* ihnen geborenen Generationen angedeiht. Und so wurden die Babyboomer nach von manchem Zweifel überschatteten Anfangsjahren doch noch zu einer sehr erfolgreichen Generation: zu den Säulen des Wirtschaftswachstums der letzten Jahrzehnte, zu den wichtigsten Garanten einer »demografischen Dividende«,[11] der unser aller Wohlstand heute mit zu verdanken ist.

Generation X bzw. Generation Golf (Geburtsjahr ca. 1965 bis 1980)

Generation X war der Titel eines Romans von Douglas Coupland, der das Leben und die Mentalität der Nachfolgegeneration der US-amerikanischen Babyboomer (Geburtsjahre ca. 1945–1965) zum Thema hatte. Da der Babyboom in Deutschland später begann und amerikanische Jugendliche dieser Zeit anderen kulturellen Prägungen unterlagen als die deutsche Jugend der 1980er und 1990er Jahre, lassen sich die der amerikanischen *Gen X* bzw. den »Slackers« zugesprochenen Merkmale (Abkehr von klassischen Statussymbolen, Konsumverweigerung, Bescheidenheit, *lost generation* der 90er) nicht ohne Weiteres auf die Nachfolgegeneration der deutschen Babyboomer übertragen. Die Eigenschaften der deutschen Generation X sollen angeblich besser in dem (selbstironisch gehaltenen) Buch des 1971 geborenen Journalisten Florian Illies zum Ausdruck kommen, das den Titel »Generation Golf. Eine Inspektion«[12] trägt. Hierin beschreibt Illies seine eigene Generation als eine mehrheitlich unkritische, egozentrische und konsumorientierte Generation, die den Wohlstand, den ihre Eltern erarbeitet haben, lediglich genießen wolle.[13]

Aber es wird auch viel Positives über die »Golfer« kolportiert, so etwa ihre Technikaffinität und ihr hoher Bildungsstand. In Managerkreisen genießen sie als pragmatische, selbstständige, kollegiale und ambitionierte Mitarbeiter einen guten Ruf.[14] Überhaupt sei die Arbeit ihr zentraler Lebensinhalt. Dies jedoch weniger, um sich selbst zu verwirklichen, sondern vielmehr, um sich einen komfortablen und durchaus statusorientierten Lebensstil leisten zu können, der auch Familie und Freizeit genügend Raum gebe.

Prägende Kindheits- und Jugenderfahrungen der Generation Golf sind die Folgen von Wirtschaftskrise und steigender Arbeitslosigkeit der 1970er Jahre, eine zunehmende Berufstätigkeit beider Elternteile und steigende Scheidungsraten. Politisch war diese Zeit geprägt durch den Linksterrorismus der RAF, das Ende der sozialliberalen Koalition und eine Abkehr von gesellschaftspolitischen Utopien der »68er« hin zu wirtschaftsnahen, neoliberalen Ideologien. Hierauf mag auch ein gewisses politisches Desinteresse und ein Gefühl der Perspektivlosigkeit zurückzuführen sein, das die Generation Golf mit der US-amerikanischen *Gen X* gemeinsam haben soll und das vielleicht zu Unrecht als Orientierungslosigkeit und Oberflächlichkeit ausgelegt wurde.

Die Angehörigen der Generation Golf sind heute die Eltern der Generation Z und beruflich meist gut etabliert. Sie stellen einen Großteil der heute aktiv Berufstätigen, wobei die Berufstätigkeit von Frauen in dieser Generation bereits eine Selbstverständlichkeit ist.

Generation Y (Geburtsjahr ca. 1980 bis 1996)

Die Angehörigen der Generation Y (Synonyme: Millennials, Generation Me, Gen Y, Generation What?) sind die Kinder der Babyboomer. Es ist bezeichnend, dass der Begriff Generation Y zum ersten Mal 1993 in einer Marketingzeitschrift aufgetaucht sein soll,[15] denn die vergleichsweise aufwendigen (nicht unumstrittenen) Bemühungen der vergangenen Jahre, die Charakteristika dieser Jahrgangskohorte zu beschreiben, entstammen nicht zuletzt einem Bedürfnis der Unternehmen, die Einstellungen und Verhaltensmuster ihrer zukünftigen Kunden und Mitarbeiter besser zu verstehen.

Eine besonders prägende Erfahrung dieser Generation war ohne Zweifel der Siegeszug von Internet und digitalen bzw. sozialen Medien in den 1990er und 2000er Jahren, wodurch den Angehörigen dieser Generation eine besondere Affinität und Versiertheit im Umgang mit diesen Technologien zugesprochen wird. Daher wird sie auch als die erste Generation der sogenannten Digital Natives betrachtet, wenngleich dies wohl eher für die jüngeren Angehörigen dieser Generation zutrifft.

Als weitere diese Generation prägende Einflüsse werden die Selbstauflösung des Ostblocks und das damit einhergehende Ende des Kalten Krieges genannt. Nach Darstellung der Heinrich-Böll-Stiftung ist sie damit die erste Generation der westlichen Gesellschaften, die jenseits der »großen Ideologien« (»Kapitalismus versus Sozialismus«) ohne Systemalternative aufgewachsen sei.[16] Die

Globalisierung und Liberalisierung der Weltwirtschaft brachte Wachstum und eine enorme Ausweitung der Konsumgüterindustrie. Dadurch wuchsen Kinder und Jugendliche hierzulande zunehmend in einer materiell übersättigten Umgebung auf, in der rasche Bedürfnisbefriedigung zum Standard wurde. In einer globalisierten, digitalisierten und bis ins Privatleben den Gesetzen des Marktes unterworfenen Welt stiegen jedoch nicht nur die Möglichkeiten, sondern auch die Unwägbarkeiten. Die Flexibilisierung und Beschleunigung vieler sozialer und wirtschaftlicher Prozesse erschwerten eine geradlinige Lebensplanung und führten bei vielen Angehörigen dieser Generation zu einer inneren Verunsicherung.

Aus diesen zeitgeschichtlichen Prägungen können viele Eigenheiten abgeleitet werden, die dieser Generation zugeschrieben werden: Sie seien strebsame, weltoffene Teamplayer, heißt es, die gut improvisieren können, sich in klassischen Hierarchien nicht wohlfühlten, andererseits jedoch Wert auf eine ausgeglichene Work-Life-Balance legten und ein übertrieben hohes Sicherheitsbedürfnis hätten. Eine gute Ausbildung sei ihnen wichtig, aber weniger um der Bildung selbst willen, sondern vielmehr, um die Chancen auf einen guten Job und ein gutes Einkommen zu erhöhen. Überhaupt seien sie Meister der Selbstvermarktung, was ihnen auch das Etikett »Egotaktiker« einbrachte. Manche Autoren weisen darauf hin, dass die Globalisierung und Flexibilisierung der Arbeitswelt die Angehörigen der Generation Y als Berufseinsteiger besonders hart treffe. So führten stagnierende Reallöhne und prekäre Arbeitsverhältnisse dazu, dass sie gegenüber den Vorgängergenerationen wirtschaftlich schlechter gestellt seien (»Generation Praktikum«). Dies führe tendenziell zu einer Verschiebung der Familiengründung und zu einer niedrigen Geburtenrate.

Als kennzeichnend wird darüber hinaus eine Abkehr von klassischen politischen Betätigungsfeldern angesehen, ein geringes Vertrauen in staatliche Institutionen und die Tendenz, sich ins private Idyll zurückzuziehen (»Neo-Biedermeier«). Gleichwohl sei diese Generation nicht unpolitisch, sondern definiere Politik lediglich anders als bisher gewohnt.[17] Nachgesagt wird ihnen darüber hinaus eine hohe Anspruchshaltung und eine Neigung zum Hinterfragen bei gleichzeitig geringer Frustrationstoleranz und erhöhter Stressanfälligkeit,[18] was ihnen den Spottnamen *snowflakes* eingebracht haben soll.

Generation Z oder »Zoomer« (Geburtsjahr ca. 1997 bis 2012)

Die Generation Z (Synonyme: Zoomer, iGeneration, »Generation Greta«) ist die erste Generation, die von klein auf mit digitalen Medien aufgewachsen ist. *Google*, *Wikipedia*, *Facebook*, *YouTube* und *Twitter* gingen allesamt zwischen 1998 und 2006 online. Das erste Smartphone kam 2007 auf den Markt. Damit sind die Zoomer unbestritten die ersten lupenreinen Digital Natives.[19] Dies übte – und übt – einen prägenden Einfluss darauf aus, wie Zoomer sich informieren und wie sie kommunizieren. Traditionelle Medien wie Zeitung, Radio und TV spielen zunehmend eine untergeordnete Rolle. Komplexere oder längere zusammenhängende Texte (so z.B. ein literarischer Roman oder ein klassisches Lehrbuch) verstauben im Regal. Dafür sind typische Zoomer rund um die Uhr online, was ihnen mittlerweile den Spottnamen »Generation Kopf unten« bzw. »Head-Down Generation« eingebracht hat. Hier sind sie permanent in sozialen Netzwerken unterwegs und gelten als wahre Meister der Selbstvermarktung. Diese Tendenz hat sich zwar bereits bei der Generation X gezeigt und bei der Generation Y fortgesetzt, die Zoomer hätten die Fähigkeit zur Selbstinszenierung jedoch perfektioniert und geradezu auf die Spitze getrieben.[20]

Auch viele andere Eigenschaften, die in mehr oder weniger ausgeprägter Form bereits den Vorgängergenerationen zugeschrieben wurden, finden sich bei den gängigen Charakterisierungen der Generation Z wieder.[21] Hierzu zählen etwa Weltoffenheit, eine materialistische Orientierung, Hedonismus und das Streben nach einer ausgewogenen Work-Life-Balance; aber auch eine zunehmende Abkehr von Kirche und Religion sowie von ideologisch geprägten Gesellschaftsentwürfen und Utopien. Eine diffuse emotionale Verunsicherung und Angst vor der Zukunft, die bereits als ein Merkmal der Vorgängergeneration angesehen wird, wird bei den Zoomern z. B. auf die Finanzkrise des Jahres 2008 oder die Nuklearkatastrophe von Fukushima (2011) zurückgeführt. Damit wird gerne der Hinweis verbunden, dass diese Generation ja ohnehin in einem »Zeitalter der Krisen« aufwachsen würde. Ob es früher tatsächlich weniger Krisen gab, sei einmal dahingestellt. Allerdings dürfte die Tatsache, dass bereits 12-jährige Smartphone-Nutzer unter weitgehend ungefilterter medialer Dauerberieselung stehen, erheblich zur emotionalen Verunsicherung von Kindern und Jugendlichen beitragen.

Die in vielen Punkten überlappenden Merkmalsprofile der Generationen X, Y und Z stützen die Annahme, dass wir es hier mit fließenden Übergängen zwischen den Jahrgangskohorten bzw. mit langfristigen gesellschaftlichen Trends zu tun haben, die eine scharfe Abgrenzung der Generationen nicht zulassen. Allerdings gelten die Angehörigen der Generation Z als politisch engagierter und weniger materialistisch als ihre Vorgängergenerationen. Gleichzeitig geben 80 % von ihnen an, dass sie »das Leben in vollen Zügen genießen wollen«[22]. Das muss sich nicht unbedingt widersprechen, da ein gutes Leben auch ohne Luxus gelingen kann. Da viele Zoomer jedoch wohlbehütet im materiellen Überfluss einer deutschen Mittelschichtsfamilie der 2000er Jahre aufgewachsen sind, ist hier womöglich der gut verständliche Wunsch am Werk, den hohen Lebensstandard der Eltern zumindest halten zu können. Dazu passt die Erkenntnis der 18. Shell-Jugendstudie, dass ein sicherer Arbeitsplatz, genügend Freizeit und ein hohes Einkommen für diese Generation bei der Berufswahl höchste Priorität besitzen. Ob hier wirklich eine neue »Protestgeneration« heranwächst, wie gelegentlich behauptet wird, bleibt daher abzuwarten.

Bei den politisch relevanten Problemen haben sich für die Zoomer-Generation die Themen Umweltverschmutzung und Klimawandel und der vermeintliche »Zusammenbruch des Rentensystems« an die Spitze der Agenda geschoben.[23] Auch hier gibt es einen deutlichen Unterschied zu der Vorgängergeneration, bei der noch die wirtschaftliche Lage und die Angst vor Arbeitslosigkeit die Topthemen waren. Ob sich diese Prioritätensetzung unter dem Eindruck der langfristigen ökonomischen Folgen der Coronakrise wieder umkehren wird, muss abgewartet werden. So oder so üben die psychologischen, sozialen und ökonomischen Folgen der Coronapandemie bereits heute einen starken formenden Einfluss auf die Angehörigen dieser Generation aus (»Generation Corona«).[24]

Während der Schutz der Umwelt für viele Angehörige der Generation Z (mit 71 % Zustimmung in der Shell-Jugendstudie) ein sehr hoher Wert ist, ist das soziale Engagement oder überhaupt die Bereitschaft, sich für andere Menschen zu engagieren, rückläufig.[25] Besorgniserregend ist laut Shell-Jugendstudie auch eine Affinität zu populistischen Parolen und Argumentationsmustern bei beinahe einem Drittel der repräsentativ befragten Jugendlichen und jungen Erwachsenen.[26]

Das Verhältnis der Generationen aus Sicht der Demoskopen

Noch haben die Babyboomer in nahezu allen gesellschaftlichen Bereichen das Sagen, noch sitzen sie an den Schalthebeln der Macht. Doch spätestens, wenn sie das Rentenalter erreicht haben, werden sie von Jahr zu Jahr mehr auf die Solidarität der Generationen Y und Z angewiesen sein. Ein gutes Verhältnis zu den Millennials und den Zoomern ist für die Boomer also von existenziellem Interesse.

Legt man die Ergebnisse repräsentativer Umfragen unter Millennials und Zoomern zugrunde, die sich auf das Verhältnis zu ihren Babyboomer-Eltern beziehen, dann brauchen sich Letztere um den guten Draht zu ihren Sprösslingen scheinbar keine allzu großen Sorgen zu machen: Laut Shell-Jugendstudie nahm der Anteil Jugendlicher, die ein positives Verhältnis zu ihren Eltern angeben, in den zurückliegenden 20 Jahren stetig zu:[27] Vier von zehn Jugendlichen (42 %) kommen nach eigenen Angaben heutzutage bestens mit ihren Eltern aus und weniger als ein Viertel von ihnen würde die eigenen Kinder anders erziehen, als sie selbst von ihren Eltern erzogen wurden. Diese beinah schon harmonisch anmutenden Familienbande werden durch die Ergebnisse der »Generation What«-Studie – einer umfangreichen Online-Befragung, die u.a. von drei großen deutschen Rundfunkanstalten in Auftrag gegeben wurde – weitgehend bestätigt. Demnach bewerteten drei Viertel der jungen Deutschen ihr Verhältnis zu den Eltern als weitgehend konfliktfrei, 50 % berichteten von einem entspannten Verhältnis, 25 % sogar von einem idealen.[28]

»Das Generationenverhältnis ist entspannt!«, schlussfolgern die Macher der Studie. Aber ist das wirklich die ganze Wahrheit? Ein vollkommen anderes, nicht mehr so kuscheliges Bild ergibt sich nämlich, wenn nicht nach den familiären Beziehungen, sondern nach dem gesellschaftlichen Generationenverhältnis gefragt wird.

Kapitel 3: Das schleichende Gift der Gerontophobie – oder: Das Aufrüsten beginnt in den Köpfen

Das Altern der Babyboomer wird die Gesellschaft schon sehr bald vor große Herausforderungen stellen. Ob diese bewältigt werden können oder in einen eskalierenden Generationenkonflikt münden werden, hängt vom guten Willen aller Beteiligten ab. Mit welchen Einstellungen gegenüber alten Menschen die nachfolgenden Generationen in diese besondere historische Situation eintreten, ist daher von großer Bedeutung. Und damit sind sowohl die Einstellungen gegenüber alten Menschen im Allgemeinen als auch gegenüber den Angehörigen der Babyboomer-Generation im Besonderen gemeint. Denn die Vorstellungen und Einstellungen, d. h. die sogenannten Altersbilder der Jüngeren, haben einen Einfluss darauf, wie die Älteren der nahen Zukunft (unter ihnen die gealterten Babyboomer) leben werden und wie viel Solidarität sie von den nachfolgenden Generationen noch erwarten können. Der Generationenvertrag und die Solidarität zwischen den Generationen beruhen zwar auf sozialen Normen, die tief im Wertesystem unserer Gesellschaft verankert sind, gleichwohl sind sie keine Selbstverständlichkeit. Der Fortbestand dieser sozialen Errungenschaften ist daher auch von den Altersbildern der nachfolgenden Generationen abhängig.

Was sind Altersbilder und wie entstehen sie?

Unter Altersbildern versteht man in der gerontologischen Forschung individuelle und gesellschaftliche Vorstellungen vom Alter, vom Altern oder von alten Menschen.[1] Sie beziehen sich also auf den Zustand des Altseins, auf den Vorgang des Älterwerdens und auf die soziale Gruppe älterer Personen. Altersbilder gehören sowohl zum kulturellen Wissensbestand einer Gesellschaft als auch zum individuellen Erfahrungsschatz der einzelnen Mitglieder der Gesellschaft. Dabei können vielfältige Altersbilder nebeneinander existieren, die sich teilweise sogar widersprechen. Ab wann bzw. wodurch ein Mensch als »alt« gilt, welche Wertschätzung alten Menschen entgegengebracht wird und die Frage, ob Alter und Altern eher mit Gewinnen (z. B. an Ansehen, Würde oder Macht) oder Verlusten (z. B. an körperlicher sowie seelischer Leistungsfähigkeit oder gesellschaftlichem Status) in Verbindung gebracht wird, wird durch jeweils vorherrschende Altersbilder mitbestimmt.

Auf der gesellschaftlichen Ebene stellen Altersbilder somit kollektive Deutungsmuster dar, die in öffentlichen Diskursen über das Alter entstehen und sich unter dem Einfluss dieser Diskurse verändern können. Bei der Diskussion politisch brisanter Themen (so z. B. um die Frage der zukünftigen Gestaltung unserer sozialen Sicherungssysteme) kommen häufig konkurrierende Vorstellungen vom Alter und von den Generationenbeziehungen zum Tragen, um bestimmte Positionen durchzusetzen.[2] Die negativ gefärbten Begriffe »Versorgungslast«, »Altenlast« bzw. »Alterslastquotient«, die leider immer noch viel zu häufig in der rentenpolitischen Diskussion auftauchen, sind hier als Beispiele zu nennen.

Altersbilder sind einem ständigen Wandel unterworfen. Dabei spielen Medien eine wichtige Rolle: Die Art und Weise, wie alte Menschen in der Öffentlichkeit dargestellt werden, d. h. welche (konkreten und abstrakten) Bilder von alten Menschen in Presse, TV, Internet, Radio, Filmen, sozialen Netzwerken etc. verbreitet werden, hat einen großen Einfluss darauf, welche (positiven oder negativen) Altersbilder hervorgerufen und welche gegebenenfalls verstärkt werden.

Unter dem Einfluss langfristiger politischer, sozialer, ökonomischer und kultureller Entwicklungen unterliegen Altersbilder stets auch einem historischen Wandel. In der Geschichte wechseln sich positive und negative Bilder von alten Menschen ab, manchmal sind sie auch nebeneinander anzutreffen. So wird schon in der Antike das Alter sowohl mit Weisheit, Erfahrung,

Führungsstärke und Urteilskraft als auch mit körperlichem und geistigem Verfall, Hilflosigkeit, Abhängigkeit und Verächtlichkeit in Verbindung gebracht.[3] Die Wertschätzung, die alten Menschen entgegengebracht wurde, oder die Abwertung, der sie unterlagen, wurde dabei oft weniger vom körperlichen Alterungsprozess selbst als vielmehr vom sozialen und ökonomischen Status der Person, d. h. von gesellschaftlichen Rollen, abhängig gemacht.

Wie Altersbilder wirken

Altersbilder haben einen (häufig unbewussten) Einfluss darauf, wie alten Menschen im Alltag begegnet wird. Dabei führen negative Altersbilder (so z. B. die Annahme, alte Menschen seien starrsinnig, unflexibel, weniger leistungsfähig, egoistisch, geizig etc.) in der Regel zu ablehnenden Reaktionen, während positive Altersbilder (z. B. alte Menschen seien lebenserfahren, gelassen, pflichtbewusst, familienorientiert etc.) Offenheit und Wertschätzung gegenüber alten Menschen fördern. Manche Altersbilder sind zweischneidig: So kann z. B. die im Prinzip gut gemeinte Vorstellung, alte Menschen bedürften des besonderen Schutzes und der Unterstützung durch die Gesellschaft, einerseits solidarisches Verhalten gegenüber alten Menschen befördern, andererseits jedoch dazu beitragen, dass Menschen allein aufgrund ihres Lebensalters bevormundet und gegängelt werden. Dieses paternalistische Verhalten war zum Beispiel verstärkt während der ersten Welle der Coronapandemie zu beobachten,[4] indem über Sonderregelungen für alte Menschen zur erzwungenen Reduzierung ihrer Sozialkontakte nachgedacht wurde, bis hin zu der Erwägung, Menschen allein aufgrund ihres Alters unter Quarantäne zu stellen (siehe Kapitel 6). Allzu starre Altersbilder können jedoch nicht nur einen negativen Einfluss auf zwischenmenschliche Begegnungen ausüben, sondern auch zu einer Selbststigmatisierung führen, die die Art und Weise, wie ein Mensch altert, negativ beeinflusst. So haben zahlreiche Studien belegt, dass Menschen mit allgemein negativen Vorstellungen vom Alter und vom Altern im Zuge des eigenen Alterungsprozesses schlechtere Gedächtnisleistungen zeigen, eher zu Krankheiten neigen, weniger aktiv sind und sogar früher sterben als Menschen, die positivere Altersbilder verinnerlicht haben.

Auf der gesellschaftlichen Ebene können negative Altersbilder zur Ausgrenzung führen und damit verhindern, dass sich die Chancen und Potenziale eines »aktiven« und produktiven Alterns breiter Bevölkerungsschichten entfalten können. Altersbilder können politische Debatten beeinflussen, diese sogar entscheiden und damit Einfluss auf die Gestaltung von Gesetzen oder gesellschaftlichen Institutionen nehmen. In der öffentlichen Diskussion geschieht dies häufig sogar ganz bewusst: So wurde in der Debatte über die »Rente mit 67« von den Gegnern gerne das Bild des ausgelaugten und berufskranken Dachdeckers bemüht, dem ein höheres Renteneintrittsalter nicht zuzumuten sei, während die Befürworter auf den geistig und körperlich fitten »Best-Ager« verwiesen, der ohne Weiteres noch bis über das siebzigste Lebensjahr hinaus beruflich aktiv sein könne.

Hier wird erneut ein Grundproblem deutlich, das uns bereits im vorigen Kapitel bei der Charakterisierung der Generationen begegnet ist: »Die Alten« als einheitliche Gruppe gibt es nämlich nicht, genauso wenig, wie es »die Boomer«, »die Golfer« oder »die Millennials« als homogene Gruppe gibt. Es gibt junge Alte, alte Alte und sehr alte Alte, der eine oder andere von ihnen ist gebrechlich, die überwiegende Mehrheit ist es jedoch nicht (vgl. Kapitel 15). Viele von ihnen stehen noch aktiv im Leben, leisten wertvolle Beiträge für die Gesellschaft als Enkelbetreuer, Seniorchefs oder Bundespräsidenten, andere wiederum nicht. Das ist oft keine Frage des Alters, sondern wird durch zahlreiche andere soziale und gesundheitliche Faktoren beeinflusst.

Schubladendenken kann auch hier sehr schnell zu Fehlurteilen führen. Denn in Abhängigkeit von sozialen und ökonomischen Gegebenheiten, Persönlichkeitsfaktoren, Veranlagung, dem Vorliegen oder dem Ausbleiben chronischer Erkrankungen etc. altert jeder Mensch individuell. Pauschale Urteile über Menschen allein anhand des Lebensalters sollten daher vermieden werden. Denn die Diskriminierung von Personen und Personengruppen beginnt in den Köpfen der anderen. Negative Altersstereotype, Klischees und Vorurteile leisten Altersdiskriminierung Vorschub. Sie führen zu Ressentiments, die eine schleichende Entsolidarisierung zwischen den Generationen begünstigen. Hierdurch verschlechtern sich die Lebensqualität und die Lebenschancen alter Menschen, sei es im medizinischen Bereich, auf dem Arbeitsmarkt oder ganz allgemein bei der gesellschaftlichen Teilhabe. Wertvolle Ressourcen alter Menschen bleiben ungenutzt oder werden sogar zerstört. Am Ende verliert die Gesellschaft als Ganzes – und damit auch die Jungen.

Negative Altersstereotype

Getreu dem Motto »Alle wollen alt werden, aber keiner will alt sein« wird Alter in unserer modernen Gesellschaft häufig mit negativen Eigenschaften verknüpft. »Alte« gelten als langsam, innovationsfeindlich, griesgrämig und rechthaberisch. Ein höheres Lebensalter wird tendenziell mit Schwäche, Abhängigkeit, Gebrechlichkeit, Inkompetenz, kognitiver Beeinträchtigung (»Tüddeligkeit«) oder Pflegebedürftigkeit in Verbindung gebracht. Dabei sind viele dieser Einschätzungen inzwischen durch die gerontologische und altersmedizinische Forschung widerlegt. So sind z. B. in Deutschland weniger als ein Fünftel der über 65-Jährigen pflegebedürftig und mehr als 90 % leiden *nicht* unter gravierenden kognitiven Einschränkungen. Weniger als 4 % der Senioren leben im Pflegeheim, die übrigen in den eigenen vier Wänden.

Gleichwohl sind negative Einstellungen und Vorurteile gegenüber alten Menschen weit verbreitet. In einer kürzlich von der Weltgesundheitsorganisation (WHO) veröffentlichten Studie, die auf den Daten von 83 000 Teilnehmern in 57 Ländern beruht, zeigte sich jeder zweite Erwachsene weltweit voreingenommen gegen ältere Menschen,[5] wobei als »ältere Menschen« solche über 50 Jahre definiert wurden. Die Ü-50er wurden als eher unfreundlich oder als eher inkompetent beurteilt. Entsprechend waren viele der befragten Teilnehmer der Meinung, dass »ältere Menschen eine Last für die Gesellschaft seien«, »ältere Menschen mehr als ihren gerechten Anteil von der Regierung bekommen«, »Unternehmen, die junge Menschen beschäftigen«, leistungsstärker seien als diejenigen, die Menschen unterschiedlichen Alters beschäftigen, und dass »alte Menschen zu viel politischen Einfluss« hätten.

Eine übertriebene Furcht vor dem Alter oder dem Altern an sich, aber auch Diskriminierung von und Vorurteile gegenüber alten Menschen, so wie sie in der WHO-Studie zum Ausdruck kommen, werden unter dem Begriff »Gerontophobie« zusammengefasst. Gerontophobie hat ihren Ursprung teilweise in einseitigen öffentlichen Darstellungen, teilweise beruht sie aber auch auf unbewussten Verdrängungsmechanismen. Als Erklärung führen Sozialpsychologen zwei Theorien an:[6]

1. Die *Terror-Management-Theorie* sieht die Ursache der Gerontophobie in einer (unbewussten) Abwehr der Angst vor dem körperlichen Verfall, dem Tod und dem Absinken in soziale Bedeutungslosigkeit. Die Abwertung und Ausgrenzung des Alters und damit auch alter Menschen hilft dem Individuum und der Gesellschaft dabei, diese Angst zu binden und zu neutralisieren. Auch die »Anti-Aging«-Bewegung und ihre Ausläufer, die nur das aktive und gesunde Altern als »erfolgreiches« Altern gelten lassen, unterliegen diesem unbewussten Abwehrmechanismus. Die Kehrseite der Medaille: Wenn überwiegend Gesundheit, Jugendlichkeit, Fitness, Aktivität, Produktivität und ökonomische Nützlichkeit die gesellschaftliche Wertschätzung eines Menschen bestimmen, werden chronisch kranke oder pflegebedürftige alte Menschen zunehmend ausgegrenzt, in Nischen verbannt und schließlich nur noch als unerwünschte Versorgungslasten wahrgenommen.

2. Die *Theorie der sozialen Identität* (*social identity theory*) geht davon aus, dass Menschen allgemein dazu neigen, sich als Mitglieder sozialer Gruppen zu begreifen, die durch die Aufwertung der eigenen Gruppe (*ingroup*) bzw. Abwertung anderer Gruppen (*outgroups*) einen Zuwachs an Selbstwertgefühl und eine positive Identifikation ihrer Mitglieder erreichen. Versteht man die Zugehörigkeit zu einer Generation als Gruppenidentität, dann lässt sich mithilfe dieser Theorie leicht verstehen, welche positive Funktion die Abwertung alter Menschen für die Angehörigen jüngerer Generationen haben kann. Indem man »die Alten«, »die Gruftis«, »die Boomer« negativ markiert, kann man sich selbst umso kompetenter, überlegener, mächtiger fühlen.

Auch im öffentlichen Diskurs sind gerontophobe Motive häufig anzutreffen. Dies ist z. B. der Fall, wenn die Alterung der Gesellschaft überwiegend als Bedrohung dargestellt wird, so wie dies u. a. in Unworten wie »Überalterung«, »Vergreisung« oder »Langlebigkeitsrisiko« (im Zusammenhang mit der Finanzierbarkeit unserer Sozialsysteme) zum Ausdruck kommt. Auch die eingangs bereits vorgestellte »Methusalem-Angst« ist Teil dieser gerontophoben Erzählung.

Im Gutachten der Sachverständigenkommission zum Sechsten Bericht der Bundesregierung zur Lage der älteren Generation werden drei negative öffentliche Thematisierungen des Alters benannt,[7] die regelmäßig auf dem »Markt der Meinungen« feilgeboten werden und in jüngerer Zeit wieder starken Auftrieb zu bekommen scheinen:

1. *Die Alten als »Ausbeuter« und »Betrüger« der Jungen und als »Profiteure« des Sozialsystems.* Hier wird im Wesentlichen die Behauptung aufgestellt, dass Ressourcen und Lebenschancen zulasten der Jungen und zugunsten der Alten umgeschichtet werden, wofür bereits vor über 25 Jahren die Polemik eines angeblichen »Generationenbetrugs«[8] in die Welt gesetzt wurde.

2. *Die Alterung der Gesellschaft als ökonomische »Innovations-, Wachstums- und Fortschrittsbremse«.* Hier wird vor allem auf die negativen Folgen für Beschäftigung, ökonomische Innovation und Wirtschaftsleistung verwiesen, wenn die geburtenstarken Jahrgänge aus dem Arbeitsmarkt ausscheiden. Negative Wachstumseffekte werden darüber hinaus durch Umschichtungen auf den Kapitalmärkten erwartet, nämlich dann, wenn die »Babyboomer« ihr angespartes Vermögen verkonsumieren wollen oder müssen.

3. *Die Gesellschaft auf dem Weg in die Gerontokratie.* Hierbei wird unterstellt, dass der wachsende Anteil älterer Wähler dazu führen würde, dass »die Alten« auf lange Zeit hinaus ihre altersspezifischen Interessen zunehmend besser und gegebenenfalls auch gegen die Interessen der Jüngeren durchsetzen werden. Damit einher geht die Befürchtung jüngerer Menschen, sie würden in ihren generationsspezifischen Bedürfnissen und Interessen von den Älteren nicht ernst genommen bzw. gar nicht erst wahrgenommen.

Altersbilder von Gen Y und Gen Z

Die Auswirkungen der drei negativen öffentlichen Altersthematisierungen auf die Altersbilder jüngerer Menschen spiegelten sich bereits 2006 in einer repräsentativen Umfrage wider, die das Bundesfamilienministerium unter damals 15- bis 25-jährigen Deutschen – d.h. unter den Angehörigen der Generation Y – durchführen ließ (vgl. Abbildung 5). Darin stimmten jeweils über 70 % der Befragten den Aussagen zu, »mehr Ältere bedeuteten, dass der Staat mehr Geld für alte Leute statt für Jüngere ausgebe« bzw. dass es »ungerecht sei, dass immer weniger Junge die Renten von immer mehr Alten bezahlen sollen«. Über die Hälfte der Teilnehmer befürchtete, »dass die wachsende Zahl der Älteren ihre Interessen zulasten der Jüngeren durchsetzen werde«, und immerhin noch 44 % der befragten Jugendlichen und jungen Erwachsenen waren der Meinung, dass die »vielen Alten« »Arbeitsplätze besetzen, die eigentlich für Jüngere gebraucht würden«. Passend dazu vertrat die Mehrheit der Befragten (56 %) die Ansicht, dass das Verhältnis der Generationen zueinander eher schlecht sei.

Aussagen zum demografischen Wandel

Übersicht Nennungen »trifft voll und ganz zu« und »trifft eher zu«

Frage: Und wenn Sie jetzt noch einmal an den demografischen Wandel denken, durch den es in Zukunft in Deutschland weniger junge und mehr alte Menschen geben wird, welche der folgenden Aussagen treffen Ihrer Meinung nach voll und ganz oder eher zu, und welche treffen eher nicht oder überhaupt nicht zu?

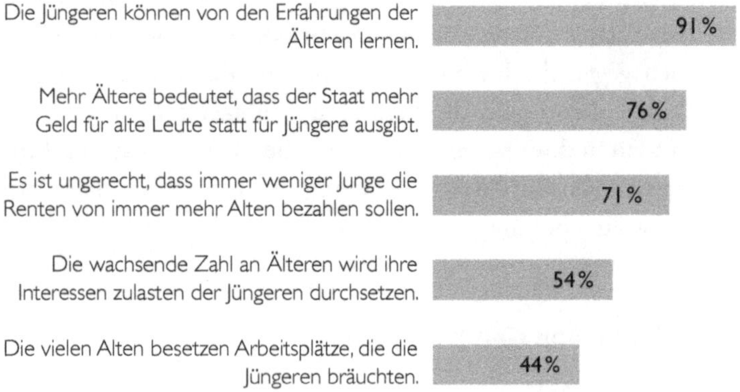

Abb. 5: Quelle: BMFSFJ, Demografischer Wandel. Ergebnisse einer Repräsentativbefragung unter der bis 25-jährigen Bevölkerung in Deutschland, Januar 2007, S. 43.

Ein ähnlich trostloses Bild des gesellschaftlichen Generationenverhältnisses zeichnete die 15. Shell-Jugendstudie aus demselben Jahr,[9] in der 70 % der befragten Millennials angaben, dass sie das Altern der Gesellschaft als »großes oder sehr großes Problem« betrachteten. Beinah die Hälfte von ihnen sah das Verhältnis der Generationen als angespannt, wobei den Befragten insbesondere die Versorgung und Integration einer wachsenden Zahl alter Menschen Anlass zur Sorge gab.

»Weg mit den alten Säcken!«

Wer gehofft haben sollte, das Verhältnis zwischen den Generationen habe sich in der letzten Zeit wieder verbessert, sah sich durch Ergebnisse der bereits im vorhergehenden Kapitel vorgestellten »Generation What«-Studie eines Besseren belehrt. Unter der bezeichnenden Überschrift »Weg mit den alten Säcken!« trat im 2018 veröffentlichten Ergebnisteil dieser Studie Besorgniserregendes zutage:[10] So wurde die Aussage »In Zeiten hoher Arbeitslosigkeit sollten Arbeitsplätze jungen Menschen vorbehalten sein« von beinah einem Drittel der 16- bis 25-jährigen Deutschen bejaht, 42 % der Befragten stimmten der Behauptung zu: »Die früheren Generationen sind verantwortlich für die Schwierigkeiten der jungen Menschen heute« und eine Mehrheit (53 %) dieser Altersgruppe hielt die Aussage »Es gibt zu viele alte Menschen« für zutreffend.

Wer das harmlos findet, sollte in den zitierten Sätzen einmal die Begriffe »frühere Generationen« bzw. »alte Menschen« durch »Ausländer« und »junge Menschen« durch »Deutsche« ersetzen, um zu erahnen, welche soziale Sprengkraft in solchen Umfrageergebnissen schlummern könnte. Verschiedene mediale Entwicklungen der jüngeren Vergangenheit machen darüber hinaus deutlich, dass sich der Ton der Auseinandersetzung verschärft hat. Dabei wird zunehmend und häufig unhinterfragt auf die oben dargestellten gerontophoben Altersthematisierungen Bezug genommen. Gerontophob eingefärbte Kampfansagen an die ältere Generation und hier insbesondere an die Generation der Babyboomer sind inzwischen hoffähig geworden, es entsteht geradezu der Eindruck, sie gelten als schick oder cool. Ein paar Kostproben gefällig?

»Ü40er sind inkompetent, ineffizient, geizig und unflexibel«, erklärt Matthias Giordano (Jahrgang 1989), leitender Redakteur bei der *Welt,* seinen Lesern unter der Überschrift »Darum sind alle über 40 Volltrottel«.[11] Die Babyboomer »vergällen der heutigen Jugend die Zukunft«, schreibt Hannes Stein ebenfalls in der

Welt.[12] Sie lebten – egal ob links oder rechts – verantwortungslos ihren Narzissmus aus. Die junge Generation, heißt es weiter, sehe sich einer »Garde von faulen Säcken gegenüber, die sich grinsend auf ihren Privilegien ausruhen«. In Europa hätten sich die Babyboomer in den Siebzigerjahren einen schönen Lenz gemacht:[13] Sie hätten sich »ein exorbitantes Sozialsystem geleistet« – obwohl schon damals klar war, dass es auf lange Sicht nicht bezahlbar sei – und sich dann später »standhaft geweigert, das Rentensystem zu reformieren«. Naturgemäß würden die jungen Leute »nie in den Genuss solcher Privilegien kommen. Wenn sie alt sind, wird alles aufgebraucht sein«.

»Schiebt ab! Es ist genug!«

Der angebliche Narzissmus der Babyboomer ist auch der Redaktion von *Jetzt* dem Online-Magazin der *Süddeutschen Zeitung*, eine Schlagzeile wert. Eine Studie habe jetzt nachgewiesen, dass »Babyboomer narzisstischer seien als Millennials«.[14] Kein Wunder, dass Carolin Würfel (Jahrgang 1986) die Babyboomer am liebsten gleich ganz loswerden möchte. »Schiebt ab!«, fordert sie in *Zeit Online.* »Die Babyboomer haben den Jungen den Klimawandel, einen ungerechten Generationenvertrag und ein kaputtes Europa eingebrockt.« Daher sei es jetzt »Zeit, Platz zu machen«.[15]

Vielleicht sollte man sich über derartige Äußerungen gar nicht aufregen in einer Zeit, in der der Stil der öffentlichen Auseinandersetzung nicht gerade zimperlich ist und in der »Shitstorms« auf Andersdenkende und Personen des öffentlichen Lebens gang und gäbe sind. Generalisierungen, Schuldzuweisungen, Verunglimpfungen und Herabwürdigungen einer ganzen Generation selbst in Medien, die einen Anspruch auf Seriosität erheben – was soll's, solange es polarisiert, emotional aufpeitscht und damit Auflagen und Klickzahlen in die Höhe getrieben werden? Besorgniserregend ist gleichwohl, dass es sich bei diesem Boomer-Bashing keineswegs nur um journalistische Einzelmeinungen zu handeln scheint, sondern dass ähnlich verzerrte Positionen bereits in den Köpfen vieler Meinungsführer der Generation Y verankert sind. Dies zeigt z. B. ein Artikel, den der *Business Insider Deutschland* gleich zweimal, nämlich im Mai 2018 und in leicht abgewandelter Form erneut im April 2020 publizierte.[16] Darin erklären »22 Millennials, wie Babyboomer Deutschland geschadet haben« bzw. »warum die ältere Generation das eigentliche Problem« sei. Dass sich unter diesen 22 Millennials neben Bundestagsabgeordneten (der Grünen und der FDP), aufstrebenden Wissenschaftlerinnen, erfolgreichen Jung-Unternehmerinnen und Wirtschaftsfunktionären auch hochrangig positionierte politische Repräsentanten der jungen Generation wie Ria Schröder (1992 geborene ehemalige Vorsitzende der Jungen Liberalen, Bundestagsabgeordnete und Mitglied im Bundesvorstand der FDP) und Kevin Kühnert (1989 geborener ehemaliger Juso-Vorsitzender und stellvertretender Bundesvorsitzender, heute Generalsekretär der SPD) befinden, gibt dann doch zu denken. Denn selbst wenn nicht alle der in den Einzeldarstellungen zum Ausdruck kommenden Positionen ausdrücklich altersdiskriminierend sind, stellt sich schon die Frage, warum sich die zu Wort kommenden Personen für einen Artikel zur Verfügung stellen, der eindeutig auf eine polemische Polarisierung der Generationen ausgerichtet ist.

Der »Boomer« wird zum Inbegriff des hässlichen, gierigen Alten

Obwohl sich die zitierten Äußerungen in erster Linie gegen die Angehörigen einer bestimmten Generation richten, nämlich gegen die heute ca. 50- bis 65-Jährigen, treffen ihre gerontophoben und altersdiskriminierenden Spitzen letztlich alle alten Menschen. Es sind der unselige Mythos von den Alten als »Ausbeutern« und »Betrügern« der Jungen, als »Profiteure« des Sozialsystems und der damit gekoppelte Vorwurf der »Gerontokratie«, die hier wieder aufgewärmt und nun auf die Kohorte der geburtenstarken Jahrgänge projiziert werden. Dadurch findet allmählich eine begriffliche Verschmelzung des Begriffs »Babyboomer« bzw. »Boomer« mit dem Bild des selbstsüchtigen, rücksichtslosen und gierigen »Alten« statt.

Was jedem um den gesellschaftlichen Frieden bemühten Menschen Sorge bereiten sollte, ist die Gehässigkeit und Unversöhnlichkeit, mit der hier eine Generation verunglimpft wird. Generationenkonflikte sind nichts Neues: Die »68er« demonstrierten gegen den Vietnamkrieg und den »Muff von tausend Jahren«, die Babyboomer gegen den NATO-Doppelbeschluss und die Generation X ging gegen Studiengebühren auf die Straße. Diese Proteste wurden aber nicht mit der pauschalen Verunglimpfung einer ganzen Vorgängergeneration verbunden. So sahen die »68er« eher mit misstrauischem Respekt auf die autoritären, übermächtigen Vaterfiguren. Ihr Aufbegehren richtete sich gegen den Staat, gegen das »Schweinesystem« oder gegen den militärisch-industriellen Komplex, ihre Wut richtete sich gegen die Repräsentanten dieses Systems. Dagegen bewegt sich die heute gegen die ältere Generation gerichtete Kritik eher unter der Gürtellinie: Boomer seien faule, selbstgefällige, rücksichtslose, gierige alte Säcke, die den Jüngeren aus egoistischer Motivation ihre Zukunft versauten.

Das Bedienen althergebrachter gerontophober Klischees und die damit einhergehende Verurteilung einer ganzen Generation sind jedenfalls ein Spiel mit dem Feuer. Sie eskalieren die vorhandenen Spannungen und erzeugen eher gekränkte Gegenreaktionen als eine Bereitschaft zum Dialog. Sie spalten die Generationen und schüren damit den Konflikt, anstatt ihn zu entschärfen. Im realen gesellschaftlichen Leben scheint das Verhältnis zwischen Jung und Alt noch leidlich zu funktionieren. Aber das Aufrüsten findet in den Köpfen statt! Und selbst wenn der neue Generationenkampf teilweise auch nur medial inszeniert sein sollte, werden doch die Altersbilder junger Menschen durch ein leichtfertiges Bedienen negativer Altersstereotype geprägt. Diese Altersbilder dürfen jedoch nicht zu Feindbildern werden. Denn was könnte geschehen, wenn wir in ein paar Jahren das Steuerrad an eine Generation übergeben, die bereit ist, das Klima zu schützen, nicht aber alte Menschen?

OK Boomer!

Sprechen wir noch einmal über negative Gefühle. Woher stammen die Ressentiments, die einige Angehörige der Generationen Y und X gegenüber den Angehörigen der Babyboomer-Generation zum Ausdruck bringen? Letztlich – so wird häufig vorgebracht – handele es sich um den Ausdruck einer wachsenden Wut der Jüngeren auf die Älteren, die ihren Kindern und Enkeln weltweit massive ökologische und ökonomische Probleme hinterlassen würden, ohne jedoch bereit zu sein, die eigenen Versäumnisse zu erkennen oder zu korrigieren.

Ausdruck dieser Vorwurfshaltung jüngerer gegenüber älteren Menschen ist das seit 2019 in sozialen Medien kursierende Internet-Meme »OK Boomer!«. Mit ihm habe die junge Generation den Babyboomern – also all jenen, denen es wirtschaftlich so unverschämt gut gehe und die das Klima kaputtgemacht hätten – mit nur zwei Wörtern den Kampf angesagt.[17] Auslösend soll eine Szene gewesen sein, die sich 2019 im neuseeländischen Parlament abgespielt hat: Die damals 25-jährige Abgeordnete Chloë Swarbrick wurde während ihrer Rede über die Folgen einer verfehlten Klimapolitik von einem kritischen Zwischenruf eines älteren männlichen Kollegen unterbrochen. Sie konterte mit einem lakonischen »OK Boomer« und fuhr scheinbar unbeeindruckt mit ihrer Rede fort. Ihre Reaktion sei ein »Ausdruck kollektiver Erschöpfung« gewesen, erklärte Swarbrick später in einem Interview, sie sei es leid, ständig zu hören, Millennials hätten alles falsch gemacht.[18] Jedenfalls traf die Szene den Nerv der Zeit. Der

YouTube-Clip wurde massenhaft über soziale Netzwerke geteilt und entwickelte sich zum Internetrenner, bis er schließlich auch von alteingesessenen Traditionsmedien aufgegriffen wurde. »›OK Boomer‹ marks the end of friendly generational relations«, titelte die *New York Times* im November 2019, »Now it's war!«.[19] Damit war der flapsige Spruch endgültig zum Schlachtruf des neuen Generationenkonflikts geadelt.

Inhaltlich handelt es sich bei »OK Boomer« um eine rhetorische Retourkutsche auf belehrendes, abschätziges oder bevormundendes Verhalten von Angehörigen der älteren Generationen, mit der genau dieses Verhalten bloßgestellt werden soll.[20] Der vermeintliche Angriff der Älteren auf die Kompetenz der Jüngeren (»Ihr seid naiv, unreif, weinerlich etc.«) wird zur Gegenattacke umgekehrt, mit der die Älteren zu ihrerseits ahnungslosen, spießigen und weltfremden Auslaufmodellen degradiert werden. Auf eine empfundene Herabwürdigung wird mit einer Gegenbeleidigung reagiert. Obwohl darauf verwiesen wird, dass »OK Boomer« lediglich ironisch, das heißt humorvoll und nicht notwendigerweise verletzend, gemeint sei,[21] trägt auch dieser Spruch altersdiskriminierende Züge, zumindest wenn er als pauschale Abwertung einer ganzen Generation verwendet wird. Davon abgesehen verweist er auf ein wichtiges emotionales Motiv, das dem aufbrechenden Generationenkonflikt neben der Wut auf die angebliche Borniertheit der Älteren zugrunde liegt: Dies ist ein Gefühl der Kränkung, ein Gefühl, von den Angehörigen der älteren Generation belächelt und in berechtigten Ängsten und Zukunftssorgen nicht für voll genommen zu werden.

Ein weiteres von starken Emotionen getragenes Thema, das in der sich aufheizenden Generationendebatte immer wieder aufflackert, ist das Thema Gerechtigkeit. Es sei ungerecht, so der verkürzte Vorwurf, dass »die Boomer« den Jüngeren ein verkorkstes Klima, leere Staatskassen und heruntergewirtschaftete Sozialsysteme hinterlassen, nachdem sie selbst in Saus und Braus gelebt hätten. Dass diese These, wenn sie bei jüngeren Menschen auf offene Ohren stößt und Empörung hervorruft, leider auch Ressentiment gegenüber den Angehörigen der Elterngeneration befördert und damit zur Vergiftung des gesellschaftlichen Klimas beiträgt, ist nicht weiter verwunderlich. *OK BOOMER – Have a terrible day!*[22]

Kapitel 4: Die Hofübergabe – was heißt hier schon gerecht?

Der kommende Generationenkonflikt erscheint weniger als Kulturkonflikt, wie etwa der Generationenkonflikt der 1960er Jahre, sondern als *Verteilungskonflikt.* Es geht um Verteilungsgerechtigkeit, also um die Frage, wie materielle oder immaterielle Güter (Einkommen, Arbeitsplätze, soziale Sicherheit etc.), aber auch materielle und soziale Lasten gerecht zwischen den Generationen aufgeteilt werden können. Sich milliardenhoch auftürmende Staatsschulden, der Sanierungsstau bei der öffentlichen Infrastruktur, die wachsende Zahl Versorgungsbedürftiger in einer alternden Gesellschaft und die ökologischen Folgen einer verfehlten Klimapolitik – die Annahme, bei der Verteilung dieser Belastungen unfair oder ungerecht behandelt zu werden, führt bei den Angehörigen der nachwachsenden Generationen zu Ärger, Empörung oder gar Wut. Nicht immer wird die empfundene Ungerechtigkeit offen thematisiert, wodurch die damit verbundenen negativen Gefühle unausgesprochen und unterschwellig bleiben. Das Gefühl der Ungerechtigkeit kann insbesondere dann, wenn der zugrunde liegende Konflikt gesellschaftlich nicht aufgelöst wird, bestehende Ressentiments verstärken, die im ungünstigsten Fall in offene oder versteckte Aggressionen gegen die »Verursacher« umschlagen.

Die Annahme der Jüngeren, schlecht oder zumindest doch deutlich schlechter weggekommen zu sein als die Elterngeneration, wird in letzter Zeit zunehmend wieder öffentlich thematisiert, teilweise in Form polemisch vorgetragener Schuldzuweisungen. »Die Millennials sind leider zu spät zur Party gekommen«, bringt der Autor und Journalist Lukas Sustala (Jahrgang 1986) dieses Gefühl auf den Punkt, »die Boomer waren vor ihnen da und konnten von vielem profitieren«.[1] Nun forderten sie von den Millennials, mehr anzupacken. Dabei seien sie es doch, die »prokrastinieren«

würden. Das ist aus Sicht eines Angehörigen der Babyboomer-Generation nicht gerade freundlich formuliert. Aber ist der Vorwurf nicht berechtigt? Was ist dran an der Behauptung, die alternden Babyboomer würden in egoistischer Manier den Millennials ihren gerechten Anteil am Wohlstandskuchen vorenthalten?

Die Sache mit dem Altenteil

Ein Dauerbrenner und beliebtes Aufregerthema in der allgemeinen gesellschaftlichen Gerechtigkeitsdebatte ist das Thema Rente. Polemische Diskussionsbeiträge sind hier an der Tagesordnung. Hierzu zählt z. B. die häufig geäußerte Unterstellung, dass Rentner und Pensionäre sich nur noch auf Kosten der Gesellschaft ausruhen würden. Schon früher wurde versucht, Menschen, die gerade in den Ruhestand eingetreten waren, als »gierige Generation« zu verunglimpfen, die auf »Kosten der Jungen abkassieren« wollen.[2]

Jenseits solcher Polemiken ist die Frage, wie eine staatliche Altersversorgung organisiert werden kann, ohne dass eine der daran beteiligten Altersgruppen bzw. Generationen benachteiligt wird, nicht trivial. Es ist daher nicht verwunderlich, dass das Thema Altersversorgung auch in dem aktuell aufflackernden Generationenkonflikt wieder eine Rolle spielt. So wird z. B. in einer aktuellen Kampagne des Jugendrates der Generationen-Stiftung unter dem provokanten Titel »Wir kündigen den Generationenvertrag. Es reicht!« die »Rentenkatastrophe« beschworen.[3] Und auch in der im Herbst 2021 von den Jugendforschern Simon Schnetzer und Klaus Hurrelmann durchgeführten repräsentativen Trendstudie »Jugend in Deutschland« nennt fast jeder Zweite (48 %) der befragten 14- bis 29-Jährigen den »Zusammenbruch des Rentensystems« als eine ihrer größten Sorgen, nur knapp hinter dem Thema Klimawandel (56 %).[4]

Tatsächlich ist die gerechte Organisation der Altersversorgung ein zentraler Teil des sogenannten Generationenvertrags. Dabei handelt es sich allerdings nicht um einen schriftlich fixierten Vertrag, der von Einzelpersonen oder gesellschaftlichen Gruppen »gekündigt« werden könnte, sondern um eine teils auf gesellschaftlichen Werten und Normen basierende, teils durch Einzelgesetze geregelte Übereinkunft, die im Idealfall ethische *und* ökonomische Anforderungen an eine gerechte Altersversorgung in sich vereint (vgl. Kapitel 1).[5]

Schon in traditionellen Gesellschaftsformen bezieht der »Generationenvertrag« üblicherweise drei Generationen ein: In der »Mitte« der Familie muss das erwerbsaktive Ehepaar den Lebensunterhalt sowohl der (kleinen) Kinder als auch der alten Eltern bestreiten. Irgendwann sind die Kinder alt genug zum Arbeiten und müssen von da an aktiv zum Familieneinkommen beitragen. Werden sie erwachsen, treten sie als mittlere Generation in die Fußstapfen ihrer Eltern. Neben der Aufzucht ihrer eigenen Kinder übernehmen sie die Pflicht, auch für den Unterhalt ihrer gealterten Eltern zu sorgen. Damit erwerben sie sich den Anspruch, im Alter selbst durch ihre dann erwachsenen Kinder versorgt zu werden. Altersversorgung ist in diesem Modell also eine Frage sozialer und moralischer Konventionen und ausschließlich auf der familiären Ebene organisiert. Wer keine Kinder großzieht, geht das Risiko ein, im Alter unversorgt zu bleiben – selber schuld.

In landwirtschaftlich geprägten Gesellschaften war der Generationenübergang in der Regel mit der Übergabe des elterlichen Hofes an die Söhne bzw. – je nach Region – an den ältesten Sohn verbunden. Dieser Vorgang und der damit verbundene Rollenwechsel des alten Bauernpaares konnte sich bisweilen sehr konfliktreich gestalten. Spätestens ab dem 19. Jahrhundert wurde es daher üblich, die gegenseitigen Rechte und Pflichten in Form eines Hofübergabevertrages verbindlich zu regeln. Darin überließ die abtretende Generation den Hof mit sämtlichem Inventar dem Nachfolger und wurde dafür mit dem sogenannten Altenteil entschädigt. Dieses beinhaltete u. a. ein lebenslanges Wohnrecht in einem separaten Wohnbereich oder einem »Auszugshaus«, die Versorgung mit Lebensmitteln und Kleidung sowie Wärme im Winter und meist auch ein Taschengeld. Üblicherweise war auch die Pflege bei Krankheit und altersbedingten Leiden und ein »standesgemäßes Begräbnis« Teil dieser Vereinbarung. Da die Bedingungen vorher im persönlichen Gespräch zwischen Alten und Jungen ausgehandelt worden waren, gewährleistete ein gelungener Hofübergabevertrag, dass sich keine der beteiligten Parteien unfair behandelt oder gar über den Tisch gezogen fühlte. Die verbindlichen Regelungen, bei der beide Seiten Kompromisse eingehen mussten, trugen damit ohne Zweifel zum Erhalt des innerfamiliären Friedens bei.

Frei von Konflikten und Ambivalenzen wurden die Beziehungen zwischen den Generationen dadurch aber auch nicht. So konnten sich z. B. vor Einführung der sozialen Pflegeversicherung in den 1990er Jahren Probleme ergeben, wenn die alten Bauersleute so pflegebedürftig wurden, dass sie entweder professioneller häuslicher Pflege bedurften oder der Umzug in ein Pflegeheim erforderlich wurde. Die aufgrund des Hofübergabevertrags eingegangene Verpflichtung, für die Pflege des Altenteilers aufzukommen, konnte dann den Erben in eine existenzbedrohende Lage bringen.

Heute sind auch die Landwirte längst in die Systeme der gesetzlichen Rentenversicherung und Pflegeversicherung einbezogen und das Altenteil verlor damit als existenzsichernder Teil der Altersversorgung seine Bedeutung. Die vertraglich geregelte Hofübergabe ist gleichwohl ein Sinnbild dafür, dass Generationenverträge immer auch das Ergebnis von Aushandlungsprozessen sind, die von Verteilungskonflikten im Generationenverhältnis ihren Ausgang nehmen können und im günstigsten Fall dazu führen, diese Konflikte zu befrieden. Dafür muss der ausgehandelte Vertrag jedoch von allen Beteiligten als gerecht empfunden werden. Andererseits kann selbst ein gut ausgehandelter Generationenvertrag nicht alle Risiken und Unwägbarkeiten der Vertragsparteien (im obigen Beispiel wäre dies z. B. das Ausmaß und die Dauer einer möglichen Pflegebedürftigkeit des Altenteils) abfangen und unter gewissen Umständen zu unbeabsichtigten Benachteiligungen führen.

Vom familiären zum gesellschaftlichen Generationenvertrag

Das Modell des Drei-Generationen-Vertrags lebt im Prinzip auch in den Alterssicherungssystemen moderner Wohlfahrtsstaaten weiter. Allerdings müssen hier nicht mehr die Kinder den Unterhalt ihrer Eltern direkt gewährleisten, sondern die Leistungserbringung geschieht in »kollektivierter« Form.[6] Die aktiven Beitragszahler (d. h. im Wesentlichen die »mittlere« Generation der Werktätigen) zahlen ihre Rentenbeiträge in einen großen Topf, dessen Inhalt (ergänzt durch einen staatlichen Zuschuss) im Umlageverfahren an die Anspruchsberechtigten sogleich wieder ausgeschüttet wird. Das Ganze geschieht auf Basis eines komplexen, gesetzlich fixierten Regelwerks, das seit seiner Einführung im Jahr 1889 ständig umgestaltet bzw. angepasst wird. Ähnlich wie beim Hofübergabevertrag sind diese Anpassungen das Ergebnis von Aushandlungsprozessen, die allerdings nicht mehr auf familiärer und privater Ebene, sondern im politischen Raum stattfinden.

Mit Einführung einer staatlichen Rentenversicherung wurde die Altersversorgung damit einerseits von einer privaten zu einer sozialpolitischen Aufgabe, sie wurde jedoch auch zunehmend unübersichtlicher, insofern für den einzelnen Beitragszahler nicht mehr unmittelbar erfahrbar ist, wer oder was genau von seinem Beitrag finanziert wird. Hinzu kommt die grundsätzliche Unsicherheit darüber, ob die über die Lebensspanne eingezahlten Beiträge irgendwann einmal in gleicher Höhe zurückfließen. Denn im Gegensatz zur kapitalgedeckten Rente erwerben sich die Beitragszahler lediglich eine abstrakte Anwartschaft. Diese wächst zwar mit der Höhe und Dauer der gemachten Einzahlungen, sie garantiert jedoch keine volle Rückerstattung, allein schon aufgrund der Tatsache, dass die individuellen Ruhestandsphasen aufgrund z. B. eines relativ frühen Versterbens oder eines relativ langen Lebens unterschiedlich lang sein können. Diese »Unübersichtlichkeit« bei der Frage der sogenannten *Äquivalenz* der eingezahlten Beiträge zur letztendlich realisierten Gegenleistung führt dazu, dass der gesetzlichen Rentenversicherung bisweilen ein gewisses Misstrauen entgegengebracht wird.

Einfluss der Demografie

Auch durch den demografischen Wandel können sich Veränderungen der erwartbaren »Renditen« ergeben, die die Akzeptanz des staatlichen Alterssicherungssystems beeinträchtigen. Durch den Eintritt der Babyboomer in den Ruhestand und der damit einhergehenden sehr starken Zunahme des Altenquotienten (vgl. Kapitel 1) werden innerhalb der kommenden zehn Jahre immer mehr Menschen ihre im Laufe des Erwerbslebens verdienten Anwartschaften geltend machen, während gleichzeitig immer weniger Menschen in das System einzahlen. Der Wissenschaftliche Beirat des Bundeswirtschaftsministeriums sieht die gesetzliche Rentenversicherung daher in den nächsten Jahren mit einem »schockartig steigenden Finanzierungsproblem« konfrontiert.[7] Volkswirtschaftlich gesehen gibt es zahlreiche Stellschrauben, an denen man drehen könnte, um dieses Problem abzumildern. Hierzu zählen z. B. eine Erhöhung der Regelaltersgrenze bzw. des Renteneintrittsalters, eine Änderung der Rentenanpassungsformel (welche die Höhe der Renten an die allgemeine Lohnentwicklung koppelt), ein Einfrieren oder eine Senkung des Rentenwertes (was faktisch eine Kürzung der Renten bedeuten würde), eine Erhöhung der Zuschüsse aus Bundes- bzw. Steuermitteln oder eine Erhöhung der Beiträge. Die jeweiligen Maßnahmen und ihre Kombinationen können Beitragszahler und

Beitragsempfänger in unterschiedlichem Ausmaß belasten, d.h. an den Kosten des Finanzierungsproblems beteiligen. An welcher der Stellschrauben wie stark und in welche Richtung gedreht wird, ist Ergebnis des erwähnten politischen Aushandlungsprozesses. Da die Rentenversicherung nicht allein aufgrund des demografischen Wandels seit den 1980er Jahren eine politische »Dauerbaustelle« ist, ist das an sich nichts Neues.

In der gegenwärtigen Situation würde insbesondere eine Erhöhung der Beiträge (indirekt auch eine Erhöhung der Zuschüsse aus Steuermitteln) dazu führen, dass die nachfolgenden Generationen (d.h. insbesondere die Generationen Y und Z) stärker zur Kasse gebeten würden. Spätestens an dieser Stelle kann sich bei den Jüngeren ein Gefühl der Ungerechtigkeit einschleichen, das die Akzeptanz für eine auf solidarischen Transferleistungen beruhenden Alterssicherung sinken lässt. Denn da die Geburtenrate in Deutschland nach dem »Pillenknick« durchgängig niedrig geblieben ist, steigt das Risiko, dass die den Babyboomern nachfolgenden Generationen ihre Einzahlungen nicht in voller Höhe wiedersehen werden, wenn sie selbst einmal im Ruhestand sind. Damit könnte tatsächlich eine Ungleichbehandlung der Generationen eintreten, die die »Wohlfahrtsbilanz« der nachfolgenden Generationen schmälert. Allerdings ergibt sich ein verzerrtes Bild, wenn alte Menschen in den Generationenbilanzen überwiegend als Empfänger von sozialstaatlichen Leistungen (Rente, Krankenkassenleistungen, Pflegeleistungen) auftauchen. In die Rechnungen gehen nämlich vor allem die öffentlichen Transfers zwischen den Generationen ein, während private Zuwendungen (Schenkungen, Erbschaften, investierte Zeit für Ehrenamt und Enkelbetreuungen etc.) unberücksichtigt bleiben. Kurzum: Die ganze Wirklichkeit der Austauschbeziehungen zwischen den Generationen (die sogenannte Reziprozität) wird gar nicht abgebildet.[8]

Temporäre Ungleichheiten bei der Behandlung durch das wohlfahrtsstaatliche System der Altersversorgung müssen daher nicht notwendigerweise die Generationengerechtigkeit verletzen. So erscheint das neuerdings wieder aufgewärmte Gerede von einem gerontokratisch gesteuerten »Generationenbetrug«[9], durch den Ressourcen und Lebenschancen zulasten der Jungen und zugunsten der Alten in unzumutbarer Weise umgeschichtet werden, nüchtern betrachtet geradezu abwegig. Schließlich würde Betrug einen Vorsatz voraussetzen. Die demografisch bedingten Belastungen, die auf das staatliche Altersversorgungssystem zukommen, sind jedoch von niemandem beabsichtigt oder intendiert. Für die Dynamik der uns bevorstehenden demografischen Entwicklung kann man jedenfalls keine bestimmte Generation verantwortlich machen. Weder kann man den Babyboomern anlasten, dass sie so viele sind, noch sind sie »schuld« an dem »Pillenknick«, der dazu führte, dass die nachfolgenden Generationen zahlenmäßig so viel schwächer daherkommen. Auch die relative Kinderarmut der Generationen X und Y haben die Babyboomer nicht zu verantworten.

Die demografisch bedingte Ungleichbehandlung durch den Wohlfahrtsstaat, die den Jungen von heute bevorstehen könnte, ist in der Geschichte der Bundesrepublik darüber hinaus kein neues Phänomen. Jürgen Wolf wies bereits vor über 30 Jahren darauf hin, dass in Deutschland insbesondere die Generation der Kriegskinder und Nachkriegskinder (vgl. Kapitel 2) von der historischen Entwicklung ökonomisch profitiert hätten.[10] In den 1950er und frühen 1960er Jahren seien ihnen das Wirtschaftswachstum, eine günstige Arbeitsmarktlage, der sozialstaatliche Leistungsausbau und eine relativ geringe Kohortengröße für den Aufbau günstiger Rentenanwartschaften zugutegekommen. Dies habe zu einem wohlfahrtsstaatlichen »Fahrstuhleffekt« geführt, zu einer kollektiven Anhebung der Lebenslage, der von den Angehörigen dieser Generation in lebensgeschichtlich bedeutsamer Weise erfahren wurde. Doch für die Kinder der Kriegskinder, die Babyboomer, sei der »kurze Traum immerwährender Prosperität« bereits ausgeträumt gewesen, so Wolf:

> *Für die »Babyboom«-Kohorte war dieser »Fahrstuhleffekt« nur noch vermittelt erfahrbar, vor allem aber bekamen und bekommen ihre Angehörigen die Auswirkungen der Kohortengröße zu spüren; sie mussten und müssen sich überall drängeln: in den Einrichtungen des Bildungswesens, auf dem Arbeits- und dem Wohnungsmarkt, und sie werden sich auch beim Zugang zu sozialstaatlichen Ressourcen im Alter drängeln. Ihre Rentenanwartschaften werden bereits deutlich unterhalb derer ihrer Vorgängerkohorten liegen. […] Dies liegt nicht nur an den ungünstigen Erwerbsverläufen der »Babyboom«-Kohorte und der Kohortengröße, sondern auch an der erheblich geringeren Kohortengröße der »geburtenschwachen Jahrgänge« […]. Wenn die Szenarien vom »Altersklassenkampf« also Resonanz entfalten sollten, dann bei der »Babyboom«-Generation, die durch die beschriebene Konstellation doppelt benachteiligt ist.*[11]

Tatsächlich ist der hier beschriebene Beitrag der Babyboomer an den Kosten des demografischen Wandels schon längst eingepreist, ohne dass es einen »Altersklassenkampf« gegeben hätte. Auch Ernst Kistler, Direktor am Internationalen Institut für Empirische Sozialökonomie (INIFES) weist darauf hin, dass mit den Rentenreformen seit 1992 der einzufordernde finanzielle Anteil der heutigen und zukünftigen Rentner an den Lasten der demografischen Entwicklung bereits in Gesetze gegossen wurde.[12] Die darin beschlossenen Maßnahmen u. a. in Form von Leistungskürzungen und einer Heraufsetzung des Renteneintrittsalters werden die geburtenstarken Jahrgänge in besonderer Weise treffen. Dass heute ausgerechnet die Babyboomer zur Zielscheibe einer Polemik werden, die sie als privilegierte Profiteure des Wohlfahrtsstaats darstellt und ihnen eine fahrlässige Ausbeutung der nachfolgenden Generationen zum Vorwurf macht, entbehrt unter Berücksichtigung dieser politischen Realitäten nicht einer gewissen Ironie. Jedenfalls kann allein aufgrund der demografischen Lage kein schlüssiges Gerechtigkeitsargument konstruiert werden, das den Babyboomern das Los der Altersarmut auferlegt, damit die nachfolgenden Generationen ihren Lebensstandard halten können. Auch dabei handelt es sich zwar um ein legitimes Interesse, allerdings sollten – wie bei der bäuerlichen Hofübergabe – faire Bedingungen für alle Beteiligten ausgehandelt werden.

Wem nutzt die Polemik?

Wer in der Rentendiskussion die Generationengerechtigkeit in den Mittelpunkt stellt, sollte sich stets darüber im Klaren sein, dass das an sich gut gemeinte Anliegen politisch instrumentalisiert werden kann (vgl. Kapitel 16). Das gilt insbesondere dann, wenn die Diskussion unter Rückgriff auf gerontophobe Mythen polemisch geführt wird. Hierzu zählt sowohl die Mär vom »gierigen Alten« als »Ausbeuter der Sozialsysteme« als auch das Angstargument von der »Überalterung« der Gesellschaft, die zwangsläufig zum Bankrott der Sozialkassen oder zur »Rentenkatastrophe«[13] führen werde, wenn nicht herbe Einschnitte vorgenommen würden. Die Polemik untergräbt den konstruktiven Dialog und trägt dazu bei, das Klima zwischen den Generationen zu vergiften. Negative Altersstereotype können die gesellschaftliche Akzeptanz solidarisch ausgestalteter Sozialversicherungssysteme untergraben. Dies spielt denjenigen politischen Akteuren in die Karten, die z. B. einen allgemeinen Abbau sozialstaatlicher Leistungen bzw. deren Privatisierung fordern. So kann die Forderung einer größeren Gerechtigkeit *zwischen* den Generationen als Vorwand für einen umfassenderen Umbau des Wohlfahrtsstaates benutzt werden, der am Ende dazu führen wird, dass die Ungerechtigkeit *innerhalb* der Generationen zunimmt.

Kapitel 5: Meine Oma ist 'ne alte Umweltsau – was uns Fridays for Future lehrt

Beim Thema Rente geht es ums Geld und da hört die Freundschaft bekanntlich besonders schnell auf. Die Frage nach der generationengerechten Verteilung von Privilegien und Lasten berührt aber nicht nur die Altersversorgung, sondern auch die Art und Weise, wie wir mit den natürlichen Ressourcen unseres Planeten umgehen. Ein exzessiver CO_2-Ausstoß führt zu irreversiblen Schäden des weltweiten Klimasystems, für die Entsorgung des stetig produzierten Atommülls sind keine nachhaltigen Lösungen in Sicht, die Vermüllung der Meere mit Plastik und sonstigen Abfallprodukten unserer konsum- und profitorientierten Ökonomie und das Artensterben schreiten mit erschreckendem Tempo voran. Energisches und nachhaltiges politisches Handeln ist gefragt, um die gravierenden ökologischen Schäden zumindest abzumildern, aber das System bewegt sich viel zu träge.

Fridays for Future: Generation Z geht auf die Barrikaden

Die destruktiven Folgen einer verfehlten Wirtschafts- und Umweltpolitik wirken weit in die Zukunft hinein und müssen daher in erster Linie von den Nachkommen derjenigen ausgebadet werden, die heute politische und wirtschaftliche Verantwortung tragen. Diese Erkenntnis ist nicht originell und wurde seit Entstehung der modernen Umweltbewegung in den 1970er Jahren wiederholt vorgetragen.[1] Dass die Generationengerechtigkeit jedoch geradezu in das Zentrum einer ökologischen Bewegung gerückt wurde, war ein neues Phänomen, als die schwedische Schülerin Greta Thunberg im August 2018 die Weltbühne betrat und vor dem Reichstagsgebäude in Stockholm den Schulbesuch bestreikte. »Das einzige Vernünftige wäre es, die Notbremse zu ziehen«, rief sie den Delegierten auf der UN Climate Change Conference am 18. Dezember 2018 zu, »doch ihr seid nicht einmal erwachsen genug, um die Wahrheit zu sagen. Auch noch diese Last bürdet ihr uns Kindern auf«. Der vorwurfsvolle, die Generationen polarisierende Akkord, der hier angeschlagen wurde, kam für manche etwas zu melodramatisch und respektlos rüber. Bei den Angehörigen der Generation Z traf er gleichwohl ins Schwarze. In kürzester Zeit entwickelte sich Fridays for Future zu einer beeindruckenden internationalen Bewegung, woran sicher auch die gute Vernetzung der Kids über Smartphones und soziale Medien ihren Anteil hatte. Klimaschutz und Nachhaltigkeit wurden auch in Deutschland für eine rasant wachsende Schar engagierter Gymnasiastinnen und Gymnasiasten zum zentralen Lebensthema.[2] Die Generation Z hatte die Ökologie entdeckt und tat nun so, als habe sie sie erfunden. Die Älteren, denen die Leviten gelesen wurden, rieben sich verwundert die Augen.

»I want you to panic!«

Tatsächlich wurde der Protestbewegung von der Eltern- und Großelterngeneration zunächst eine große Sympathie entgegengebracht. Mancher nahm die Kids vielleicht nicht so ganz ernst, aber viele begrüßten, dass sich die Jugend endlich wieder für Politik interessierte. Auch das Thema war genehm, wer könnte schon gegen die Rettung des Klimas sein? So gab es Lob von vielen Seiten, sogar die Bundeskanzlerin und der Bundespräsident äußerten sich wohlwollend. Doch dann wurden die politischen Forderungen präziser, die Diskussionsbeiträge in den Talkshows professioneller, aber auch die Anschuldigungen gegen die »Alten« unversöhnlicher.

Zwar legte der Vorwurf, die Zerstörung der ökologischen Ressourcen nehme den Jüngeren ihre Zukunft, den Finger in eine

Wunde, dass die jungen Aktivisten jedoch die (Überlebens-)Interessen »der Jungen« gegen die vermeintlich fahrlässige, egoistische, rücksichtslose und gierige Politik der »Alten« in Stellung brachten, war dem an sich berechtigten Anliegen nicht dienlich. Der Tonfall hatte zuweilen etwas Altkluges, Selbstgefälliges, und genau diese Attitüde war es, die der Bewegung in der Folgezeit viele Sympathien verspielte. Ihr mangele es nicht an Überzeugung, dass der Klimawandel ein schwerwiegendes Problem sei, bringt Dora, die 36-jährige Protagonistin in Juli Zehs Roman »Über Menschen« dieses Unwohlsein zum Ausdruck. Was sie lähme, sei die Ansprache »How dare you« anstatt »I have a dream«.[3]

Die im Grundton der Empörung vorgetragenen Vorwürfe der jungen Aktivistinnen und Aktivisten führten bei vielen Angehörigen älterer Generationen zu ähnlichen Abwehrreflexen und leisteten damit einer Polarisierung zwischen »den Jungen« und »den Alten« Vorschub. Durch die Verhärtung der Generationenfront in der öffentlichen Debatte begann sich die Atmosphäre der wichtigen und längst überfälligen Diskussion zu vergiften. »Verwöhnte Gören« saßen in Talkshows »gierigen Greisen« scheinbar unversöhnlich gegenüber. Daran waren die jungen Aktivistinnen und Aktivisten nicht ganz unbeteiligt. »You are failing us«, rief die inzwischen zum strahlenden Idol der Bewegung aufgestiegene Greta mit bebender Stimme, »but the young people are starting to understand your betrayal.« Die Altvorderen, das waren die Betrüger, ganz klar. Da nimmt es nicht wunder, dass respektlose Sprüche gegen ältere Menschen im Allgemeinen immer lockerer über die Lippen kamen. So war etwa auf dem Twitter-Kanal von Fridays for Future Deutschland im Dezember 2019 zu lesen: »Warum reden uns die Großeltern eigentlich immer noch jedes Jahr rein? Die sind doch eh bald nicht mehr dabei.«[4] Es hagelte empörte Reaktionen und so mancher mag sich gefragt haben: Handelt es sich hier um eine Generation, die das Klima schützen will, nicht aber alte Menschen? Prompt folgte eine Entschuldigung, verbunden mit dem Hinweis, dass der Tweet ja nur satirisch gemeint war.

Das war doch nur Satire! – Diese Behauptung wird gerne benutzt, um gezielte öffentliche Tabubrüche z. B. gegen Minderheiten oder politisch Andersdenkende zu verharmlosen. Aber wie nützen gezielte Provokationen, die weit unter die Gürtellinie gehen und die dazu geeignet sind, junge und alte Menschen gegeneinander aufzuwiegeln, dem Kampf gegen den Klimawandel? Ist hier womöglich das Motto am Werk: Frechheit und Aufmüpfigkeit garantieren Aufmerksamkeit und dafür lassen wir den Generationenfrieden auch einmal über die Klinge springen? Diesen Verdacht nährte zumindest der Pressesprecher von Fridays for Future Deutschland, Quaang Paasch, in einem Interview mit dem *Deutschlandfunk* im September 2020: »Ich würde schon sagen, dass vor allem in der westlichen Welt, im globalen Norden ein Generationenkonflikt herrscht, dass wir ganz klar einen Generationenkonflikt durch Fridays for Future erreicht haben (sic!). Das ist irgendwo schon die Schuld der Menschen, die an der Macht sind und die Entscheidungen treffen können.«[5]

Die Gleichsetzung von Menschen, die an der Macht sind, mit Angehörigen der älteren Generationen ist aus Sicht eines damals 18-Jährigen nachvollziehbar. Doch den Generationenkonflikt sozusagen zum politischen Ziel zu deklarieren, ist eindeutig ein Irrweg.

Wenn Oma im SUV Kotelett isst

Wie aufgeheizt die Stimmung bereits war, zeigt eine Episode, die sich kurz nach Weihnachten 2019 ereignete. Da versuchte der *Westdeutsche Rundfunk* mit einer auf seiner Facebook-Seite veröffentlichten Kinderchor-Parodie den in der Klimadebatte inszenierten Generationenkonflikt »mit Überspitzung und Humor aufs Korn zu nehmen«.[6] Die von dem *WDR*-Kinderchor Dortmund vorgetragene Verballhornung des beliebten Kinderlieds beginnt mit den Zeilen: »Meine Oma fährt im Hühnerstall Motorrad, Motorrad, Motorrad. Das sind 1000 Liter Super jeden Monat. Meine Oma ist 'ne alte Umweltsau!« In den folgenden vier Strophen benutzt die Oma das Motorrad im Altersheim als Rollstuhl, fährt im SUV beim Arzt vor und überfährt dabei »zwei Opis mit Rollator«, brät sich jeden Tag ein Kotelett (weil Discounterfleisch so gut wie nichts kostet) und macht zehnmal im Jahr eine Kreuzfahrt. Dafür wird sie am Ende jeder Strophe als »Umweltsau« geschmäht.

Wenn einen diese Art von Humor anspricht und man die ironische Brechung versteht, könnte man das witzig finden. Auch diese Satire ging jedoch gehörig daneben, weil sie offenbar von vielen nicht als solche verstanden wurde. Eine Welle der Empörung schwappte über die *WDR*-Redaktion, zahlreiche Zuschauer und Zuhörer fühlten sich in ihren Gefühlen verletzt und beschwerten sich. Das veranlasste den *WDR*, das Chorvideo kurz darauf wieder aus dem Verkehr zu ziehen. Am Abend des 28. Dezember entschuldigte sich der *WDR*-Intendant Tom Buhrow in einer Sondersendung für »das Video mit dem verunglückten Oma-Lied«. Bei der Verknüpfung der »lieben Oma« mit dem Wort Umweltsau habe man nicht mit der »nötigen sprachlichen Feinheit« gearbeitet. Allerdings ebbte der Shitstorm nicht ab. Rechtsextreme Gruppierungen hatten den Konflikt inzwischen gekapert und heizten ihn weiter an. Plötzlich ging es nicht mehr um Geschmacksfragen, sondern um vermeintlich linke Propaganda, Pressefreiheit und Zensur. Es folgten hitzige öffentliche Debatten, Rücktrittsforderungen gegen den *WDR*-Intendanten, Berichterstattung auf allen Kanälen (sogar die *New York Times* griff den Vorfall auf)[7], Demonstrationen und Gegendemonstrationen mit tumultartigen Szenen. Sogar von Körperverletzungen, Sachbeschädigungen und Verstößen gegen das Waffengesetz wurde berichtet. Irgendwann ebbte die ganze Aufregung wieder ab und mancher fragte sich, was eigentlich vorgefallen war. Ein Pseudoskandal? Eine von rechten Gruppen instrumentalisierte Medienblase? Vielleicht. Aber letztlich zeigt der Vorgang auch, wie emotional aufgeladen die Generationenthematik im Kontext der Klimadebatte zu diesem

Zeitpunkt war und welche destruktive Dynamik sich daraus in kürzester Zeit entwickeln konnte.

Klimaschutz – ein Generationenthema?

Natürlich hatten auch einige der »Alten« ihren Anteil an der Verschlechterung des Generationenverhältnisses in der Klimadebatte. Statt gelassen zu bleiben, nahmen sie den Fehdehandschuh auf und konterten von Anfang an teils mit »elterlicher« Strenge, teils mit Herablassung, was die Generationenkluft weiter vergrößerte: Es sei zwar zu begrüßen, dass die Schüler sich gegen den Klimawandel engagierten, so der Tenor einiger öffentlicher Einlassungen, aber fortgesetztes Schulschwänzen, das gehe ja gar nicht – OK Boomer! Der FDP-Vorsitzende Christian Lindner sprach den jungen Klimaaktivisten gar die Kompetenz ab, die komplexen klimapolitischen Zusammenhänge zu beurteilen.[8] Das sei »eine Sache für Profis«. Anstatt zu streiken, sollten die Kinder doch lieber wieder in die Schule gehen und sich »über physikalische und naturwissenschaftliche sowie technische und wirtschaftliche Zusammenhänge informieren« – OK Boomer! Eine weitere Retourkutsche betraf die Glaubwürdigkeit: Die junge Generation verurteile die Politik »der Alten« und forderte eine sofortige Umkehr, ohne jedoch an jene zu denken, die durch radikale klimapolitische Eingriffe in die Wirtschaft womöglich ihre Arbeitsplätze und ihren Wohlstand verlören. Dabei lebten sie selbst im Luxus und seien nicht bereit, auf ihre Privilegien zu verzichten – OK Boomer!

In gewisser Weise sind das althergebrachte Totschlagargumente. Andererseits gilt: Wer die Rettung des Planeten zu einem Generationenthema macht, muss sich fragen lassen, wie es denn die eigene Generation mit dem Klimaschutz hält. Antworten darauf finden sich etwa in der repräsentativen Jugendstudie Baden-Württemberg 2020.[9] Darin äußerten zwar 68 % der befragten 14- bis 24-Jährigen, »Der Klimawandel macht mir große Angst«, und sogar 75 % stimmten der Aussage zu, »Ich habe das Gefühl, wir Jungen müssen die Fehler der Älteren beim Klimaschutz ausbaden«. Aber nicht einmal die Hälfte der Jugendlichen und jungen Erwachsenen war bereit, zugunsten des Klimas auf den Kauf des neuesten Smartphones zu verzichten. Nur ein Fünftel gab an, beim Einkaufen von Lebensmitteln auf Regionalität und Saisonalität zu achten oder aus Klimaschutzgründen Fastfood, Lieferessen oder *Coffee-to-go* abzulehnen. Noch weniger würden wegen der Klimabelastung von Fleischkonsum (14 %) und Billigkleidung (16 %) Abstand nehmen. Selbst wenn man annimmt, dass die 10 % der Befragten, die nach eigenen Angaben bereits mehrmals an einer Fridays-for-Future-Veranstaltung teilgenommen haben, nicht zu den größten »Klimasündern« in der Stichprobe gehören, wird aus dem Ergebnis deutlich, dass die »Generation Greta« ihren Eltern beim konsequenten Klimaschutz nicht gerade meilenweit voraus ist.

Dieser Eindruck wird durch die Ergebnisse der im Herbst 2021 durchgeführten repräsentativen Trendstudie »Jugend in Deutschland« bestätigt.[10] Demnach werden Müllvermeidung und Mülltrennung von einer Mehrheit der 14- bis 29-Jährigen konsequent (»immer«) praktiziert. Demgegenüber war jedoch zum Befragungszeitpunkt nur ein sehr geringer Anteil junger Menschen bereit, einen persönlichen *aktiven* Beitrag zum Umwelt- und Klimaschutz in anderen relevanten Bereichen zu leisten. Dies galt insbesondere für die Nutzung nachhaltiger Mobilitätsformen, den Bezug von Ökostrom, den Verzicht auf Einwegplastik, die Reduktion von Konsum oder den Kauf von gebrauchten Produkten (»downsizing«).

Beim aktiven Klimaschutz gibt es eben in jeder Generation solche und solche. Unabhängig von der konkreten Umsetzung ist der Klimaschutz jedoch quer durch alle Altersgruppen ein sehr wichtiges Anliegen. Eine von der Europäischen Kommission 2019 beauftragte repräsentative Studie erbrachte für Deutschland das folgende Ergebnis:[11]

- Für 81 % der Befragten Personen *aller Altersgruppen* ist der Klimawandel ein »sehr ernstes« Problem. Die Anzahl derjenigen, die ihn sogar für das gravierendste Problem der Welt hielten, betrug 30 %.

- Der Anteil derjenigen, die nach eigenen Angaben in den letzten sechs Monaten persönliche Maßnahmen zur Bekämpfung des Klimawandels umgesetzt haben, betrug 71 %.

- 89 % der Befragten halten es für wichtig, dass die deutsche Regierung ehrgeizige Ziele für die Steigerung des Anteils erneuerbarer Energien festlegt und Maßnahmen zur Verbesserung der Energieeffizienz bis 2030 unterstützen sollte.

- 81 % sprechen sich für eine Aufstockung der öffentlichen Finanzmittel für den Übergang zu sauberer Energie aus, selbst wenn dies mit einer Kürzung der Zuschüsse für fossile Brennstoffe verbunden wäre.

- 91 % der Befragten sind sich einig, dass die Treibhausgasemissionen auf ein Minimum gesenkt und die verbleibenden Emissionen kompensiert werden sollten, um die EU-Wirtschaft bis 2050 klimaneutral zu machen.

Kurzum, der Schutz des Klimas ist offensichtlich kein Thema, das die Generationen tatsächlich spaltet.

Klimaschutz geht nur mit- und nicht gegeneinander

Die Inszenierung des Klimaprotestes als Generationenkonflikt entspricht dem Zeitgeist »Jung gegen Alt«. Die Alten sind schuld und die Jungen müssen es ausbaden, lautet die schlichte Botschaft. »Die Ignoranz der Boomer in Klimafragen« forciere einen »schweren Generationenkonflikt«, so schlug erst kürzlich wieder der Zukunftsforscher Stephan Rammler in diese Kerbe und beschwor zugleich die Radikalisierung der jungen Generation, die schon bald als gewaltbereite »grüne Brigade« gegen die »zukunftsvergessenen Boomer« zu Felde ziehen würde.[12] Auch Andreas Stückler, Alterssoziologe an der Universität Wien, sieht hier ein zumindest latent altersfeindliches Grundmuster am Werk, insofern die Klimaproblematik dadurch bevorzugt als eine Art Generationenkonflikt gerahmt werde.[13] Demnach seien es in erster Linie die Alten bzw. Erwachsenen, die mit ihrem ökologisch destruktiven Handeln und ihrer politischen Untätigkeit der Jugend gewissermaßen die Zukunft raubten.

Es ist zwar sehr zu begrüßen, dass Kinder, Jugendliche und junge Erwachsene sich für den Umweltschutz politisch engagieren, dass dieses Engagement jedoch von Anfang an als Konfrontation mit den älteren Generationen inszeniert wurde, tat weder der Sache noch dem gesellschaftlichen Frieden gut. Es polarisierte und brachte der vielversprechenden neuen Jugendbewegung Fridays for Future am Ende mehr Gegenwind als Sympathien ein. Dabei machen die Umfragen deutlich, dass das Thema Klimaschutz gerade kein Streitthema zwischen Menschen unterschiedlicher Altersgruppen darzustellen scheint.

Es war klug, dass das Thema Generationengerechtigkeit in der traditionellen Umweltbewegung nur am Rande auftauchte. Und so sollte es bleiben. Denn die Rettung des Klimas und der Umwelt ist eine Herausforderung, die nur gemeinsam und nicht gegeneinander bewältigt werden kann. Die politischen Entscheidungsträger in die Verantwortung zu nehmen, sie »nicht davonkommen zu lassen«, aber auch das eigene Verhalten zu hinterfragen, ist eine gemeinschaftliche Aufgabe. Jeder, der sich hier engagiert, tut dies auch für alle anderen, ganz unabhängig vom Lebensalter und von der Generationszugehörigkeit. Eigentlich müssten dies auch die Macher von Fridays for Future wissen, die inzwischen von Parents for Future, Scientists for Future und den »Klima-Großeltern« solidarisch unterstützt werden. Es ist daher verwunderlich, dass sie die altruistischen Motive selbst in den Hintergrund stellen. »Wir sind eine Bewegung *von jungen Menschen*, die *aus eigenem Interesse heraus* die Aktion Fridays For Future in Deutschland umsetzen und verbreiten«, heißt es weiterhin auf ihrer Website.[14] Ist das die Utopie? Wir fordern eine saubere und gerechte Welt, aber in erster Linie für uns und für unsere Generation? So ist es sicherlich nicht gemeint, aber so kommt die Botschaft bisweilen rüber.

Kapitel 6: Corona und die Generationen – ein Virus bringt die Fronten in Stellung

Ob sich aus den Klimaprotesten der Jugend eine stabile politische Kraft entwickeln würde, die notwendige Veränderungen nicht nur einfordern, sondern auch nachhaltig anstoßen kann, war noch offen, als die öffentliche Wahrnehmung zu Beginn des Jahres 2020 schlagartig durch das alles beherrschende Thema »Corona« vereinnahmt wurde. Ausgehend von der chinesischen Provinz Wuhan hatte sich ab Dezember 2019 das SARS-Corona-Virus-2, Erreger der Lungenkrankheit COVID-19, innerhalb weniger Monate über den gesamten Globus ausgebreitet. Die hierdurch ausgelösten schwerwiegenden medizinischen, ökonomischen, sozialen und politischen Folgeerscheinungen werden im allgemeinen Sprachgebrauch unter dem Begriff »Coronakrise« zusammengefasst.[1]

In der Krise zeige sich der wahre Charakter eines Menschen, soll Helmut Schmidt einmal gesagt haben. In der Coronakrise wurde überdies deutlich, wie es um das (gesellschaftliche) Generationenverhältnis tatsächlich bestellt war. Denn der bereits im Zuge der Klimadebatte offenbar gewordene Konflikt zwischen »den Jungen« und »den Alten« erfuhr unter dem Eindruck sich verknappender Ressourcen während der ersten Welle der Pandemie eine weitere Eskalation. Plötzlich ging der Streit nicht mehr um Rente oder Klimafolgeschäden, sondern um soziale Teilhabe, um Freiheitsrechte, um die Ausstattung von Pflegeheimen und um den Zugang zu medizinischer Versorgung. Am Anfang stand jedoch zunächst der Aufruf zur Solidarität.

Erzwungene Solidarität mit den »Alten«

Der Appell an die Solidarität war von Anbeginn der Pandemie eine zentrale Strategie der politischen Kommunikation. So äußerte sich der damalige Bundesgesundheitsminister Jens Spahn am 11. März 2020, also noch vor der Verkündigung des ersten Lockdowns, in einem Interview gegenüber dem *Deutschlandfunk* zu den damals bereits bestehenden öffentlichen Einschränkungen (z. B. dem Verbot von Großveranstaltungen): »Wir machen das, um die Gefährdeten zu schützen!«[2] Damit meinte er die alten Menschen, speziell die über 65-Jährigen mit Vorerkrankungen. Gleichzeitig ließ er durchblicken, dass drastischere Maßnahmen wie z. B. Schul- und Kita-Schließungen oder gar ein kompletter Lockdown vermeidbar wären, wenn jeder mithelfen würde.

Damit wurde von politischer Seite ein moralisches Argument ins Feld geführt, womöglich um eine größere Akzeptanz für die damals noch überwiegend freiwilligen Einschränkungen zu erzeugen. Gleichzeitig wurden die Jüngeren beschuldigt, sich nicht an die Regeln zu halten, etwa mit der Unterstellung, sie feierten Coronapartys – irgendein Sündenbock wird halt immer gebraucht.

Als dann Hals über Kopf der Lockdown verkündet wurde, obwohl sich doch fast alle – quer durch die Altersgruppen – an die Appelle und Empfehlungen der Politik gehalten hatten, war die Frustration enorm.

Der ursprünglich so eindringliche Appell an die Solidarität erwies sich nun als kommunikatives Desaster, da bei vielen Jüngeren die Botschaft ankam, sie würden nur oder überwiegend wegen »der Alten« eingesperrt. Das war nicht zutreffend, denn der Lockdown wurde verfügt, weil jeder – ganz unabhängig vom Alter – als potenziell ansteckend galt und man einem »Kollaps«[3] der (intensiv-)medizinischen Versorgung vorbeugen wollte, der auch die Jungen getroffen hätte. Gleichwohl kam jetzt zum Tragen, dass »solidarisches« Verhalten, das mit harten administrativen Maßnahmen erzwungen wird, in Wirklichkeit keines ist. Es ist ohne moralischen Wert und kann im ungünstigsten Fall zu Ressentiments gegenüber denjenigen führen, für die die solidarische Verhaltensänderung erzwungen wird.

In der Summe hat der Aufruf zur Solidarität mit »den Alten« dem Verhältnis der Generationen eher geschadet. Vielleich wäre es besser gewesen, die Solidarität aller Mitglieder der Gesellschaft gegenüber den chronisch Kranken und Pflegebedürftigen in den Vordergrund zu rücken, ganz unabhängig vom Alter? Stattdessen wurde erneut der vermeintliche Interessengegensatz zwischen den Generationen betont und die ohnehin schon bestehende Polarisierung verschärft. Das Tragische daran ist, dass das »Opfer«, das man der Gesellschaft für »die Alten« abverlangte, in der staatlich verordneten Radikalität womöglich gar nicht erforderlich war. Denn der Beweis, dass durch den Lockdown das Leben »der Alten« geschützt worden wäre, konnte tatsächlich nie erbracht werden. Im Gegenteil: Trotz monatelanger Schließung von Schulen, Kitas, Universitäten, Museen, Geschäften, Restaurants, Kneipen, Theatern, Kinos und Sportstätten etc. wurde vor allem in den Pflegeheimen weiter gestorben.

»Die Alten« als Risikogruppe

Die erzwungene Solidarität und der beständige Verweis auf die Vulnerabilität »der Alten« begünstigte ein Narrativ, das das öffentliche Nachdenken über die Rolle alter Menschen in der Pandemie fortan bestimmte. *Die Alten* seien gebrechlich und moribund. Daher seien sie dem Virus nahezu schutzlos ausgeliefert. Kämen sie mit ihm in Kontakt, so stürben sie wie die Fliegen. *Die Alten* seien Risikogruppe. Weil sie es selber nicht könnten, müsse man *die Alten* vor dem Virus schützen. *Man*, das seien wir, die Gesellschaft, die Jüngeren. Der Schutz *der Alten* erzwinge, dass sich *die Jungen* einschränken, und so fort.

Die Vorstellung, dass alle über 65- oder gar über 50-Jährigen pauschal als »Risikogruppe« zu betrachten und damit gesondert zu behandeln seien, bediente ein althergebrachtes defizitorientiertes Altersbild und brannte sich rasch in das kollektive Bewusstsein ein.[4] Selbst die »jungen Alten«, denen man im öffentlichen Diskurs bis vor Kurzem noch so viel Potenzial zugesprochen hatte, unterlagen nun plötzlich einer Negativstereotypisierung. Der Frankfurter Soziologe Stephan Lessenich nennt dies eine »Homogenisierung unter umgekehrten Vorzeichen«: Aus den »Golden Agers« mit ihren angeblich durchweg großzügigen Rentenansprüchen seien urplötzlich hinfällige Schutzbedürftige geworden, die verschreckt in ihrer Wohnung sitzend auf die Einkaufshilfe ihrer Nachbarn warteten und nur noch einen Mundschutz weit vom so gut wie sicheren virusbedingten Ableben entfernt seien.[5]

Dabei fiel einmal wieder unter den Tisch, dass es »die Alten« als homogene Gruppe gar nicht gibt. Eine starre Altersgrenze, ab der ein Mensch als »Risikoperson« für einen fatalen COVID-Krankheitsverlauf zu betrachten ist, gibt es nicht und der isolierte Effekt des Lebensalters ist dabei relativ gering.[6] Selbst das Robert Koch Institut (RKI), Deutschlands oberste Infektionsschutzbehörde, räumte ein, dass die Vielfalt verschiedener potenziell prädisponierender Vorerkrankungen und ihrer Schweregrade, aber auch eine Vielzahl anderer Einflussfaktoren (neben dem Alter sind hier z. B. Geschlecht, Gewicht, bestimmte Verhaltensweisen und adäquate medikamentöse/therapeutische Einstellung zu nennen) und deren individuellen Kombinationsmöglichkeiten die Risikoeinschätzung zu einer hochkomplexen Angelegenheit machen. Daher, so das RKI, sei eine generelle Festlegung zur Einstufung in eine Risikogruppe nicht möglich. Vielmehr erfordere dies eine (jeweils individuelle) personenbezogene Risikoeinschätzung im Sinne einer (arbeits-)medizinischen Beurteilung.[7] Auch soziale Lagen, Pflegebedürftigkeit und der Versorgungskontext, in dem sich ein Mensch befindet, dürften diesen Einflussfaktoren zuzurechnen sein. Daher ließen die verbreiteten Todesfallstatistiken eine zuverlässige Aussage über die Bedeutung der unterschiedlichen Risikofaktoren nicht zu. Hierfür wären repräsentative und flächendeckende infektionsepidemiologische Studien erforderlich gewesen, die aber nicht durchgeführt wurden. Die gebetsmühlenartig vorgebrachten Aussagen zum Thema Risikogruppe beruhten daher von Anfang an auf verzerrten, d. h. nur beschränkt aussagekräftigen Datensätzen.

Die wirklichen Risikogruppen geraten aus dem Blick

Im Zuge der pauschalisierenden Stigmatisierung älterer Menschen als »Risikopersonen« gerieten die wirklichen Risikogruppen aus dem Blick – die Pflegebedürftigen und insbesondere die Bewohner von Pflegeeinrichtungen. Eine Studie der Uni Bremen brachte ans Tageslicht, was manch aufmerksamer Beobachter schon zu Beginn der Pandemie geahnt hatte:[8] Die Sterblichkeit infolge einer Infektion mit SARS-CoV-2 war unter Pflegebedürftigen mehr als fünfzigmal so hoch als im Rest der Bevölkerung. Hochgerechnet auf die Bundesrepublik bedeute dies, so die Autoren der Studie, dass rund 60 % aller COVID-19-Opfer von Pflegeheimen oder Pflegediensten betreute Pflegebedürftige sind, wobei deren Anteil an allen infizierten Personen nur insgesamt 8,5 % betrage. Pflegeheimbewohner, und darunter bekanntlich sehr viele mit einer Demenz-Diagnose,[9] stellen mit der Hälfte aller COVID-19-Todesfälle die bei Weitem am stärksten betroffene Gruppe dar, obwohl nur knapp ein Prozent der Gesamtbevölkerung (bzw. nur knapp vier Prozent der über 65-Jährigen) in dieser Wohnform lebt. Diese erschreckende Bilanz, die in ähnlicher Größenordnung auch aus vielen anderen europäischen Ländern gemeldet[10] und von einer umfangreichen Studie im »Pflege-Report 2021« der AOK inzwischen auch für die zweite Pandemiewelle bestätigt wurde[11], relativieren den individuellen (Risiko-)Faktor Lebensalter zusätzlich und richten die Aufmerksamkeit auf die Orte, an denen Pflege stattfindet, auf die institutionellen Bedingungen, unter denen viele pflegebedürftige Menschen leben. Dabei handelt es sich um Menschen, die ohnehin in ihrer Mobilität eingeschränkt sind, die nicht die Wahl haben, sich durch selbstbestimmtes Handeln vor einer Infektion zu schützen, allein weil sie auf Gedeih und Verderb den Strukturen und Abläufen ausgeliefert sind, die die Institution, in der sie leben müssen, für sie vorgibt.

Die Schlussfolgerungen liegen klar auf der Hand: Wenn Politik und Gesellschaft es ernst gemeint hätten mit einem wirksamen Schutz vulnerabler Gruppen, dann hätten genau an diesen Orten die Kraftanstrengungen, die Fantasie und der Wille zur Umgestaltung von Anfang an gebündelt werden müssen (und damit ist nicht nur die Bereitstellung einer ausreichenden Menge an Schutzkleidung gemeint). Sie auf Kosten der dort lebenden Menschen in Gefängnisse zu verwandeln, während abwegige Pläne für einen Hausarrest für alle über 65-jährigen Menschen geschmiedet wurden, war jedenfalls eine der schlechtesten Lösungen.

Selektive Einschränkungen von Freiheitsrechten

Während man die Heimbewohner mit drastischen Maßnahmen von der Außenwelt abschottete, schlug die Stimmung gegen alte Menschen im Allgemeinen um. Nun, nachdem »die Jungen« den Schutz »der Alten« mit Jobverlust und Einkommensknick bezahlt hätten, stünden nicht nur die Heimbewohner, sondern alle »Alten« in der Pflicht, hieß es.[12] Es sei nicht hinzunehmen, dass sie sich leichtsinnig in den öffentlichen »Gefahrenraum« begeben, anstatt sich freiwillig zu isolieren. Nicht zuletzt stehe zu befürchten, dass sie mit ihrem egoistischen Verhalten die begrenzte Ressource der intensivmedizinischen Behandlungsplätze strapazierten. Es klang an, dass diese Ressource nicht in erster Linie für »die Alten« selbst vorgehalten werden sollte, denn bei diesen handele es sich ja um

Menschen, die ohnehin bald sterben würden (so der Debattenbeitrag des Grünen Tübinger Oberbürgermeisters Boris Palmer).

Wen wundert es da noch, dass alte Menschen, die sich »erdreisteten«, ihre Wohnung zu verlassen, um z. B. ihre Einkäufe zu erledigen, mancherorts schief angesehen oder gar angepöbelt wurden? Wieder traten Modellrechner auf den Plan, die uns weismachen wollten, dass weniger Todesfälle bei gleichzeitig geringerem Verlust der Wirtschaftsleistung zu haben seien, wenn man nur alle über 65-Jährigen radikal vom Rest der Gesellschaft abschotte.[13] Der Vorschlag, Menschen oberhalb eines bestimmten Lebensalters selektiv Ausgangs- oder Kontaktbeschränkungen aufzuerlegen bzw. für diese gar eine Art Zwangsquarantäne zu verfügen, wurde nun auch in Deutschland ernsthaft erwogen. Beispielgebend hierfür steht die apodiktische »Grundaussage« des damaligen Kanzleramtsministers Helge Braun (CDU, Jahrgang 1972) vom 28. März 2020, »die Älteren und die Kranken« werden ihre Kontakte deutlich länger reduzieren müssen, und zwar so lange, bis ein Impfstoff verfügbar sei.[14] Ähnliche Forderungen stellten die Berliner Gesundheitssenatorin Dilek Kalayci[15] (SPD, Jahrgang 1967) und der Tübinger Oberbürgermeister Boris Palmer (Grüne, Jahrgang 1972), der seinen Vorschlag in geradezu zynisch anmutender Manier als »neuen Generationenvertrag« pries.[16] Dass es sich bei den Vorschlägen zur Zwangsquarantäne älterer Menschen keinesfalls nur um politische Rhetorik handelt, zeigt der Blick in andere Länder: So wurden entsprechende Maßnahmen z. B. für die Stadt Moskau und in einigen Kantonen der Schweiz zumindest zeitweise umgesetzt.[17]

Abgesehen von der verfassungsrechtlichen Bedenklichkeit, die stets auch das Gleichheitsprinzip und die Verhältnismäßigkeit von freiheitseinschränkenden Maßnahmen miteinbeziehen muss,[18] wurde von den Befürwortern einer am Alter orientierten Zwangsquarantäne erneut der »Schutz der Alten« ins Feld geführt.

Diese Argumentation war jedoch heuchlerisch, denn im Kern ging es bei diesen Plänen nicht in erster Linie um den Schutz der Alten, sondern um die Frage, wie lange sich die Gesellschaft diesen Schutz angesichts der bedrohlich anwachsenden Kollateralschäden des Lockdowns noch leisten könne. Damit die Jüngeren ihren Geschäften wieder ungehindert nachgehen können, sollten die Lasten des Lockdowns dem alten, vermeintlich unproduktiven Teil der Bevölkerung durch einen Entzug ihrer Freiheitsrechte vollständig aufgebürdet werden. Darüber hinaus wurde suggeriert, dass alte Menschen (a) eine Mitverantwortung an z. B. den (behaupteten) drohenden Kapazitätsengpässen haben und daher (b) eine moralische Pflicht, ihre individuelle Freiheit der Allgemeinheit zu opfern. Eine absurde Sichtweise, weil sie die Verantwortung des politischen Handelns für die entstandenen Probleme vollkommen ausblendete. Zudem unterschlug sie die Gefahr psychischer und körperlicher Folgeschäden einer länger andauernden sozialen Isolation gerade für chronisch kranke und gebrechliche alte Menschen, zu denen paradoxerweise auch eine reduzierte Immunabwehr gehört. Soziale Isolation verschlechtert darüber hinaus den Verlauf der meisten chronischen Altersleiden – wie Diabetes, Herzerkrankungen oder Demenz, sie begünstigt Depressionen, die zu Suiziden führen können. In der Summe bedeutet dies: Alte Menschen, die sozial isoliert werden, sterben früher, zumal wenn sie unter Vorerkrankungen leiden.[19] Allein dieser Tatbestand weist darauf hin, dass unter dem Eindruck der Krise in Teilen der Politik die Bereitschaft dazu bestand, das Wohl alter Menschen herunterzupriorisieren und allgemeinen wirtschaftlichen Interessen zu opfern. Mit Solidarität hat das nicht viel zu tun.

Doch selbst, wenn man das vorgeschobene Argument, das Wegsperren der Alten diene doch nur deren Schutz, hätte gelten lassen, wäre unklar geblieben, ob die Folgeschäden einer strikten Isolation im Namen des Infektionsschutzes durch die Verhinderung virusbedingter Todesfälle auch nur hätte kompensiert werden können. Auch der gesamtgesellschaftliche Schaden, der durch den Verlust der wertvollen Beiträge entstanden wäre, die alte Menschen für die Gesellschaft leisten, war bei diesem Kalkül gar nicht berücksichtigt. Dass am Ende auch Bundesminister, Bundespräsidenten und Bundeskanzlerinnen aufgrund ihres Alters zu dem von solchen Maßnahmen betroffenen Personenkreis gehört hätten, mag (neben dem saisonbedingten Abflauen der Infektionszahlen) dazu beigetragen haben, dass sie nicht umgesetzt wurden.

Die Stimmung gegenüber älteren Menschen spitzt sich zu

Als fataler Nebeneffekt der Diskussion über den altersdiskriminierenden Freiheitsentzug wurden in der Öffentlichkeit weitere negative Altersstereotype reaktiviert und wirkten dort als unhinterfragte kollektive Denkmuster: Alte Menschen seien nicht nur gebrechlich und unmündig, sondern auch noch starrsinnig und undankbar. Gerontologen, Seniorenvertreter, aber auch zahlreiche betroffene Einzelpersonen, die sich empört dagegen positionierten, erhielten Zuspruch aus ihren Reihen, aber es gab da plötzlich auch andere Stimmen: Während von offizieller Seite weiterhin Solidarität eingefordert (bzw. erzwungen) wurde, kamen im Verlauf des ersten Lockdowns zunehmend unterschwellige Ressentiments und Missgunst zum Tragen. Nun wurde deutlich, dass die Sichtweise, man habe die Jungen in den Lockdown schicken müssen, um die Alten zu retten, die Solidarität zwischen den Generationen eher untergraben als befördert hatte. Denn als die durch den Lockdown verursachten Belastungen, die von Einschränkungen der Bewegungsfreiheit über wirtschaftliche Einbußen bis hin zum Jobverlust reichten, unerträglich zunahmen, ging das moralisch aufgeladene Argument endgültig nach hinten los.

Im Nu stand der Generationenkonflikt, der bis zum Ausbruch der Pandemie die Öffentlichkeit bewegt hatte, wieder ganz oben auf der Agenda.[20] Und die Polarisierung zwischen Boomern und Millennials mit all ihren Vorwürfen und Schuldzuweisungen, mit ihren toxischen Klischees von den selbstsüchtigen, gierigen, gerontokratisch agierenden Alten, die bereits in der Klimadebatte die Stimmung versaut hatten, erhielt durch die aktuelle Krise neues Futter. Die junge Generation habe in den zurückliegenden Monaten drastische Reaktionen auf den Klimanotstand gefordert, hieß es nun, doch die starrsinnigen Älteren hätten das ignoriert und jeden wirklichen Kurswechsel vereitelt.[21] Und nun gebe die Jugend Freiheit, Wohlstand und ihre Chancen zum Wohle eben dieser Senioren auf. »Auf der einen Seite die goldenen Jahrgänge der Babyboomer mit stetig gestiegenem Wohlstand«, ließ auch der *Spiegel* die altbekannte Kriegsberichterstattung wieder aufleben,[22] »die einen vom Klimawandel gebeutelten Planeten und einen riesigen Schuldenberg hinterlassen hat. Auf der anderen Seite die Greta-Corona-Jugend, die mit weniger Einkommen alles abbezahlen muss.« Dabei treffe die Pandemie die 20- bis 30-Jährigen »härter als jede andere Altersgruppe«. Viel Stoff also für einen Generationenkonflikt, wie ihn Deutschland seit Jahrzehnten nicht gesehen habe. Wut sei schon vor Corona immer mehr zum Grundgefühl der Generation Greta geworden, Wut und Ohnmacht. Jetzt potenziere sich beides und eine explosive Mischung braue sich zusammen.

Bald war im Netz die gehässige, altenfeindliche Rhetorik kaum noch zu überbieten. So offenbarte eine im Frühjahr 2020 durchgeführte Analyse von Twitter-Nachrichten zum Thema Corona und alte Menschen einen hohen Anteil altersdiskriminierender oder herabwürdigender Äußerungen.[23] In Wien wurden Fälle bekannt, in denen alte Menschen tätlich angegriffen, angerempelt oder bespuckt wurden.[24] Der Schweizer *Tagesanzeiger* fasste das Stimmungsbild für Deutschland zusammen:

> *»Boomer Remover« wird das Coronavirus in den sozialen Medien genannt: Covid-19 als Radiergummi, der die ältere Generation auslöscht. Nicht wenige interpretieren die Pandemie als Rache an den Alten. Die deutschen Rapper K.I.Z. verkündeten an einem Konzert, das Virus töte doch nur alte*

> *weiße Männer. Halb so wild also. Die Bloggerin Meike Lobo meinte, was gerade geschehe, sei einer »der natürlichsten und gesündesten Vorgänge der Welt«. Und der Satiriker Schlecky Silberstein bezeichnete Corona als gerecht, weil »die Generation 65 plus diesen Planeten in den letzten 50 Jahren voll gegen die Wand gefahren hat«.*[25]

Natürlich waren das gezielte Provokationen, die ihr feixendes Publikum fanden. Angesichts des Sterbens von weltweit mehreren Millionen chronisch kranken, gebrechlichen und pflegebedürftigen Menschen waren solche Äußerungen jedoch vor allem zynisch. Und der Verweis auf die »Boomer« war noch dazu dümmlich, wenn man bedenkt, dass es sich bei den Opfern des Virus gerade nicht um fitte, privilegierte Mittsechziger (das gängige Feindbild der jungen Generationenkämpfer) handelte. Jedenfalls ist die Geisteshaltung, die in solchen Äußerungen zum Ausdruck kommt, erschreckend: Alte Menschen haben nicht nur die Solidarität der Jüngeren nicht verdient. Sie haben ihr Lebensrecht verwirkt, weil sie alle Übel zu verschulden haben, die den Jungen die Zukunft versauen.

Sollten sich die Befürchtungen mancher Wirtschaftskommentatoren bewahrheiten, dass durch die seuchenpolitischen Maßnahmen während der Coronapandemie eine langfristige globale ökonomische Krise getriggert wurde, stehen die Schuldigen auch hierfür heute bereits fest. Je nachdem, wie schwerwiegend die wirtschaftliche Krise ausfallen werde, postuliert der Wiener Alterssoziologie Andreas Stückler,[26] sei nicht nur zu befürchten, sondern durchaus anzunehmen, dass die Alten spätestens dann, wenn die Krisenerscheinungen manifest werden (in Form von Inflation, Massenarbeitslosigkeit, wachsender Armut etc.), als Sündenbock herhalten müssten – und zwar gerade deshalb, weil die Maßnahmen im Kampf gegen Corona mit dem Schutz der besonders gefährdeten älteren Generation begründet wurden.

Ein Bärendienst an der Generationensolidarität

Um die massiven Eingriffe in das Wirtschaftsleben, aber auch die erheblichen Einschränkungen persönlicher Freiheitsrechte des Lockdowns zu legitimieren, zogen die politischen Entscheidungsträger von Beginn an die moralische Karte, es gelte, die Risikogruppen zu schützen. Unglücklicherweise führte dies zu einer Reaktivierung eines defizitorientierten Altersbildes, insofern alte Menschen pauschal als gebrechlich und vulnerabel stigmatisiert wurden. Damit wurden »die Alten« einerseits zu Schutzbedürftigen bzw. Schutzbefohlenen erklärt, begleitet von einem paternalistischen Gestus der fürsorglichen Entmündigung. Andererseits erschienen die Alten einmal mehr als Last für »die Jungen«, denn ihr Schutz war mit hohen gesellschaftlichen Kosten verbunden. Durch die Behauptung, die politischen, ökonomischen, sozialen und psychologischen Folgen des Lockdowns seien das Opfer, das die Jungen für das Wohlergehen der Alten erbringen müssen, wurde und wird das im Zuge der Klimadebatte ohnehin schon angespannte Generationenverhältnis vor eine weitere Zerreißprobe gestellt. Unter dem wachsenden Druck der schwerwiegenden Kollateralschäden des Lockdowns schlug die offiziell praktizierte Altenfreundlichkeit, wie sie in dem Solidaritätsappell zum Ausdruck gekommen war, in latente bis offene Altenfeindlichkeit um und es wurde deutlich, dass die Opferbereitschaft ihre Grenzen hatte.[27] Selbst die Priorisierung alter, kranker und pflegebedürftiger Menschen bei der zu Beginn des Jahres 2021 angelaufenen Impfkampagne war kein Ausdruck einer besonders ausgeprägten Altenfreundlichkeit, sondern ergab sich zwingend aus der vorherrschenden seuchenpolitischen und ökonomischen Logik. Zudem wurde sie von zahlreichen öffentlich bekundeten Neidreflexen begleitet und damit moralisch entwertet. Zweifelsohne hat die Coronakrise gerade auch bei jungen Menschen zu erheblichen psychischen und sozialen Belastungen und Folgeschäden geführt.[28] Kita- und Schulschließungen, die

Zunahme häuslicher Gewalt und die erzwungene Unterbrechung zahlreicher Ausbildungs- und Studienwege haben ihre leidvollen Spuren hinterlassen. Der Versuch einiger selbsternannter Sprecher der Jugend, daraus propagandistisches Kapital zu schlagen, indem etwa »im Sommer am Strand liegende (geimpfte) Rentner« beklagt wurden, während »Schülern der Abiball verboten« werde, war jedoch ein Bärendienst am friedlichen Miteinander der Generationen.[29] Aber sind derartige Grenzüberschreitungen verwunderlich? Durch die unverblümte Forderung von Politikern fast aller Parteien nach einem altersdiskriminierenden Entzug von Freiheitsrechten war das Solidaritätsversprechen der Gesellschaft schon während der ersten Pandemiewelle diskursiv aufgekündigt worden. Letztlich hatte dies auch den Jüngeren signalisiert, dass die Grundrechte alter Menschen, deren Lebens- und Überlebenschancen verhandelbar sind, wenn die gesamtgesellschaftlichen Kosten dafür zu hoch erscheinen.

Ihren dramatischsten Ausdruck fand die Abwertung des Lebens alter Menschen während der Coronakrise allerdings, als sich ein Ressourcenengpass bei den intensivmedizinischen Behandlungsplätzen abzuzeichnen begann. Als befänden wir uns tatsächlich im Kriegszustand, machte bald schon der Begriff »Triage« die Runde.

Kapitel 7: Triage – wer darf ans Beatmungsgerät?

Im Mai 2020, mitten im ersten Lockdown der Coronapandemie, meldeten sich zahlreiche Prominente aus Politik, Gesellschaft, Kirche und Wissenschaft öffentlich zu Wort und riefen zu einer »moralischen Revolte« auf.[1] Der internationale Appell, der unter anderem von dem Philosophen Jürgen Habermas, dem früheren EU-Kommissionspräsidenten Romano Prodi sowie dem Erzbischof von Bologna, Kardinal Matteo Zuppi, unterzeichnet worden war, warnte vor einer gefährlichen gesellschaftlichen Entwicklung, die aktuell in vielen Ländern zu beobachten sei. Dieses menschlich und rechtlich inakzeptable Modell spreche sich für ein selektives Gesundheitswesen aus, in dem das Leben alter Menschen als zweitrangig betrachtet werde.

Anlass für die ungewöhnliche Aktion war die Beobachtung, dass es selbst in einigen der reichsten und wirtschaftsstärksten Ländern der Erde (u. a. in Norditalien, Frankreich/Elsass, USA/New York) infolge des raschen Anstiegs beatmungsbedürftiger COVID-19-Patienten zu Versorgungsengpässen gekommen war, die das medizinische Personal zu Triage-Entscheidungen zwangen. Dabei wurde ein höheres Lebensalter teilweise ausdrücklich als negatives Auswahlkriterium bei der Entscheidung über eine intensivmedizinische Behandlung zugrunde gelegt.[2] Oder anders formuliert: Alte Menschen mussten sterben – obwohl sie hätten gerettet werden können –, weil Ärzte entschieden, dass die knappen Beatmungsplätze jüngeren Patienten vorbehalten bleiben sollten. Eine schockierende Form der Altersdiskriminierung, die zu Recht auf öffentliche Empörung stieß.

»Triage« ist ein aus der Kriegsmedizin entlehnter Begriff, der eine Priorisierung (und Selektion) von Patienten bei der Zuteilung von medizinischen Versorgungsleistungen in Situationen objektiver Ressourcenknappheit bezeichnet.

In Krisen- und Katastrophensituationen, wenn z. B. eine große Zahl schwer verletzter Patienten einer begrenzten Kapazität von Behandlungsmöglichkeiten gegenübersteht, kann das medizinische Personal gezwungen sein, innerhalb kurzer Zeit darüber zu entscheiden, wer überhaupt noch behandelt werden soll. Die Frage, nach welchen Kriterien die Zuteilung der Behandlung dann erfolgen soll, beinhaltet eine große ethische Herausforderung.

Festzuhalten ist: Ein hohes Lebensalter *per se* gehört nicht zu den anerkannten Kriterien, die das Vorenthalten einer lebenserhaltenden Therapie rechtfertigen. Das darf nicht darüber hinwegtäuschen, dass höheres Lebensalter *indirekt* in die Entscheidung darüber mit einfließen kann, wer das Beatmungsgerät bekommt und wer nicht. Denn in der Intensivmedizin ist diese Entscheidung immer auch an Prognoseeinschätzungen gekoppelt, die z. B. durch das Vorliegen teils altersassoziierter Zustände wie einer ausgeprägten Gebrechlichkeit, irreversibler Organschädigungen, fortgeschrittener Herzinsuffizienz etc. bestimmt werden. Es steht jedoch auf einer ganz anderen ethischen Grundlage, einem Patienten eine Behandlung vorzuenthalten, die ihn aufgrund seiner individuellen Vorerkrankungen und schlechten Prognose aller Voraussicht nach ohnehin nicht retten würde, als eine Priorisierung allein anhand des Lebensalters vorzunehmen.[3]

Erschreckenderweise ist jedoch genau das während der Pandemie geschehen, und zwar nicht nur in bedauerlichen Einzelfällen, sondern systematisch und offiziell: So war z. B. aus Frankreich zu hören, dass in bestimmten Kliniken Beatmungsgeräte nur noch für Patienten unter 80 bzw. 75 Jahren bereitgestellt worden waren. Wer älter war, wurde, mit Sterbebegleitung und Opiaten versehen, dem Erstickungstod überlassen.[4] In Großbritannien drang im Juli 2021 ein von der Regierung geheim gehaltenes Planungspapier an die Öffentlichkeit, wonach die Altersgrenze in entsprechenden Triagesituationen auf 70 Jahre festgesetzt wurde.[5] Auch die italienische Gesellschaft für Anästhesie, Schmerztherapie, Reanimations- und Intensivmedizin (SIAART) sprach die Empfehlung aus,

Atmungsgeräte nicht nur für diejenigen Personen zu reservieren, die eine höhere Überlebenswahrscheinlichkeit haben, sondern zugleich auch »mehr Jahre geretteten Lebens« (»più anni di vita salvata«) erreichen können. Bei gleicher Allgemeinprognose würde also ein älterer gegenüber einem jüngeren Patienten bei Anlegung dieses Kriteriums immer den Kürzeren ziehen. Auch in US-amerikanischen Kliniken wurde Alter als »tiebreaker« genutzt, d. h. bei gleicher allgemeiner Prognose wurde grundsätzlich jüngeren Patienten der Vorzug gegeben.[6]

In Deutschland gab es eine Selektion anhand des Lebensalters offiziell bislang nicht. Auch schlossen eine im Frühjahr 2020 ad hoc erstellte Positionierung des Deutschen Ethikrats und eine Empfehlung der Deutschen Interdisziplinären Vereinigung für Intensiv- und Notfallmedizin (DIVI) ein solches Vorgehen für das deutsche Gesundheitssystem als ethisch nicht zu rechtfertigen aus. Diese klaren Positionierungen sind einerseits zu begrüßen, andererseits waren die intensivmedizinischen Kapazitätsengpässe in Deutschland weit geringer ausgeprägt als in vielen anderen Ländern. Die befürchtete Situation, in der eine Triage erzwungen worden wäre, trat bei uns also bisher nicht ein. Es stellt sich daher die Frage, ob die normativen Vorgaben des Deutschen Ethikrats Bestand haben würden, wenn es auch bei uns hart auf hart kommen würde.

Rationierung von Versorgungsleistungen bei Krankheit und Pflegebedürftigkeit im Alter

Gesundheitsökonomisch betrachtet ist die Triage Folge einer situativ zugespitzten Form der Rationierung unter Krisenbedingungen. Rationierung, d. h. eine selektive Zuteilung verknappter Gesundheitsleistungen anhand bestimmter Kriterien, findet aber nicht nur im Katastrophenfall statt. Da die Nachfrage nach Gesundheitsleistungen enorm und die Ressourcen dafür selbst in unserem (international betrachtet üppig ausgestatteten) Gesundheitssystem begrenzt sind, wird von den Krankenkassen nicht alles bezahlt, was machbar und vielleicht auch wünschenswert wäre. Die Leistungen, so steht es im Sozialgesetzbuch, sollen zwar ausreichend und zweckmäßig, jedoch auch wirtschaftlich sein und dürfen das Maß des Notwendigen nicht überschreiten. Wenn die Budgets des (solidarisch finanzierten) Gesundheitssystems an ihre Grenzen kommen,[7] sind Leistungsbegrenzungen die Folge. Daran ist zunächst einmal nichts Verwerfliches, solange die Kriterien, nach denen die Gesundheitsleistungen zugeteilt oder gegebenenfalls auch priorisiert werden, transparent und ethisch sowie fachlich fundiert sind.[8]

Werden medizinische Leistungen anhand des Alters der Patienten nur noch begrenzt zugeteilt, spricht man von Altersrationierung. Diese ist insbesondere dann als eine (ethisch abzulehnende) Form der Altersdiskriminierung anzusehen, wenn sie nicht an medizinisch nachvollziehbaren Begründungen (z. B. individuellen Prognose- oder Nutzenerwägungen) orientiert ist, sondern am (kalendarischen) Alter per se. Gleichwohl ist einem aktuellen Bericht der WHO zufolge Altersdiskriminierung in der medizinischen Versorgung weltweit sehr verbreitet.[9] So ergab eine im Jahr 2020 durchgeführte Analyse, dass in 85 % von 149 untersuchten Studien das Alter darüber entschied, ob eine bestimmte medizinische Behandlung durchgeführt wurde oder nicht. Und das traf selbst für die reichsten Länder der Erde zu. So wies z. B. eine in fünf US-amerikanischen Großkrankenhäusern durchgeführte Studie anhand von 9000 Behandlungsfällen nach, dass das Alter den Einsatz von lebenserhaltenden Maßnahmen beeinflusste: Je älter ein Patient war, desto eher wurden Beatmungstherapie, Operationen oder Dialyse verweigert. Die Wahrscheinlichkeit, nicht beatmet zu werden, stieg mit jeder Lebensdekade um 15 Prozent.

Im Gegensatz zu anderen Ländern (z. B. Großbritannien[10]) gibt es im deutschen Gesundheitssystem keine offene Altersrationierung. Es gibt jedoch auch bei uns zahlreiche Fälle, in denen eine Altersrationierung von medizinischen (oder pflegerischen) Leistungen in verdeckter Form stattfindet. Eine »verdeckte Rationierung« liegt dann vor, wenn die Verweigerung einer Behandlung nicht anhand allgemein anerkannter, sondern anhand intransparenter »heimlicher« Kriterien geschieht (»implizite Rationierung«). Dies kann zum Beispiel die durch negative Altersbilder beeinflusste persönliche Meinung der Leistungserbringer (Ärzte, andere Behandler) sein, dass sich eine bestimmte Behandlung bei alten Menschen nicht mehr lohne. Auch die »indirekte Rationierung« ist eine verdeckte Form der Rationierung. Dabei könnten die zur Verfügung stehenden Mittel zwar prinzipiell gleich verteilt werden, aber durch strukturelle Versorgungsengpässe, z. B. eine nicht ausreichende Zahl von Reha-Plätzen, kann es für alte Menschen faktisch zu einer Leistungsverweigerung kommen,[11] wenn die knappen Ressourcen bevorzugt jüngeren Patienten zugeführt werden. Beispiele für verdeckte Altersrationierung in der deutschen Gesundheitsversorgung wurden in den vergangenen Jahren für die Krebsfrüherkennung, die Organspende, den Rehabilitationsbereich, die Osteoporosebehandlung, die Schlaganfallbehandlung, die Diabetestherapie und die Notfall- und Rettungsmedizin beschrieben.[12]

Verdeckte Altersrationierung am Beispiel der Behandlung von Menschen mit Demenz

Verdeckte Altersrationierung, die, auch wenn sie unbeabsichtigt geschieht, immer eine Form der Altersdiskriminierung darstellt, kann insbesondere dann auftreten, wenn medizinische Leistungserbringer (z. B. Ärzte) aufgrund von gedeckelten Budgets unter Druck geraten und dann anhand ihrer eigenen, nicht immer medizinisch begründeten Kriterien entscheiden müssen, welche ihrer Patienten welchen Anteil der begrenzten Mittel erhalten sollen. Dieses Phänomen lässt sich z. B. anhand der medizinischen Versorgung von Demenzpatienten verdeutlichen.[13] So erhalten Menschen mit Demenz Antidementiva, d.h. spezifisch zur Behandlung der Demenz zugelassene Arzneimittel, seltener als eine Verschreibung von mit hohen Risiken behafteten Beruhigungsmitteln (Benzodiazepine und Neuroleptika), obgleich die Leitlinien der medizinischen Fachgesellschaften genau die konträre Verschreibungspraxis empfehlen. Dies gilt insbesondere für Bewohner von Altenpflegeheimen. In einer Studie der Barmer-Ersatzkasse wurden Routinedaten von insgesamt 8 443 203 Versicherten aus ganz Deutschland analysiert, davon 127 974 mit der Diagnose Demenz.[14] Sie kam zu dem Ergebnis, dass weniger als ein Viertel aller Demenzpatienten und weniger als die Hälfte aller Patienten mit der Diagnose Alzheimer-Demenz eine adäquate medikamentöse Therapie erhielt. Auch in anderen Bereichen der Demenzversorgung zeigte sich in dieser Studie eine erschreckende Unterversorgung: So erhielt nicht einmal ein Drittel der Patienten eine Untersuchung des Gehirns mittels Computertomografie oder Magnetresonanztherapie, obwohl die offiziellen Leitlinien der Fachgesellschaften diese für jeden Patienten mit Verdacht auf eine Demenzerkrankung dringend empfehlen. In Bezug auf die Verschreibung der Antidementiva berichten andere Studien von noch niedrigeren Verschreibungsraten, obwohl aufgrund der Indikationsstellung und der Leitlinienempfehlungen deutlich höhere Raten zu erwarten wären.

Die Ursachen für diese Diskrepanzen sind hiermit noch nicht benannt. Es kann jedoch vermutet werden, dass das Verschreiben bzw. Vorenthalten von wirksamen Medikamenten in einigen Fällen eben nicht ausschließlich aufgrund von medizinisch-wissenschaftlichen Kriterien erfolgt, sondern zur Schonung des Budgets. Dies wird auch durch Erhebungen unterstützt, wonach Privatpatienten fast doppelt so häufig Antidementiva verschrieben bekamen wie Versicherte der gesetzlichen Krankenversicherung. Allerdings weist die Tatsache, dass die niedrige Verschreibungsrate von Antidemenentiva selbst nach Markteinführung von deutlich kostengünstigeren Nachahmerpräparaten (Generika) weiter fortbestand, darauf hin, dass nicht allein ökonomische Gründe für das Vorenthalten der Medikamente ausschlaggebend sind. Auch persönliche Wertentscheidungen der Ärzte, die häufig nicht einmal bewusst reflektiert sind, können die Verschreibung beeinflussen. Derartige Wertentscheidungen können etwa auf der Annahme beruhen, dass eine kostenträchtige medizinische Versorgung für ältere, zumal demenzkranke Patienten nicht mehr lohnenswert sei und daher die begrenzten Mittel eher in Richtung jüngerer Patienten mit Erkrankungen besserer Prognose umzuverteilen seien.

Ein weiteres Beispiel verdeckter Altersrationierung ist die Behandlung mit Psychotherapie, die in Deutschland jenseits des 50. Lebensjahres immer seltener, bei Bewohnern von Pflegeheimen praktisch gar nicht mehr durchgeführt wird. Dies ist ein eklatanter Missstand, wenn man bedenkt, dass alte Menschen offiziell den gleichen Anspruch auf diese Behandlungsform haben wie jüngere. Die Gründe für die Ungleichbehandlung sind vielschichtig. Es ist jedoch davon auszugehen, dass auch defizitorientierte Altersbilder bei den psychotherapeutischen Behandlern und den zuweisenden Ärzten nach dem Motto »eine Psychotherapie im Alter – das lohnt doch nicht mehr« eine Rolle spielen.

Altenpflege

Ein Bereich, in dem es durch strukturell bedingte Versorgungsengpässe schon länger zu (indirekten) Leistungseinschränkungen für alte Menschen kommt, ist der Pflegesektor. Durch den Rationalisierungsdruck, der seit Jahrzehnten auf Krankenhäusern, Pflegeheimen und ambulanten Pflegediensten lastet, war die Lage in vielen Einrichtungen schon vor der Coronakrise angespannt. Denn gespart wurde vor allem beim Personal. Hohe Arbeitsverdichtung unter oft sehr belastenden Bedingungen bei gleichzeitig geringen Aufstiegschancen und wenig attraktiven Gehältern führten dazu, dass die Branche zusätzlich viele qualifizierte Mitarbeiter verlor. Die damit einhergehenden Qualitätsverluste in der Versorgung werden unter dem Begriff »Pflegenotstand« schon seit Jahren öffentlich thematisiert.

Wie sehr die Situation gerade auch in der Altenpflege auf »Kante genäht« war, wurde mit Ausbruch der Coronapandemie noch einmal mit schmerzhafter Intensität deutlich: Denn die Ressourcenausstattung der Pflegeheime hatte nicht nur einen unmittelbaren Einfluss darauf, inwieweit diese ihre Bewohner adäquat vor einer Infektion schützen konnten, sondern auch auf die Möglichkeiten, die psychosozialen und gesundheitlichen Folgen von Kontaktbeschränkungen und Besuchsverboten abzufedern. Praktikable Konzepte, die beides miteinander hätten verbinden können, sind personalintensiv. Zwar blieb den Heimträgern und Aufsichtsbehörden in der anschwellenden Pandemie zunächst nicht viel mehr übrig, als die Einrichtungen von der Außenwelt abzuschotten, aber selbst nach Einleitung dieser rigorosen Maßnahmen gelang es in vielen Heimen nicht, das Eindringen und die Ausbreitung des Virus angemessen zu verhindern. Denn Coronavirus-bedingte Personalausfälle und zusätzliche Arbeitsanforderungen (z. B. durch zusätzliche Dokumentations- und Kontrollpflichten, Hygienemaßnahmen, Testdurchführungen etc.) dünnten die ohnehin schon schmalen Personaldecken weiter aus und brachten viele Einrichtungen endgültig an den Rand ihrer Kapazitäten. Den Preis dafür zahlten die Bewohner nicht nur mit einer erschreckend hohen Sterblichkeit, sondern auch mit isolationsbedingten Einbußen ihrer geistigen und körperlichen Fitness und ihrer psychischen Gesundheit, so wie sie bei zwei Dritteln der Heimbewohner nach Abflauen der zweiten Welle der Pandemie beobachtet werden konnten.[15] Abgesehen von einzelnen aufsehenerregenden Fällen individuellen Verschuldens (z. B. durch schwerste Vernachlässigungen oder Misshandlungen[16]) waren es daher strukturelle, d. h. durch politische Entscheidungen beeinflussbare Rahmenbedingungen, die es den Pflegeeinrichtungen erschwerten, ihre Schutzfunktion adäquat wahrzunehmen. Besonders tragisch erscheint in diesem Zusammenhang, dass durch die institutionellen und organisatorischen Umstände ein Weiterbestehen der Besuchs- und Freiheitseinschränkungen für viele Heimbewohner auch nach einer Lockerung der die Allgemeinheit treffenden Lockdown-Maßnahmen im Sommer 2020 geradezu erzwungen wurde.

Die oben getroffenen Aussagen über die Situation in Pflegeheimen lassen sich teilweise auch auf teilstationäre Pflegeeinrichtungen und ambulante Pflegedienste übertragen. Fachkräftemangel und ungünstige strukturelle Rahmenbedingungen (z. B. Mangel an Schutzausrüstung, Rationalisierungsdruck mit hoch getakteter »Minutenpflege« und hochfrequentem Haushaltswechsel) haben auch hier zu Versorgungsengpässen geführt und dürften zudem eine raschere Verbreitung des Virus unter den besonders Schutzbedürftigen begünstigt haben.

Ursachen von Altersdiskriminierung in Medizin und Pflege

Die dargestellten Beispiele machen deutlich, dass alte Menschen besonders gefährdet sind, in der medizinischen und pflegerischen Versorgung Opfer von teils offener, teils verdeckter Altersdiskriminierung zu werden. Dabei manifestiert sich verdeckte Altersdiskriminierung häufig in Situationen von (relativer oder absoluter) Ressourcenverknappung, wenn das Gesundheitssystem als Ganzes, dessen Einrichtungen (Kliniken, Pflegeheime) oder dessen Leistungserbringer (Ärzte, Psychologen, Pflegedienste) zu Rationierungsmaßnahmen gezwungen werden. Gerade wenn die Priorisierungskriterien, anhand derer die Zuteilung der verknappten Mittel vorgenommen werden, nicht transparent sind, können sich über die Hintertür persönliche Werturteile einschleichen, die durch (negative) Altersbilder der Entscheidungsträger zuungunsten alter Menschen beeinflusst sein können. Tatsächlich lassen sich derartige Werturteile nicht wissenschaftlich begründen. Nicht selten wirken sie unbewusst. Die Diskriminierung alter Menschen resultiert hier also durch ein unseliges Zusammenspiel dieser unbewussten (impliziten) mit ökonomischen Faktoren.

Dagegen sind bei der »offenen Altersdiskriminierung« nicht nur die ökonomischen Rahmenbedingungen (z. B. durch Deckelungen der Budgets) politisch vorgegeben, sondern auch die Kriterien, wonach bestimmte Personengruppen von bestimmten Leistungen *ausdrücklich* ausgeschlossen werden. Stimmen, die eine offizielle Begrenzung solidarisch finanzierter medizinischer Leistungen ab einem bestimmten Lebensalter fordern, werden – in Abhängigkeit von den aktuellen finanziellen Spielräumen der Krankenkassen – auch bei uns immer wieder laut. Der Blick ins Ausland macht deutlich, dass die Schwelle, über explizite Altersrationierung nicht nur zu diskutieren, sondern diese auch in die Tat umzusetzen, tatsächlich nicht sehr hoch ist.[17] Auch hier können negative Altersbilder dazu beitragen, diese Schwelle weiter zu senken (vgl. Kapitel 3). In vornehmerer Form wird diese Ansicht gerne als Gerechtigkeitsargument in die Diskussion eingeführt: Da die Mittel in der Gesundheitsversorgung begrenzt seien, müsse darauf geachtet werden, dass jeder, der durch das System versorgt werde, ein vergleichbar großes Stück vom Kuchen abbekomme. Es sei daher nur gerecht, wenn alte gegenüber jungen Menschen bei der Zuteilung von Gesundheitsleistungen zurückstecken müssten, denn diese hätten ihr Leben ja bereits gelebt, während die Jüngeren bei rationierungsbedingten Einschnitten in ihre Gesundheitsversorgung ein solches Alter womöglich nie erreichen würden (vgl. Kapitel 14). Unter der irrigen Annahme, dass der demografische Wandel der wesentliche Kostentreiber im Gesundheitssystem sei, wird dann weiter behauptet, man könne besonders viel einsparen, wenn man alte Menschen bevorzugt von medizinischen Leistungen ausschließe, wodurch am Ende der Allgemeinheit am besten gedient sei.

Allein dieses scheinbar plausible gesundheitsökonomische Argument ist jedoch fragwürdig. Der wissenschaftlich gut belegten Kompressionsthese zufolge verursachen alte Menschen nämlich nicht durchweg hohe bzw. höhere medizinische und pflegerische Kosten als jüngere Menschen, sondern überwiegend in einem relativ kurzen Zeitraum unmittelbar vor ihrem Tod (vgl. Kapitel 16). Die wahren Kostentreiber im Gesundheitswesen sind dagegen im medizinischen Fortschritt (d. h. der Verfügbarkeit teurer, neuartiger Behandlungsmethoden), in wissenschaftlich nicht begründbaren Leistungsausweitungen (d. h. die Zulassung neuer, teurerer Behandlungsformen, obwohl diese nachweislich nicht mit einem höheren Nutzen verbunden sind) und in einer Verschwendung von Ressourcen durch schlechte Kommunikation und Ineffizienz in den Versorgungsabläufen zu suchen. Hierdurch entsteht in vielen Bereichen der Medizin ein kruder Mix aus Über-, Unter- und Fehlversorgung, den der langjährige Vorsitzende des Sachverständigenrates im Gesundheitswesen, Ferdinand Gerlach, als »organisierte Unverantwortlichkeit« bezeichnet.[18] Tatsächlich ließe sich auch bei alten Patienten (aber nicht nur bei diesen) sinnvoll sparen (z. B. durch einen von altersmedizinischem Sachverstand geleiteten Verzicht auf überflüssige, häufig sogar schädliche Über- und Multimedikationen). Dies würde aber u. a. Verbesserungen bei der geriatrischen Versorgungsstruktur, eine bessere altersmedizinische Qualifizierung von Ärztinnen und Ärzten und eine Aufwertung des Pflegeberufes erfordern. Die weitverbreitete Ansicht, dass die Krankheitskosten älterer Menschen im Vergleich zum Rest der Bevölkerung überproportional hoch seien, wodurch der demografische Wandel notwendigerweise zu einer nicht zu bewältigenden Kostenlawine im Gesundheitswesen führe, ist jedenfalls bei näherer Betrachtung nicht haltbar.

Lebensrecht auf dem Prüfstand?

Anhand der systematischen Benachteiligung alter Menschen im Kontext der Coronakrise wurde deutlich, wie erschreckend rasch und nahezu widerstandslos die »in guten Zeiten« allgemein anerkannten ethischen Grundsätze einer guten medizinischen und pflegerischen Versorgung alter Menschen unter dem Eindruck eines krisenbedingten Kapazitätsengpasses über Bord geworfen werden können. In Triagesituationen wurde Menschen allein aufgrund ihres Alters das Lebensrecht abgesprochen und Pflegeheime, die sich vor der Pandemie allen Personalengpässen zum Trotz mit viel Engagement um ein menschenwürdiges Dasein für ihre Bewohner bemüht hatten, mutierten in kürzester Zeit zu gefängnisartigen Todeszonen, weil alternative Schutzmaßnahmen aufgrund vorbestehender Strukturprobleme nicht rechtzeitig und effektiv genug installiert werden konnten.

Wie der Blick ins Ausland lehrt, unterliegen alte Menschen über indirekte und implizite Mechanismen der Rationierung grundsätzlich auch außerhalb von Krisenzeiten der Gefahr einer offenen oder verdeckten Altersrationierung. Und selbst in unserem finanziell vergleichsweise gut ausgestatteten und solidarisch geprägten Gesundheitssystem findet verdeckte Altersrationierung bereits heute statt. Es ist wahrscheinlich, dass diese mit wachsendem ökonomischen Druck auf das System weiter zunehmen und womöglich in offene Altersrationierung umschlagen wird.

Leidtragende dieser Entwicklung sind überwiegend diejenigen älteren Menschen, die der gesellschaftlichen Solidarität in besonderer Weise bedürfen: die chronisch Kranken, die Ärmeren und die Pflegebedürftigen – deren Zahl ständig steigt. Wenn sich jedoch herzloses ökonomisches Nützlichkeitsdenken mit falsch verstandener »Generationengerechtigkeit« verbündet, kann eine toxische Mixtur entstehen, die schließlich das Lebensrecht aller alten Menschen auf den Prüfstand stellt.

Kapitel 8: No country for old men? – Der Countdown läuft

Rentenfrage, Klimakrise, Coronapandemie – in den vorhergehenden Kapiteln wurde deutlich, dass all diese Herausforderungen das gesellschaftliche Generationenverhältnis bereits heute stark belasten. Sehr bald schon könnte es auf eine noch härtere Probe gestellt werden, die die Gefahr einer weiteren Erosion des solidarischen Miteinanders in sich trägt. Existenziell bedrohlich könnte dies vor allem für die Babyboomer werden – die vielen Alten von morgen. Im Folgenden möchte ich die wichtigsten Argumente für diese Hypothese noch einmal zusammenfassen:

1. *Der demografische Wandel ist unaufhaltsam und tritt jetzt in seine »heiße Phase«*: Selbst in den günstigsten Zukunftsszenarien der Demoskopen wird es schon in wenigen Jahren zu massiven Verschiebungen zwischen den wirtschaftlich produktiven (jüngeren) und den wirtschaftlich weniger produktiven (älteren) Bevölkerungsanteilen kommen. Die Dynamik dieser Entwicklung ist im Wesentlichen darauf zurückzuführen, dass die aktuell in den Ruhestand eintretenden Babyboomer durch deutlich schwächer besetzte Generationen abgelöst werden. Demografisch und gesellschaftspolitisch betrachtet handelt es sich dabei um eine nie da gewesene Situation, für deren soziale Bewältigung es demnach keine historischen Vorbilder gibt.

2. *Die Wirtschaft gerät unter Druck*: Mit Ausscheiden der Babyboomer aus dem aktiven Erwerbsleben ist die sogenannte »demografische Dividende« aufgebraucht, die der deutschen Konjunktur (dem Arbeitsmarkt, dem Wirtschaftswachstum etc.) und den von ihr alimentierten Sozialversicherungssystemen in den vergangenen Jahrzehnten die notwendige Stabilität und Leistungsfähigkeit gegeben hat.[1] Die dort entstehenden Fi-

nanzlücken sind zwar nicht ausschließlich eine Folge des demografischen Wandels, sie werden durch diesen jedoch verschärft. Die in ihrem Ausmaß und ihrer Tragweite noch nicht vollständig absehbaren (welt-)wirtschaftlichen Folgeerscheinungen der Coronakrise und der Klimakrise könnten die öffentlichen und privaten Haushalte zusätzlich in anhaltende und erhebliche Bedrängnis bringen.

3. *Eine Krise des Wohlfahrtsstaates zeichnet sich ab*: Die erforderlichen ökonomischen Spielräume, um die sich schon jetzt dauerhaft abzeichnenden Multimilliardenlücken in den Kassen der Renten-, Kranken- und Pflegeversicherung z. B. durch Steuerzuschüsse oder Beitragserhöhungen abzumildern, werden durch das Erlahmen der Wirtschaft spürbar schrumpfen. Dadurch werden die sozialen Sicherungssysteme des Wohlfahrtsstaates ausgerechnet in einer Situation, in der sie aufgrund des demografischen Wandels besonders gefordert werden, stark unter Druck geraten. Da Alter, Krankheit und Pflegebedürftigkeit zu den wesentlichen durch die sozialen Sicherungssysteme abgedeckten Risiken gehören, würde die sich abzeichnende Krise des Wohlfahrtsstaates in erster Linie zulasten der (gealterten) Babyboomer-Generation gehen. Wenn politisch nicht gegengesteuert wird, droht diesen nicht nur eine steigende Altersarmut und ein Verlust an sozialer Teilhabe, sie könnten auch dauerhaft vom medizinischen Fortschritt abgehängt werden. Das wäre u. a. dann der Fall, wenn verdeckte Altersdiskriminierung in der medizinischen Versorgung zunehmen und schließlich sogar in offene Altersrationierung münden würde. Auch der sich zeitgleich verschärfende Pflegenotstand würde insbesondere die chronisch kranken, pflegebedürftigen und demenzkranken alten Menschen existenziell treffen.

4. *Die Ambivalenz im gesellschaftlichen Generationenverhältnis wächst*: Um die drohende Krise des Wohlfahrtsstaates abzu-

wenden, ist eine gesamtgesellschaftliche Kraftanstrengung erforderlich. Diese setzt ein Bekenntnis zur Fortführung des auf Solidarität und Gerechtigkeit begründeten Generationenvertrags voraus. Durch die demografisch bedingte Zuspitzung des im Generationenverhältnis stets schlummernden Verteilungskonfliktes wird die Solidarität der nachfolgenden Generationen (Y und Z) jedoch schon bald in besonderer Weise gefordert werden. Zwar waren gesellschaftliche Generationenbeziehungen in der Vergangenheit nie ausschließlich durch Solidarität, sondern immer auch durch Ambivalenzen geprägt,[2] unter dem Einfluss der sich abzeichnenden Ressourcenverknappung scheint diese Ambivalenz jedoch gerade in eine destruktive Richtung zu kippen.

5. *Populistische Parolen machen sich auch in der Generationendebatte breit*: In der Öffentlichkeit und medial wird rhetorisch »aufgerüstet«, die Stimmung in der Debatte wird gereizter, aggressiver, teils gehässig, teils sogar offen feindselig. Frank Schirrmacher beschrieb den Kampf der Generationen als psychologischen Krieg, als Krieg der Worte und Demütigungen: Die Jungen töten die Alten, indem sie ihre Identität zerstören.[3] Damit einher geht die Reaktivierung überwunden geglaubter negativer Altersbilder, die im Kalten Krieg der Generationen zu Feindbildern werden. All das fügt sich in den durch Smartphones und soziale Medien beförderten neuen öffentlichen Kommunikationsstil. Differenzierte Positionen haben kaum noch eine Chance auf Gehör, weil sie durch den steten Fluss eines hysterisierten, ungefilterten Meinungsbreis sogleich erstickt werden. Teil dieser populistischen Erzählung ist, dass die »Alten« respektive die »Boomer« bereits heute als Sündenböcke für zahlreiche Fehlentwicklungen feststehen. Selbst in manchen linksliberalen Kreisen, so der Alterssoziologe Andreas Stückler, scheint mittlerweile ein Altersbild en vogue zu sein, das alte Menschen als zunehmende »Gefahr« für die Jungen

konstruiert.[4] Demnach sollen die Alten nicht nur am demografischen Wandel und den damit assoziierten gesellschaftlichen Folgen (z. B. der Krise des Rentensystems und den steigenden Pflegekosten) schuld sein, sondern (via Corona und Staatsverschuldung) auch an den kommenden Wirtschaftskrisen, den steigenden Gesundheitskosten, der Umweltzerstörung und der rasch voranschreitenden Prekarisierung von Lebensverhältnissen. Aufrichtig empfundene Solidarität und Wertschätzung gegenüber alten Menschen scheint darüber zunehmend ins Hintertreffen zu geraten.

6. *Die ethischen Standards bröckeln*: Die drohende Entrechtung und Entwertung des Lebens alter Menschen während der ersten Welle der Coronapandemie hat verdeutlicht, wie rasch der moralische Kompass unserer Gesellschaften unter dem Eindruck einer globalen Krise in eine altenfeindliche Richtung ausschlagen kann. Selbst in einem katholisch geprägten Land wie Italien wurden Patienten allein aufgrund ihres Alters lebensrettende Therapien verweigert. Es stellt sich daher die Frage, inwieweit ethische Standards wie Solidarität, Mitmenschlichkeit und die Unveräußerlichkeit des Rechts auf Leben und körperliche Unversehrtheit in einer zunehmend utilitaristisch, hedonistisch und materialistisch geprägten Gesellschaft Bestand haben werden. Es gibt einige Hinweise darauf, dass wir uns in einem sozialen Prozess der moralischen Umorientierung befinden, der durch das oben beschriebene Ansteigen des ökonomischen Drucks noch beschleunigt werden wird. Sozialdarwinistische Einstellungen, so etwa die Annahme, es gäbe »wertvolles« und »unwertes« Leben, sind nach aktuellen Studien auch in der Mitte unserer Gesellschaft auf dem Vormarsch.[5] Wie viel Mitmenschlichkeit und Solidarität gegenüber alten, kranken und pflegebedürftigen Menschen wird sich eine Gesellschaft noch leisten wollen, die vor der Wahl steht, entweder gravierende Abstriche beim Lebensstan-

> dard für die Allgemeinheit hinzunehmen oder nur diejenigen schlechter zu stellen, die »ihr Leben schon gelebt haben« und der Allgemeinheit ohnehin »nur noch zur Last fallen«?

Wohin das führen wird? Noch sind die geburtenstarken Jahrgänge in den politischen und gesellschaftlichen Führungsgremien, z. B. im Deutschen Bundestag, in der Mehrheit. Was aber wird geschehen, wenn sich auch hier der unausweichliche Generationenwechsel vollzogen haben wird? Aus heutiger Sicht spricht einiges dafür, dass altersdiskriminierende und altersfeindliche Tendenzen damit nicht nur vermehrt Eingang in die Gesetzgebung, sondern in viele andere Bereiche der Gesellschaft erhalten werden. Dies wird auch an der Gewährleistung einer menschenwürdigen Versorgung bei chronischer Krankheit und Pflegebedürftigkeit nicht spurlos vorbeigehen. Sollte es tatsächlich so weit kommen, werden die alten Menschen von morgen die Verlierer sein. Denn die Übergänge von der Gerontophobie zum Gerontozid, zur Tötung der Alten, sind fließend.

Teil 2:

Schleichend entsorgt – Was den Boomern blühen könnte

Die Alten werden nicht aufgefressen, neben anderem würde dies Respekt vor ihnen voraussetzen. Aber die lebenserhaltenden Apparate werden vielleicht etwas früher abgeschaltet, die Aufwendungen für Krankenhäuser und Altenheime werden gekürzt, die Zahl der Operationen an Alten wird begrenzt.

Reimer Gronemeyer (Jahrgang 1939)
in »Die Entfernung vom Wolfsrudel« (Essay, 1991)

Kapitel 9: Über die Tötung der Alten – ein kleiner Ausflug in Literatur und Geschichte

»Du sollst nicht töten!«, heißt es im fünften Gebot im Alten Testament – direkt hinter der im vierten Gebot ausgesprochenen Mahnung »Du sollst Vater und Mutter ehren«. Eine klare Ansage, die seit über zweitausend Jahren nicht nur jüdische und christliche Moralvorstellungen prägt, sondern in verschiedenen Varianten in allen großen Weltreligionen zu finden ist. Und doch kennt selbst unser Strafrecht, dessen Kern der Respekt vor dem Leben der anderen und die Ächtung zwischenmenschlicher Gewaltausübung bildet, Ausnahmesituationen, in denen das Töten von Menschen gestattet ist, so etwa bei Notwehr und Nothilfe, beim Schwangerschaftsabbruch oder beim Töten im Krieg. Rechtsphilosophisch und moralisch werden diese Ausnahmen stets mit einer Güterabwägung begründet, d. h. sie erwachsen aus dilemmatischen Situationen: Wenn z. B. im Falle der Selbstverteidigung das eigene Leben nicht anders geschützt werden kann, können Gewaltanwendung und auch das Töten eines Menschen gerechtfertigt sein. Dies gilt im Verteidigungskrieg, wenn das Gemeinwesen durch einen äußeren Feind bedroht wird, sogar für Menschen (feindliche Kombattanten), von denen für den einzelnen Soldaten situativ keine unmittelbare Bedrohung ausgeht. Die Metapher vom »Krieg der Generationen« trägt in ihrer extremsten Auslegung auch diese erschreckende Denkfigur in sich: Die Negierung und Auslöschung des Lebens alter Menschen, um eine auf andere Weise nicht kontrollierbare Bedrohung von der Gesellschaft abzuwenden.

Undenkbar! Barbarisch! Abwegig! So etwas existiert allenfalls in der überdrehten Fantasie von Verschwörungstheoretikern und Thrillerautoren, könnte man denken. Und tatsächlich beschäftigt der Senizid, die vorsätzliche Tötung der unnützen, lästigen und für das Gemeinwesen zur Bürde gewordenen Alten, die Schriftsteller seit Jahrhunderten.

Die Altentötung als literarisches und filmisches Motiv

Als Lemuel Gulliver, der Romanheld aus Jonathan Swifts 1726 erschienenen satirischen Roman »Gullivers Reisen« die Insel Luggnagg besucht und dort von den unsterblichen Struldbrugs erfährt, ist er zunächst begeistert:[1] Wäre er selbst als Struldbrug auf die Welt gekommen, so malt er sich die Vorteile der Unsterblichkeit aus, so würde er nicht nur seinen materiellen Besitz unbegrenzt vermehren, sondern auch ewig an seiner geistigen Vervollkommnung arbeiten können. Sein sich stetig wachsender Reichtum und seine ins Unermessliche wachsenden Bildungs- und Erfahrungsschätze würden ihn nicht nur zu einem hoch angesehenen Gelehrten und weisen Ratgeber, sondern auch zu einem anerkannten Wohltäter werden lassen.

Abb. 6: Die Struldbrugs in einer Illustration von Louis John Rhead, erschienen in »Gulliver's Travels«, New York 1913. Quelle: https://en.wikipedia.org/wiki/Struldbrugg.

Wie groß ist jedoch seine Ernüchterung, als er erfährt, dass die Struldbrugs zwar ein ewiges Leben, nicht jedoch eine ewige Jugend ihr Eigen nennen dürfen. Im Alter von neunzig haben sie Haare, Zähne und Geschmackssinn verloren, sodass sie nur noch ohne Vergnügen und Appetit essen können. Sie leiden an Gebrechlichkeit und Demenz und ihre körperliche Erscheinung ist ganz und gar vom Alter entstellt. Angesichts der trostlosen Aussicht, niemals zu sterben, verändert sich ihre Persönlichkeit: Sie werden melancholisch, mürrisch, geschwätzig und neidisch und letztlich unfähig, freundschaftliche Beziehungen einzugehen.

Daher werden die unsympathischen Greise allgemein verachtet und gehasst. Da jedoch auch ihr Geiz mit dem Alter zunimmt, ergibt sich für die Bürger Luggnaggs das Problem, dass sich die gierigen Alten aufgrund ihrer Unsterblichkeit mit der Zeit das Eigentum und das Vermögen der ganzen Nation und damit auch die Regierungsgewalt angeeignen würden. Aufgrund ihrer Unfähigkeit, diese auszuüben, würde dies zwingend den Untergang des Staates bedeuten. Und so bleibt der Gesellschaft nichts anderes übrig, als sich zur Wehr zu setzen: Sobald die Struldbrugs das achtzigste Lebensjahr erreichtt haben, werden sie per Gesetz für tot erklärt. Ihre Besitztümer gehen unmittelbar auf ihre Erben über und sie dürfen nur noch eine geringe Summe für ihre Ernährung zurückbehalten. Sie werden entmündigt, dürfen keine öffentlichen Ämter mehr bekleiden und keine Grundstücke mehr kaufen oder pachten. »Ich muss zugestehen«, lässt uns Gulliver wissen, als er Luggnagg in Richtung Japan verlässt, »dass die auf die Struldbrugs bezüglichen Gesetze des Königreichs auf den allerbersten Vernunftgründen beruhten und dass jedes Land unter ähnlichen Umständen zu demselben Verfahren gezwungen worden wäre.«[2]

Gemeinsam mit der in der fiktiven Grafschaft Epirus spielenden Tragikomödie »The Old Law« von Thomas Middleton, William Rowley und Philip Massige aus dem Jahr 1656, in der Männer im Alter von 80 und Frauen im Alter von 60 Jahren per Dekret von einer Klippe ins Meer gestürzt werden sollen, steht Jonathan

Swifts satirische Struldbrug-Episode am Beginn einer Reihe von literarischen Bearbeitungen einer staatlich verfügten Altentötung, die bis in die Gegenwart reicht. Sie teilen die düstere Fantasie einer Gesellschaft, die alte Menschen dem sozialen oder gar physischen Tod aussetzt, um sich der bedrohlichen Last der »Überalterung« zu entledigen:

In Anthony Trollopes Roman »The Fixed Period« aus dem Jahr 1882 werden die Bürger der fiktiven Kronkolonie Britannula im Alter von 67 Jahren »abgesetzt« (»deposited«) und in einer The College genannten Institution auf »sanfte« Art getötet. Dadurch soll ihnen das vermeintlich würdelose Leid eines hohen Alters erspart und die Staatskosten für ihren Unterhalt gesenkt werden.

Auch in Aldous Huxleys Zukunftsroman »Brave New World« aus dem Jahr 1932 werden die Menschen im Alter zwischen 60 und 70 Jahren unter staatlicher Kontrolle »entsorgt«. Nachdem sie bis dahin durch Hormonbehandlungen und sonstige präventivmedizinische Manipulationen in einem jugendlichen und gesunden Zustand erhalten worden sind, werden sie nun in zu gigantischen Sterbefabriken ausgebaute Hospize verlegt, wo sie unter dem Einfluss der hochdosierten Psychodroge Soma sanft, aber zügig zu Tode kommen. Auf diese Weise gelingt es den oligarchisch herrschenden »Controllern«, das Altern und damit auch die (wirtschaftlich unproduktiven) alten Menschen vollständig aus der Gesellschaft zu eliminieren.

Das 60. Lebensjahr markiert auch die Altersgrenze in Isaac Asimovs Science-Fiction-Roman »Pebble in the Sky« (1950) und in Ira Levins »This Perfect Day« (1970). Von wenigen (privilegierten) Ausnahmen abgesehen, wird jeder Mensch, der dieses Alter erreicht, exekutiert – bei Asimov ein »The Sixty« genanntes Ritual, das die nach einer atomaren Katastrophe vor sich hinvegetierende Menschheit von arbeitsunfähigen Individuen entlasten soll, und bei Levin durch den alles beherrschenden Supercomputer Uni-Comp koordiniert und mittels transdermaler Injektion in die Tat umgesetzt.

Das Motiv des alles kontrollierenden Supercomputers wird wenig später (1976) in der Science-Fiction-Dystopie »Logans Run«, einer Verfilmung des gleichnamigen Romans von George C. Johnson und William F. Nolan, wieder aufgegriffen:[3] Im Jahr 2274 leben die Reste der menschlichen Zivilisation unter riesigen Kuppeln einen komfortablen und auf Lustgewinn ausgerichteten Lebensstil. Unter dem Vorwand der Verjüngung bzw. »Erneuerung« müssen sich alle 30-Jährigen dem Ritual des »Karussells« unterziehen. Tatsächlich werden sie dabei jedoch getötet, um den materiellen Wohlstand der Gesellschaft nicht durch Überbevölkerung zu gefährden. Nur Logan 5, ein Angehöriger der privilegierten Gruppe der »Sandmänner«, schöpft Verdacht und nimmt den Kampf mit dem System auf.

Ökonomische Motive stehen auch in dem dystopischen Filmdrama »Endjährig« aus dem Jahr 2020 (Regie Willi Kubica) im Vordergrund.[4] Es spielt Mitte des 21. Jahrhunderts in einem heruntergewirtschafteten Deutschland, ist realistisch erzählt und wirkt dadurch umso authentischer. Da sich die ökonomische Situation zuspitzt, beschließt die Regierung, das Land radikal zu verjüngen. Während Paare bei der Familienplanung vom Bündnis Jungbrunnen Deutschland (BJD) tatkräftig unterstützt werden, sieht sich die Generation 60+ mit Rentenkürzungen und fehlenden Sozialleistungen konfrontiert. Als finaler Schritt wird die »Endjährigkeit« eingeführt – eine Zwangssterbehilfe im Alter von 80. Das wird zum Problem für Milo, der kurz vor dem 80. Geburtstag steht und seinen Sohn Karl bittet, mit ihm zu fliehen.

Neben dem fixen Alterskriterium für die Aussonderung – d. h. die Überschreitung des 60., 70. oder 80. Lebensjahres – fallen weitere Gemeinsamkeiten auf, die diese schaurigen Geschichten miteinander verbinden: Erstens, die Altentötungen erfüllen einen »höheren Zweck«, d. h. sie dienen dem vermeintlichen Allgemeinwohl, zweitens, sie sind von staatlicher Seite – oft von einer totalitären Regierungsform – angeordnet und, drittens, sie sind sozial akzeptiert, obwohl die Obrigkeit unter Anwendung von Lügen, psychischen Manipulationen, Drogen etc. bisweilen nachhelfen muss.[5] Damit erfüllen sie die Kriterien für den »Senizid«, einer sozial eingebetteten und/oder ritualisierten Form der Altentötung. Die Tötung alter Menschen, um sich ihrer zu entledigen, gilt zwar in allen modernen Gesellschaften als Tabu, ist jedoch keineswegs nur eine literarische Fantasie, wie ein Blick in die Geschichte zeigt.

Der Senizid in Ethnologie und Geschichte

Während der Altenmord, d.h. die durch niederere individuelle Beweggründe wie Habgier oder Eigennutz motivierte Altentötung, in fast allen Zeiten und Kulturen aus moralischen Gründen abgelehnt wurde, gibt es für zahlreiche vormoderne Gesellschaften Hinweise auf die Existenz einer kulturell eingebetteten (und sozial akzeptierten) Form der Altentötung, auf die in jüngerer Zeit vor allem der Erziehungswissenschaftler und Sachbuchautor Raimund Pousset aufmerksam gemacht hat.[6] Um die kulturell-rituelle Form der Altentötung vom Altenmord begrifflich abzugrenzen, schlägt er die Verwendung des Begriffes Senizid vor, während er unter Gerontozid den Altenmord im engeren Sinne versteht.[7] In seinem sehr lesenswerten Kompendium »Senizid und Altentötung – Ein überfälliger Diskurs« fasst er die Geschichte und die Merkmale dieser aus heutiger Sicht befremdlich erscheinenden gesellschaftlichen Praxis zusammen:

Demnach wird vermutet, dass der Senizid als kulturell eingebettete Form der Altentötung erst in höher entwickelten Gesellschaften auftrat, etwa ab der Sesshaftwerdung des Menschen. Dies spricht dafür, dass es sich bei dieser Sitte keineswegs um den Ausdruck einer »extrem barbarischen Gesinnung« handelte, sondern um das »verantwortungsbewusste Bemühen, die Existenz der Gesellschaft nach innen und außen sicherzustellen«. Denn häufig waren es objektiv-materielle Gegebenheiten wie z.B. Hungersnöte, Versorgungsengpässe, Naturkatastrophen, ein entbehrungsreiches Wanderleben etc., also Situationen der Verknappung existenzieller Güter, die den Seniziden vorausgingen. In einigen Fällen konnten auch subjektive Faktoren wie zum Beispiel religiösmagische Vorstellungen, die den alten Menschen einen Jenseitsnutzen zuschrieben, deren Tötung begünstigen: Der Alte sollte als Botschafter des Jenseits die Götter gnädig stimmen, um z. B. eine Dürre, eine Plage oder eine Epidemie zu beenden. Letztlich ging es aber darum, in Krisenzeiten das Überleben des Volkes bzw. der Gruppe zu sichern und dafür die für die Gesellschaft als nutzlos empfundenen (gebrechlichen) Alten zu opfern. Tatsächlich waren es weniger die jüngeren, noch mobilen, arbeitsfähigen und womöglich sogar wohlhabenden Alten als vielmehr die älteren, gebrechlichen, kranken, »ausgedienten« Alten, die Gefahr liefen, Opfer eines Senizids zu werden. Auch diese Beobachtung spricht dafür, dass es nicht primär religiöse Kulte waren, die die Tötung der Alten forderten, sondern Nützlichkeitsaspekte, die im Nachgang ritualisiert und religiös begründet wurden.

Historische oder ethnologische Beschreibungen für ritualisierte Altentötungen liegen in der einen oder anderen Form für mindestens 123 Ethnien auf allen fünf Kontinenten vor.[8] Für Europa gibt es zahlreiche Hinweise, die von der Antike über das Mittelalter bis ins 19. Jahrhundert hinein reichen. Den vorliegenden Schilderungen zufolge wurden beim Senizid häufig aktive Tötungsarten praktiziert, wie z. B. das Vergiften, das Hinabstürzen von einer Brücke oder Klippe, das Erschlagen, Erhängen, Ersticken und Erdrosseln oder das aktive Aussetzen (z. B. in der Wildnis oder an einem rituellen Sterbeplatz). So kursieren in Japan Legenden über einen bis in das Mittelalter zurückzuverfolgenden Brauch, *Obasute* genannt, wonach alte Menschen von einem Verwandten auf einen Berg getragen wurden, um sie dort ihrem Tod zu überlassen.[9] Darüber hinaus kamen auch passive Methoden zur Anwendung, wie etwa das Verlassen oder das Einstellen von lebenserhaltender Pflege und Betreuung.

Bisweilen wurden alte Menschen auch unter Druck gesetzt, »freiwillig« Hand an sich zu legen. So soll es bei den jungen französischen Bauern noch bis ins 19. Jahrhundert üblich gewesen sein, sich des (lästigen) alten Vaters zu entledigen, indem sie den »Monsieur vit toujours« bedrängten, sich das Leben zu nehmen.[10]

Obwohl vor allem die griechische und römische Antike als eine Epoche gilt, in der alte Menschen hoch geachtet waren,[11] sind Senizide auch von dort überliefert. Für die germanischen Völker Skandinaviens erwähnt der dänische Geschichtsschreiber Saxo Grammaticus, dass im Falle einer Hungersnot ein Volksentscheid darüber herbeigeführt werden konnte, »ob Kinder und Alte erschlagen sowie Kranke und Schwache aus dem Land gejagt werden sollten«[12].

Zwar ist die Historizität vieler dieser Vorkommnisse aufgrund der unsicheren Quellenlage umstritten. Oft handelt es sich lediglich um Überlieferungen, Reisebeschreibungen von Missionaren oder Kaufleuten, mündliche Berichte von Augenzeugen, unsystematische Befragungen und Interviews.[13] Darüber hinaus existieren jedoch einige seriöse empirische Untersuchungen, die sich auf die systematische Dokumentation teilnehmender Beobachtungen und ethnologischer Feldforschung stützen können. Auch die Vielzahl historischer und kultureller Dokumente in Form von bildlichen Darstellungen, Volkserzählungen, Sagen, Legenden, Liedern und Märchen und die Darstellungen berühmter antiker Historiografen wie Herodot, Plinius oder Strabon lassen es wenig plausibel erscheinen, dass es sich bei den Altentötungsritualen der Vergangenheit lediglich um Mythen handelt. Dagegen spricht auch die weite Verbreitung dieser Sitte quer über Zeiten und Kontinente hinweg.[14]

Allgemein scheint der Senizid im Einvernehmen mit den Opfern stattgefunden zu haben. Teilweise war er ein öffentliches Ereignis, folgte einem bestimmten Ritual und war in Zeremonien eingebunden oder durch diese gerahmt. Allerdings sind angesichts der (scheinbaren) Freiwilligkeit der Opfer, aber auch der ausführenden Täter (bei denen es sich häufig sogar um die eigenen Kinder handelte) Zweifel angebracht, da beide Seiten einem massiven Druck aus der Gruppe bzw. der Stammesgemeinschaft ausgesetzt waren. Vordergründig stimmten die Alten freiwillig zu, um die Gesellschaft zu unterstützen.[15] Diese »Freiwilligkeit« konnte jedoch durch personale, aber auch strukturelle Gewaltausübung erzwungen werden, auch durch die Macht des Rituals, das alle Mitglieder der Ethnie mittels ihrer Sozialisation verinnerlicht hatten. Dabei blieben das Leid der Opfer und die psychische Belastung des Täters, der seine Handlung als schwere (aber unausweichliche) Last empfunden haben dürfte, unter dem »schönen Schein« des Rituals verborgen. Insofern darf man annehmen, dass auch bei denjenigen Völkern, bei denen der Tötungsakt in psychisch entlastende Rituale eingebettet war, eine emotionale Ambivalenz verblieb, die sich aus Mitleid und natürlichem Unrechtsempfinden speiste.[16]

Eine »Demoralisierung des Volkes, etwa durch Verlust der Ahnen- und Altenehrung, oder die Lockerung ihres Gemeinschaftssinnes durch fremde Kolonisatoren«[17] konnten Senizide begünstigen. Bisweilen ging ihnen auch eine längere Phase der Ausgrenzung und Marginalisierung der Alten in der Gesellschaft voraus.[18] Dagegen werden eine hohe Wertschätzung des Alters, aber auch die zuverlässig geregelte Versorgung der Alten durch die Jungen, also eine Art Generationenvertrag, als Schutzfaktoren gegen senizidale Bräuche angesehen. Auch politischer Einfluss oder Privateigentum z. B. an Grund und Boden beförderten die soziale Wertschätzung und schützten offenbar nicht nur vor Marginalisierung, sondern auch vor dem Senizid. So findet sich keine Gesellschaft, in der die Alten Eigentumsrechte haben und sie zugleich von Senizid bedroht würden.[19]

Grausiges Ritual – für immer überwunden?

Von wenigen Ausnahmen abgesehen – so wurde z. B. aus dem indischen Distrikt von Tamil Nadu noch vor Kurzem über die als Thalaikoothal bezeichnete Sitte der Altentötung berichtet[20] – gilt der Senizid heute als überwunden. Die Hintergründe hierfür sind wenig erforscht. Die Entstehung des modernen Wohlfahrtsstaates oder eine allgemeine »humane Wende«[21] mögen dabei eine Rolle gespielt haben. Somit wird der Senizid zwar einer früheren, »archaischen« kulturellen Entwicklungsstufe zugeordnet, sein weltweites Vorkommen bei kulturell sehr unterschiedlichen Ethnien der verschiedensten Epochen könnte jedoch dafür sprechen, dass es sich bei dieser Sitte um eine kulturanthropologische Konstante[22] handelt, um eine Art universelles gesellschaftliches Reaktionsmuster, das bei dem Zusammentreffen mehrerer ungünstiger sozialer und ökonomischer Faktoren auch heute noch getriggert werden kann. Dies können Situationen materiell-ökonomischer Verknappung, gepaart mit Nützlichkeitserwägungen, sein sowie neben religiösmagischen Vorstellungen ein Verlust an Achtung und Mitleid sowie die Ausbreitung einer allgemein feindseligen Gesinnung gegen alte Menschen.[23]

Die Parallelen zu den eingangs vorgestellten Science-Fiction-Dystopien fallen hier erneut ins Auge. In gruseliger Überzeichnung führen diese uns vor, dass Senizide auch in komplex organisierten und hoch technisierten Gesellschaften unter bestimmten Bedingungen denkbar sind. Eine Bestätigung für diese Annahme liefert ein Blick in die deutsche Vergangenheit: So wurden während der Zeit der nationalsozialistischen Diktatur insbesondere gebrechliche, pflegebedürftige und demenzkranke alte Menschen systematisch aus Krankenhäusern und Heimen ausgesondert und in die großen »Landesheil- und Pflegeanstalten« verlegt, wo sie von entsprechend ermächtigten Ärzten und Pflegekräften durch Überdosen von Medikamenten getötet wurden.[24] Diese euphemistisch als Freilenkung bezeichnete Selektionspraxis diente der Entlastung der kriegsbedingt überbeanspruchten Versorgungskapazitäten im Krankenhaussektor und der Schaffung von Reservelazaretten, die man nun in den leer geräumten Altenheimen einrichten konnte. Gleichzeitig erfüllte sie den Zweck, sich »unproduktiver Ballastexistenzen« zu entledigen, deren Existenz nicht zum Ideal der vermeintlich vor Kraft und Jugend strotzenden deutschen Volksgemeinschaft passen wollte.

Diese gar nicht so weit zurückliegende Episode der deutschen Geschichte nährt die Hypothese, dass auch moderne, »aufgeklärte« Gesellschaften nicht vor einer Reaktivierung des Senizids gefeit sind, wenn sich Kosten-Nutzen-Kalkül im gesellschaftlichen Umgang mit alten Menschen mit einer Aufweichung bzw. Eliminierung moralischer Standards paart. Dies gilt insbesondere in der Versorgung der besonders wehrlosen Gebrechlichen und Pflegebedürftigen.

Kapitel 10: Von der Gerontophobie zum Gerontozid

Die aktive Tötung von alten, chronisch kranken und pflegebedürftigen Menschen ist auch in Deutschland traurige Realität. Krankenhäuser und Pflegestationen sind häufige Tatorte. In den vergangenen Jahren haben die spektakulären Mordserien von Oldenburg, Delmenhorst, Wuppertal, Sonthofen und München die Öffentlichkeit erschüttert. Die zu hohen Haftstrafen verurteilten Pflegekräfte Niels H., Michaela R., Stephan L. und Grzegorz W. galten als skrupellose Einzeltäter, die aus einer Mischung aus Geltungssucht und psychischer Überforderung die Leben von mehreren Hundert Menschen ausgelöscht hatten.

Eine erstmals im Jahr 2015 durchgeführte Studie des ehemaligen Lehrstuhlinhabers für Psychiatrie und Psychotherapie der Universität Witten/Herdecke, Karl Beine, weist allerdings darauf hin, dass diese grausamen Taten nur die Spitze des Eisbergs seien: In seiner anonymisiert durchgeführten Befragung von 5055 in Kliniken und Heimen tätigen Pflegekräften und Ärzten hatten 3,8 % der Pflegenden davon Kenntnis, dass innerhalb der vergangenen zwölf Monate an ihrem Arbeitsplatz das Leben von Patienten *aktiv* beendet worden sei.[1] Immerhin 1,5 % der befragten Pflegekräfte und 3,4 % der befragten Ärzte gaben an, »das Leiden von Patienten selbst schon aktiv beendet zu haben«. Hochgerechnet auf die Gesamtzahl aller in deutschen Krankenhäusern und Heimen tätigen Ärzte und Pflegekräfte könnten diese Zahlen auf mehr als 21 000 verdeckte Tötungen in Deutschland allein zwischen Oktober 2014 und Oktober 2015 hinweisen. Das sind mehr als doppelt so viele Menschen, wie sie während der ersten Welle der Coronapandemie in Deutschland an und mit dem Coronavirus verstorben sind.

Drei Jahre später wiederholte Beine die Untersuchung mit einer leicht abgewandelten Methode anhand einer zweiten unabhängigen, ebenfalls sehr umfangreichen Stichprobe.[2] Diesmal befragte er ausschließlich Ärzte und Pflegekräfte, die in deutschen Kliniken tätig waren. Die Antworten der Teilnehmer zur persönlichen Anwendung aktiver Sterbehilfe waren vergleichbar hoch. Erschreckend war darüber hinaus, dass bei einem Drittel der noch äußerungsfähigen Patienten und einem Viertel der nicht mehr äußerungsfähigen Patienten keine Willensbekundung durch sie selbst oder einen Angehörigen vorgelegen hatte, aus denen ein Todeswunsch hervorging.

Aktive Sterbehilfe ist in Deutschland, so wie in den meisten anderen Ländern der Welt, eine Straftat. Dies gilt auch, wenn sie auf ausdrücklichen Wunsch des Betroffenen durchgeführt wird (Tod auf Verlangen). Liegt ein solcher Wunsch nicht vor, so ist sie als Totschlag oder gar Mord zu werten. Welche Delikte sich im Einzelnen hinter den von Karl Beine erfragten Tötungen verbergen, ist unbekannt, da in der überwiegenden Zahl dieser Fälle eine natürliche Todesursache auf der Todesbescheinigung eingetragen sein dürfte. Zu Ermittlungen oder einer Anklage wird es daher in den wenigsten Fällen gekommen sein.

Werden die Taten dennoch aufgedeckt, ist Mitleid ein häufig vorgeschobenes Motiv, mit dem sich die Täterinnen und Täter moralisch zu entlasten versuchen. Auch Waltraud W., die als Rädelsführerin der vier »Todesengel von Lainz« in einem Wiener Krankenhaus für die Ermordung von mindestens 32 alten Menschen verantwortlich war, verteidigte ihre Taten als »Gnadenakt« bzw. »Sterbehilfe«.[3] Dieser Darstellung widersprach jedoch das brutale Vorgehen der vier Frauen. Auch gab es in diesen wie auch in den in Deutschland gerichtskundigen Fällen keinen Beleg dafür, dass die Tötungen dem ausdrücklichen oder mutmaßlichen Willen der Opfer entsprachen. Allerdings war das persönliche Fehlverhalten der Täterinnen in ein begünstigendes institutionelles Umfeld eingebettet, das durch Pflegenotstand, psychische Überforderung des Personals und unzureichende äußere Kontrollen gekennzeichnet war.[4]

Auch Klaus Beine zieht aus seinen Studien den Schluss, dass es strukturelle Risikofaktoren gibt, die die Wahrscheinlichkeit für die vorsätzliche Tötung pflege- und betreuungsbedürftiger alter und chronisch kranker Menschen erhöhen: Hierzu zählt er die voranschreitende Rationalisierung und Ökonomisierung von Medizin und Pflege, Zeitdruck und Personalmangel, durch die die zwischenmenschlichen Beziehungen der zumeist alten Patienten und Pflegebedürftigen zu den Schwestern, Pflegern und Ärzten zum Geschäftskontakt verkümmerten und durch die ein zunehmender Teil der Helfer von Burnout und einem Verlust ihrer Empathiefähigkeit betroffen sei.

Gewalt gegen alte Menschen findet jedoch nicht nur in Institutionen statt. In der Familie bzw. im privaten Umfeld bleiben diese Taten, die von Vernachlässigung über Misshandlungen bis hin zu Tötungsdelikten reichen, vermutlich sogar in einer noch größeren Zahl der Fälle unentdeckt als in Kliniken oder Heimen. Nordamerikanischen und europäischen Studien zufolge berichten bis zu 10 % aller alten Menschen von Gewalt in ihrem privaten sozialen Umfeld.[5] Hochgerechnet auf alle über 70-jährigen Menschen in Deutschland würde dies bis zu 1,3 Millionen Gewalttaten gegen alte Menschen bedeuten. Auch hier sind pflege- und betreuungsbedürftige alte Menschen besonders gefährdet (vgl. Kapitel 17). Auch wenn diese Zahl methodisch bedingt mit einer großen Unsicherheit behaftet ist und keine sichere Aussage über die Zahl unentdeckter Tötungsdelikte zulässt, ist sie erschreckend hoch.

Altentötung und Strafrecht

Die Tötung alter Menschen wird wahlweise mit den Begriffen Gerontozid oder Senizid bezeichnet. Ein wesentlicher Unterschied zwischen beiden Formen besteht, wie bereits ausgeführt, darin, dass im Falle des Gerontozids bei der Tötung individuell-persönliche und im Falle des Senizids sozial-gesellschaftliche Motive im Vordergrund stehen. Strafrechtlich betrachtet wird diese Unterscheidung nicht vorgenommen. Kommt eine Altentötung zur

Anklage, so wird in der Regel zunächst auf die persönlichen Motive bzw. die individuelle Schuld fokussiert.

Ob der Tod *direkt* (auch z. B. als Folge einer Medikamentenüberdosierung oder einer schweren Misshandlung) oder *indirekt* (etwa infolge von Vernachlässigung oder der Unterlassung einer lebenswichtigen Behandlung) herbeigeführt wurde, ist für die strafrechtliche Würdigung nicht unbedeutend. Wichtiger sind jedoch die Fragen nach Vorsatz und Motiv: Liegt der Tat Habgier, Geltungsbedürfnis und Sadismus (wie bei vielen der oben beschriebenen Krankenhausmorde), Fahrlässigkeit (z. B. im Falle eines schwerwiegenden Behandlungs- oder Pflegefehlers) oder »Mitleid« zugrunde oder etwa eine Mischung aus verschiedenen Motiven? So müssen bei der Einordnung eines Gerontozids als Mord (§ 211 StGB) Vorsatz, niedere Beweggründe (z. B. Habgier oder persönliche Bedürfnisbefriedigung) und Heimtücke als wesentliche Tatmerkmale vorliegen. Strafrechtlich können darüber hinaus die Voraussetzungen für Totschlag (§ 212 StGB), Tötung auf Verlangen (§ 216 StGB), Körperverletzung mit Todesfolge (§ 227 StGB), fahrlässige Tötung (§ 222) oder unterlassene Hilfeleistungen (§ 323c StGB) erfüllt sein.

Festzuhalten bleibt, dass die aktive Tötung eines (alten) Menschen im deutschen Rechtssystem fast immer eine Straftat darstellt.[6] Dies gilt auch in Fällen vermeintlicher »Sterbehilfe«. Wenn sich nämlich herausstellt, dass der Betroffene gar nicht sterben wollte oder der (mutmaßliche) Wille des Betroffenen nicht zu ermitteln ist, dann ist bei einer aktiven und vorsätzlichen Tötungshandlung in der Regel von Mord oder Totschlag auszugehen. Aber auch diejenigen Fälle aktiver Sterbehilfe, bei denen der Betroffene seinen Sterbewunsch ausdrücklich mitgeteilt hat, die Tatherrschaft jedoch bei einer anderen Person liegt, sind strafbar. So kann Tötung auf Verlangen in Deutschland mit bis zu fünf Jahren Gefängnis bestraft werden.

Nicht strafbewehrt ist in der Regel die »passive Sterbehilfe« – d. h. der Verzicht auf oder der Abbruch von lebenserhaltenden

Behandlungen auf Wunsch des Betroffenen. Jedoch spannt sich hier ein nicht unerheblicher Graubereich auf, wenn der mutmaßliche Wille einer nicht mehr einwilligungsfähigen Person nicht eindeutig zu ermitteln ist oder die Zustimmung leichtfertig unterstellt wird. Grauzonen existieren auch bei der von der Sterbehilfe abzugrenzenden (ärztlichen) Sterbebegleitung, insofern etwa bei der sogenannten palliativen Sedierung mit Morphinen die Grenzen zwischen einer Linderung des Leidens (mit Inkaufnahme eines rascheren Todeseintritts) und einer aktiven Beförderung des Sterbens (ggf. ohne ausdrückliche Einwilligung des häufig bewusstlosen Sterbenden) fließend sind.

Es sind genau diese Grauzonen, in denen jenseits der strafrechtlich eindeutig relevanten, aber häufig nicht zur Anklage kommenden Tötungsdelikte auch in unserer Gesellschaft fremdbestimmte, gleichwohl sozial-kulturell motivierte (bzw. geduldete) Altentötungen unbemerkt von Justiz und Öffentlichkeit stattfinden können.

Arten des Senizids in der modernen Gesellschaft

Obwohl das deutsche Strafrecht die Unterscheidung zwischen Gerontozid und Senizid nicht abbildet, erscheint es sinnvoll, beide begrifflich zu trennen. In diesem Sinne wird der Senizid als eine seit langer Zeit und in vielen Kulturen verbreitete Maßnahme der Bevölkerungsregulation definiert, »um bei zugrunde liegender utilitaristischer Rechnung finanzielle Ressourcen zu sparen oder das Überleben des Volkes zu sichern« (vgl. Kapitel 9).[7]

Angesichts der Begriffslosigkeit des Rechtswesens für dieses Phänomen verwundert es nicht, dass von strafrechtlicher Seite bisweilen behauptet wird, es gäbe den Senizid (heute) gar nicht (mehr) bzw. es handele sich dabei um eine »polemisch-populistische Überzeichnung«.[8] Zahlreiche Stimmen aus Medizin und Sozialwissenschaft vertreten gegenteilige Positionen.[9] Jedenfalls lohnt sich hier zunächst ein näherer Blick auf verschiedene Formen des Senizids, die Raimund Pousset unlängst beschrieben hat: der »Opfer-Tod« und die »Senio-Euthanasie«. Beide lassen sich wiederum in eine aktive und eine passive Form unterteilen.

1. Der *aktive Opfer-Tod* erscheint von außen betrachtet zunächst als Alterssuizid, d. h. hier wird der Tod (mit oder ohne Suizidassistenz) durch eigene Hand herbeigeführt. Tatsächlich kann sich dahinter jedoch ein Senizid verbergen, nämlich immer dann, wenn die Selbsttötung primär *für andere* erfolgte, etwa um Belastungen und Kosten für Familie und Angehörige zu verringern.

2. Auch dem *passiven Opfer-Tod* alter Menschen liegt die Motivation zugrunde, den anderen (der Gesellschaft, der Familie, den Kindern etc.) nicht mehr zur Last zu fallen. Häufig wirkt hier auch ein mehr oder weniger unverblümt zum Ausdruck gebrachter sozialer Druck in diese Richtung. Im Gegensatz zum aktiven Opfer-Tod wird der Tod jedoch nicht durch eine aktive Suizidhandlung herbeigeführt, sondern kommt als »Stiller Tod« daher, als ein »Verlöschen«, das durch den Verzicht auf oder die Verweigerung von Nahrung und Flüssigkeit beschleunigt wird (auch mit dem lateinischen Begriff *Inedia* bezeichnet). Der hierfür in der Palliativmedizin verwendete Begriff »Freiwilliger Verzicht auf Nahrung und Flüssigkeit (FVNF)« bzw. »Voluntarily Refuse of all Foods and Fluids (VRFF)« verschleiert den Sachverhalt, dass bei der Inedia – im Gegensatz zum selbstbestimmten Sterbefasten – unter Umständen keine echte Freiwilligkeit zugrunde liegt, sondern eher die verzweifelte oder hoffnungslose Erkenntnis: »Ich werde nicht mehr gebraucht, bin überflüssig – da gehe ich lieber!«[10] Auch hier sind also alte Menschen betroffen, die ihrer Umwelt nicht mehr zur Last fallen wollen und sich einen natürlichen Weg suchen, um aus dem Leben zu scheiden. Das »sich zum Sterben legen« er-

folgt also möglicherweise gar nicht so autonom, wie es den Anschein erweckt, sondern reaktiv auf die aktuelle Gesamtsituation des schon vorweggenommenen sozialen Todes.[11] Auch bei Vorliegen einer klinisch manifesten (aber womöglich unerkannten) depressiven Störung, einer anderen psychischen Erkrankung oder einer ausgeprägten Demenz kann bei Nahrungs- und Flüssigkeitsverweigerung nicht mehr von einer autonomen Entscheidung ausgegangen werden (vgl. Kapitel 12). Da diese Erkrankungen jedoch bei alten Patienten häufig nicht erkannt bzw. übersehen werden, ergibt sich ein weiteres erhebliches Problem bei der angeblichen Freiwilligkeit des »Stillen Todes«.

3. Die *aktive Senio-Euthanasie* ist das aus gesellschaftlichem Nutzen heraus motivierte Gegenstück der aktiven Sterbehilfe. Im Gegensatz zu Letzterer liegt hier jedoch kein ausdrücklicher Sterbewunsch des Betroffenen vor oder dieser kam durch fremde (heteronome) Einflüsse zustande. Im Gegensatz zu vormodernen Gesellschaften werden alte Menschen dabei heute nicht mehr so häufig erstochen, erwürgt, ausgesetzt oder von der Klippe gestürzt, sondern mit Injektionen von tödlichen Pharmazeutika vergiftet. Die Taten werden oft als Akte des Mitleids oder »Gnadentod« verbrämt. Wie rutschig der Hang ist, auf den man sich begibt, wenn man die aktive Sterbehilfe im Namen des Selbstbestimmungsrechts legalisiert, wird in Kapitel 13 dargestellt.

4. Bei der *passiven Senio-Euthanasie* erfolgt der Tod durch das Unterlassen oder Hinauszögern lebenserhaltender Maßnahmen und den Behandlungsabbruch, jedoch auch durch das Verlassen eines Hilfsbedürftigen bzw. die Vernachlässigung (bei der Pflege) bis zum Tod oder durch eine Inedia-Inszenierung.[12] Im Gegensatz zur (straffreien) passiven bzw. indirekten Sterbehilfe liegt hier kein ausdrücklich geäußerter autonomer Sterbe-

wunsch des Betroffenen zugrunde. Auch alle durch verdeckte oder offene Altersrationierung im medizinischen Versorgungssystem verursachten vorzeitigen (d. h. vermeidbaren) Tode sind letztlich hier zu zählen (vgl. Kapitel 7 und 11).

Bereits der in der Altertumswissenschaft und Ethnologie beschriebene vormoderne Senizid wurde letztlich von Nützlichkeitserwägungen geleitet, indem man sich als nutzlos empfundene (oder ggf. im Jenseits als nützlich betrachtete) Angehörige der alten Generation entledigte. Auch der moderne Senizid ist primär vom Kosten-Nutzen-Denken gesteuert (vgl. Kapitel 11 und 12).[13]

Da Selbsttötung nicht strafbar ist, handelt es sich sowohl beim aktiven als auch beim passiven Opfer-Tod alter Menschen um *legale* Formen des Senizids, die gleichwohl aufgrund der ihnen innewohnenden sozialen Fremdbestimmung vom Alterssuizid im eigentlichen Sinne abzugrenzen sind. Denn letztlich ist der Todeswunsch von außen herangetragen, obwohl dies den Betroffenen nicht immer bewusst ist. In solchen Fällen spricht man von einem introjizierten Todeswunsch. Dagegen ist die aktive Senio-Euthanasie selbst in denjenigen Ländern verboten, in denen die aktive Sterbehilfe unter bestimmten Bedingungen erlaubt ist (z. B. Schweiz, Niederlande, Belgien, Luxemburg, Oregon/USA und Kolumbien). Denn die wesentliche Voraussetzung für die Legalität ist auch hier der ausdrückliche Sterbewunsch des Betroffenen, der nicht durch fremde (heteronome) Einflüsse zustande gekommen oder beeinflusst sein darf. Hieraus ergibt sich auch die Strafbarkeit der passiven Senio-Euthanasie.[14]

Zuverlässige Zahlen darüber, wie häufig der Senizid in seinen vier Unterformen in Deutschland ist, stehen allein schon aufgrund der gesellschaftlichen Tabuisierung des Themas nicht zur Verfügung. Hinzu tritt die Schwierigkeit, dass die fremdbestimmte (heteronome) Komponente dieser Altentötungen in den meisten Fällen nur schwer nachzuweisen sein dürfte bzw. verschleiert wird. Entsprechend existieren etwa für den passiven Opfer-Tod nur grobe Schätzungen, die (unter Berücksichtigung demografischer Daten, offizieller Sterbefallstatistiken und Befragung geriatrischer Pflegekräfte) für Deutschland von 105 000 (!) alten Menschen ausgehen, die jährlich allein durch die oben beschriebenen Formen des »Stillen Todes« aus dem Leben scheiden.[15] Noch schwieriger, wenn nicht gar unmöglich ist es, genaue Zahlen über die Häufigkeit der aktiven oder passiven Senio-Euthanasie zu ermitteln, da das Verschleierungsbestreben und damit die Dunkelziffer in diesem Bereich aufgrund der potenziellen Strafbarkeit noch ausgeprägter sein dürfte. Es ist jedoch plausibel, dass ein Teil der in der oben erwähnten Hochrechnung von Karl Beine ermittelten 21 000 jährlichen Alten- und Krankentötungen in deutschen Kliniken und Heimen dieser Kategorie zugerechnet werden kann.

Der moderne Senizid findet überwiegend heimlich statt

Im Vergleich zur kulturell-rituellen Einbettung und häufig offenen Praxis der vormodernen Altentötungen finden die Senizide in modernen Gesellschaften überwiegend im Geheimen statt. Im Falle des aktiven oder passiven Opfer-Todes liegen der Selbsttötung (vordergründig) bewusst oder unbewusst wirksame altruistische Motive zugrunde (»Ich möchte niemandem mehr zur Last fallen«). Dabei ist jedoch von einer insgesamt hohen gesellschaftlichen Akzeptanz auszugehen, zumal der »Tötungsauftrag« in einer Gesellschaft, die alten Menschen das Gefühl vermittelt, nicht mehr erwünscht zu sein, letztlich sozialer Natur ist.

Auch die Senio-Euthanasie vollzieht sich allein schon aus Gründen der Strafabwehr überwiegend in einem nur schwer zugänglichen Dunkelfeld oder im nebulösen Graubereich zwischen legaler und illegaler Sterbehilfe. Dabei scheint den Tätern, seien dies Pflegemitarbeiter, Ärzte oder Angehörige, zunehmend das Unrechtsbewusstsein verloren zu gehen und sie fühlen sich teilweise sogar im Recht.[16] Allein diese Beobachtung weist darauf hin, dass es neben individuell-persönlichen Motiven auch gesellschaftliche Faktoren gibt, die den Nährboden für einen Teil dieser Altentötungen bilden. Hierzu zählen erstens die gesellschaftlich weit verbreiteten negativen Altersbilder und gerontophoben Klischees, wonach Alter gleichzusetzen ist mit Verlust, Krankheit, Verfall und Leiden. Es wird angenommen, dass alte Menschen sich selbst und anderen eine Last seien, weswegen das Leben im Alter nicht mehr so lebenswert sei wie in jüngeren Jahren. Ohnehin könnten alte Menschen der Gesellschaft nicht mehr so viel geben wie junge (gesunde) Menschen bzw. keinen wertvollen Beitrag für die Gesellschaft mehr leisten. Auch insofern sei es nicht erstrebenswert, das leidvolle und die Allgemeinheit belastende Leben alter (chronisch kranker, pflegebedürftiger etc.) Menschen zu verlängern. Dafür spreche auch, dass alte Menschen ihr Leben gelebt hätten und Platz machen sollten für die Jüngeren. Ohnehin könnten die Ressourcen für die Versorgung alter Menschen angesichts begrenzter Mittel anderswo besser (effektiver) eingesetzt werden etc.

Zweitens: das Primat des Kosten-Nutzen-Denkens in Medizin und Pflege, das die bekannten strukturellen Missstände in der Versorgung inklusive Pflegenotstand und (verdeckter) Altersrationierung begünstigt und aufrechterhält. Flankiert durch die oben skizzierten weithin sozial akzeptierten gerontophoben Sichtweisen (vgl. Kapitel 3) lädt diese Ideologie geradezu dazu ein, die Tötung alter Menschen nicht nur zu einem Akt des »Mitleids« bzw. der »Gnadengewährung«, sondern auch zu einem »Dienst an der Allgemeinheit« umzudeuten, der zugleich auf (heimliche) gesellschaftliche Zustimmung oder zumindest Duldung hoffen darf. Gerontophobie fördert somit auch die Schaffung von Rahmenbedingungen, in denen alte Menschen durch offene und verdeckte Altersrationierung nicht nur systematisch benachteiligt, sondern sogar in ihrer physischen Existenz bedroht werden.

Und so handelt es sich bei der Senio-Euthanasie strafrechtlich betrachtet zwar um die Gewalttaten einzelner Personen, also um personal ausgeübte Gewalt, dieser wird jedoch durch sozialgesellschaftlich vermittelte strukturelle Gewalt der Weg geebnet. Hierzu sind letztlich auch alle Formen gesellschaftlich geduldeter Altersdiskriminierung zu rechnen. Denn ist in der Gesellschaft der geistig-moralische Boden für die Akzeptanz des Senizids erst einmal bereitet, so bietet sich dieser als probates Mittel an, um in Zeiten der (relativen) Verknappung von Ressourcen die sozialen Sicherungssysteme ökonomisch zu entlasten und damit die scheinbar daraus erwachsende Bedrohung abzuwenden.

Die Verleugnung der gesellschaftlichen Dimension

Senizide, im Sinne sozial motivierter und gesellschaftlich geduldeter Altentötungen, sind als eine längst überwunden geglaubte Praxis vormoderner Völker und Kulturen nicht nur von historischem und ethnologischem Interesse, sondern finden auch in unserer modernen Gesellschaft statt. Da der Opfer-Tod nicht strafbar ist und für die Senio-Euthanasie ein sehr großes Dunkelfeld vermutet werden kann, werden die meisten Senizide nicht als solche benannt bzw. bekannt. Entsprechend tauchen sie auch in keiner Statistik auf und können gesellschaftlich leicht unter den Teppich gekehrt werden. Wenn sie dennoch gelegentlich aufgedeckt werden, imponieren sie als das Werk (psychopathischer) Einzeltäter, was der Öffentlichkeit die Gelegenheit gibt, sich mit einer Geste der Empörung abzugrenzen und sich dadurch moralisch zu entlasten. Damit wird jedoch gleichzeitig die gesellschaftliche Dimension dieser Taten verleugnet, die so gar nicht zum hehren ethisch-moralischen Anspruch unseres Gemeinwesens passen will. In dem Maße, in dem der ökonomische Druck auf unsere Versorgungssysteme, aber auch gerontophobe Einstellungen und Altersdiskriminierung (demografisch) bedingt zunehmen, werden auch Senizide in ihren verschiedenen Formen häufiger werden und die Tabuzone, in der sie sich heute noch befinden, verlassen.

Jedenfalls steht zu befürchten, dass eine Gesellschaft, in der der Mensch überwiegend unter Nützlichkeitsaspekten und ökonomischem Kalkül Wert besitzt, für die vielen Alten von morgen zur Bedrohung wird.

Kapitel 11: Droht der gesundheitspolitische Senizid? – Wenn alte Menschen hinten runterfallen

»Meine These ist einfach«, schreibt der Soziologe Hartmut Diessenbacher in seinem Essay »Gibt es einen gesundheitspolitischen Gerontozid?«:

> *An alten Menschen wird Euthanasie ausgeübt. Mit »alten Menschen« ist die Gesamtheit derjenigen gemeint, die in Rentnerkrankenversicherungen versichert sind. Unter »Euthanasie« verstehe ich alles Tun oder Unterlassen im Leistungsbereich des Gesundheitssystems, das eine Lebensverkürzung zur Folge hat – unabhängig davon, ob sie mit oder ohne Einwilligung des Patienten erfolgt. Im einen Fall lässt sich von freiwilliger, im anderen Fall von erzwungener Euthanasie reden. […] Ich rede also nicht vom Holocaust der Nazis und ihrer Art der »Vernichtung unwerten Lebens«. Die Rede ist von einer zeitgenössischen Erscheinung. Sie ist strukturell angelegt und bedarf keiner Mörder. Sie hängt ab von finanziellen Ressourcen und medizinischer Technik.*[1]

Die inhaltlichen Parallelen zwischen Diessenbachers gesundheitspolitischem Gerontozid und der im vorhergehenden Kapitel beschriebenen passiven Senio-Euthanasie sind offensichtlich. Diese Form des Senizids findet heute schon überall dort statt, wo primär aus *ökonomischen* Zwängen heraus (oder durch diese begünstigt) alten Menschen eine potenziell lebenserhaltende bzw. lebensverlängernde Behandlung oder Pflege vorenthalten wird.[2] Im Bereich der medizinischen Maßnahmen können dies das Unterlassen bzw. Vorenthalten einer wirksamen Therapie oder der Behandlungsabbruch sein. Im pflegerischen Bereich sind hier insbesondere das Verwahrlosenlassen, die Vernachlässigung und das Verlassen von

Pflegebedürftigen zu nennen, aber auch die sogenannte Inedia-Inszenierung, d.h. der nicht auf Freiwilligkeit basierende allmähliche Entzug von Nahrung und Flüssigkeit.

In einer auf humanitären Werten begründeten und rechtsstaatlich organisierten Gesellschaft wie der unseren sind es vor allem Situationen der Knappheit bzw. der absoluten oder relativen Verknappung von gesundheitsrelevanten Gütern (Budgets, Behandlungskapazitäten, Fachkräften etc.), die passive Senio-Euthanasie begünstigen. In Deutschland vollzieht sie sich bisher vorwiegend unterschwellig, etwa in Form der sogenannten verdeckten Altersrationierung medizinischer Leistungen. Hierfür wurden bereits im Kapitel 7 verschiedene Beispiele aufgeführt. In Situationen der Knappheit werden Ärzte, Sanitäter und Pflegekräfte dabei zu eigenmächtigen Verteilern von Lebens- und Überlebenschancen. Eine Rolle, die ihnen nach den Grundsätzen unserer Verfassung eigentlich gar nicht zusteht, insbesondere dann nicht, wenn diese Entscheidungen auf »Bauchgefühl« und persönlichen Vorurteilen beruhen.

Und doch findet diese Form der Altersdiskriminierung heute schon tagtäglich auch in der Routineversorgung statt, wie die Baseler Medizinethikerin Stella Reiter-Theil in einer länderübergreifenden europäischen Studie nachweisen konnte: Rationierung am Krankenbett, also ein aus Kostengründen erfolgtes Vorenthalten nützlicher medizinischer Maßnahmen im Einzelfall, wurde nicht nur von einem großen Teil der befragten Ärzte bejaht, sondern hohes Alter wurde neben dem Vorliegen »kognitiver Einschränkungen« als eines der häufigsten Entscheidungskriterien hierfür genannt.[3] Rationiert wurde sowohl bei der Zeit, die für den Patienten aufgebracht wurde, als auch beim Einsatz von Diagnostik (MRT, Screeningtests, Laboruntersuchungen) sowie bei der Verordnung teurer Medikamente.

Dass es bei solchen Entscheidungen auch ganz konkret und unmittelbar um Leben oder Tod gehen kann, macht eine weitere Studie derselben Forschergruppe deutlich:[4] Dabei wurden Sanitäter und Notärzte zu der Frage interviewt, inwiefern das Alter einer Notfallpatientin für die Entscheidung, wiederzubeleben oder nicht wiederzubeleben, eine Rolle spielt. Den Befragten wurden authentische Fallvignetten zur Reanimation einer Patientin in ihrem eigenen Haus vorgelegt, bei denen die Schilderung der medizinischen Umstände identisch war, jedoch das Alter der Patientin variiert wurde (32 versus 64 versus 84 Jahre). Tatsächlich zeigte sich auch hier das kalendarische Alter als wichtiges Kriterium, nach dem die Notfallteams entschieden, ob, wie intensiv und wie lange um das Leben der Patientin gekämpft wurde.

Wie schnell diese verdeckte Form der Altersrationierung unter dem Eindruck einer krisenhaften Verknappung der verfügbaren Behandlungsmöglichkeiten in eine offen propagierte und praktizierte Alterstriage umschlagen kann, wurde bereits im siebten Kapitel anhand der Ereignisse während der ersten Welle der Coronapandemie deutlich. Die Entscheidungen über Leben und Tod werden am Ende aber nicht von denjenigen getroffen, die die ökonomischen Rahmenbedingungen bestimmen, sondern von den in Arztpraxen, Krankenhäusern und Pflegeheimen arbeitenden Personen. Hierdurch kann die (ggf. strafrechtliche) Schuld individualisiert werden. Die moralische Verantwortung trägt in einem demokratischen System allerdings die Gesellschaft als Ganzes.

Auf dem Weg in die offene Altersrationierung

Obwohl der Anteil der Gesundheitsausgaben am Bruttoinlandsprodukt in Deutschland in den vergangenen 20 Jahren mit ca. 11 bis 12 % relativ stabil ist,[5] wird auch bei uns regelmäßig über die angebliche Notwendigkeit einer offenen Altersrationierung medizinischer Leistungen diskutiert und diese vereinzelt sogar von Spitzenpolitikern gefordert.[6] Auch von wirtschaftswissenschaftlicher Seite gibt es immer wieder Vorstöße in diese Richtung, so etwa durch den Konstanzer Gesundheitsökonomen und Berater der Bundesregierung Friedrich Breyer,[7] der eine Umstellung der gesetzlichen Krankenversicherung (GKV) auf eine reine Grundsicherung mit strikter Altersgrenze wiederholt ins Gespräch gebracht hat, »etwa so, dass die GKV in der Zukunft (z. B. von 2030 an) nur bis zu einem bestimmten Alter die Kosten übernimmt, während danach die Behandlung durch eine Privatversicherung abgedeckt oder aus der eigenen Tasche bezahlt werden muss«.[8] Eine Umsetzung dieses Vorschlags würde zweifelsohne die Gesundheitsbudgets und – über eine Stabilisierung der Lohnnebenkosten – indirekt die Wirtschaft entlasten. Sie würde jedoch auch zu einer brutalen »Zwei-Altersklassen-Medizin« führen, in der die medizinische Überlebenssicherung im Alter zur Privatangelegenheit erklärt wird. Und wo blieben diejenigen alten Menschen, die nicht rechtzeitig vorgesorgt haben oder sich eine private Krankenversicherung im Alter gar nicht leisten können?

Glücklicherweise haben derartige Ideen bei uns bisher – im Gegensatz etwa zum v. a. angloamerikanischen Ausland – nicht sehr viele öffentliche Befürworter. Dies mag unter anderem einer gewissen »ideologischen Hemmung« aufgrund unserer Vergangenheit geschuldet sein, durch die eine Selektion bei der Zuteilung lebenserhaltender Gesundheitsleistungen anhand des Lebensalters assoziativ in die Nähe der nationalsozialistischen Vernichtungspolitik gerückt wird. Zudem ist die Einführung expliziter Altersgrenzen oder ähnlicher Maßnahmen nicht besonders populär und die Politik schiebt den »schmutzigen Job« lieber auf Ärzte und andere im Gesundheitswesen Tätige ab, solange sich durch eine Steuerung (bzw. Deckelung) der Budgets der GKV-Beitragssatz noch einigermaßen stabil halten lässt.

Noch entscheidender für die bisherige deutsche Zurückhaltung beim Thema Altersrationierung ist jedoch vermutlich die Tatsache, dass wir uns aller Verteilungsdebatten der vergangenen Jahre zum Trotz aufgrund der »demografischen Dividende« gesundheitsökonomisch immer noch in einer relativ komfortablen Situation befinden. Wie weit es also tatsächlich mit der Solidarität zwischen den Generationen her ist, wird sich erst in den kommenden zwanzig bis dreißig Jahren zeigen, wenn aus den zahlreichen Babyboomern, die den sozialpolitischen Motor mit ihren Beiträgen zurzeit noch am Laufen halten, zahlreiche chronisch kranke und pflegebedürftige Menschen geworden sind (vgl. Kapitel 1). Denn unbestritten ist der demografische Wandel einer der wichtigsten Ursachen für die andauernde Verschiebung des Krankheitsspektrums hin zu chronischen mit dem Alter assoziierten Erkrankungen und damit auch für sich ändernde Anforderungen an die gesundheitliche Versorgung.[9] In dieser Entwicklung lauern verschiedene Fallstricke, die dazu führen können, dass insbesondere chronisch kranke alte Menschen in der Versorgung zunehmend »hinten runterfallen«. Dies soll im Folgenden erneut am Beispiel der Demenzerkrankungen verdeutlicht werden.

Demenz: eine der größten gesundheitspolitischen Herausforderungen

Demenzen haben sich neben den Krebserkrankungen und den Herzkreislauferkrankungen auch in der öffentlichen Wahrnehmung zu einem der wichtigsten Volksleiden entwickelt.[10]

Der wichtigste Risikofaktor der Demenz ist das Alter. Unter Berücksichtigung der aktuellen Lebenserwartung bedeutet dies, dass *jeder dritte Mann* und *jede zweite Frau*, der/die heute das 60. Lebensjahr erreicht, im weiteren Verlauf seines/ihres Lebens eine Demenz entwickeln wird! Bereits heute wird die Zahl der Demenzkranken in Deutschland auf ca. 1,6 Millionen geschätzt. Nach einer konservativen Schätzung der Deutschen Alzheimer Gesellschaft könnte diese Zahl bis zum Jahr 2050 allein aufgrund der demografischen Entwicklung auf 2,3 Millionen ansteigen.

Möglicherweise können erfolgreiche Präventionsprogramme, die auf die Ausschaltung beeinflussbarer Risikofaktoren der Demenz (z. B. Bewegungsmangel, Bluthochdruck, ungesunde Ernährung) zielen, diese Dynamik spürbar abbremsen. Dies ist jedoch eine bislang unbewiesene Hypothese. Sollte außerdem die allgemeine Lebenserwartung in Zukunft weiter ansteigen, könnten selbst effektive Präventionsmaßnahmen lediglich dazu führen, das Erkrankungsalter für Demenzen biografisch nach hinten zu verschieben, ohne die Gesamtzahl der Betroffenen zu reduzieren. Damit steigen auch die volkswirtschaftlichen Kosten. Laut der NGO Alzheimer's Disease International beliefen sich die durch Demenz verursachten Krankheitskosten im Jahr 2018 weltweit auf rund eine Billion US-Dollar. Bis zum Jahr 2030 könnte sich diese Summe auf rund zwei Billionen US-Dollar verdoppeln.[11]

Für Deutschland werden die jährlich in der GKV anfallenden Durchschnittskosten für einen pflegebedürftigen Menschen mit Demenz auf ca. 14 000 Euro beziffert.[12] Darunter nehmen sich die ambulanten Arztkosten mit ca. 1400 Euro und die Arzneimittelkosten mit ca. 1800 Euro vergleichsweise bescheiden aus. Das Gros der Ausgaben entfällt auf Krankenhausbehandlungen, die mit ca. 8000 Euro zu Buche schlagen. Hinzu kommen ca. 10 000 Euro für Pflegeleistungen, die jedoch nicht von der GKV, sondern von der Sozialen Pflegeversicherung (SPV) bezahlt werden. Insgesamt ergibt sich damit die stolze Summe von ca. 24 000 Euro, die die Solidargemeinschaft jährlich für die medizinische und pflegerische Betreuung eines Demenzkranken aufbringt. Nicht einberechnet sind hier die durch private Haushalte aufgebrachten informellen Kosten für Pflege und Betreuung, die mit weiteren ca. 15 000 Euro veranschlagt werden können.

Diese Summen und auch die Tatsache, dass die letzten Bundesregierungen mit dem zweiten Pflegestärkungsgesetz und der Verabschiedung einer Nationalen Demenzstrategie durchaus guten Willen gezeigt haben, die Situation von Menschen mit Demenz zu verbessern, sollten nicht darüber hinwegtäuschen, dass diese Gruppe besonders gefährdet ist, durch verdeckte Altersrationierung benachteiligt zu werden, so etwa im Bereich der Notfallmedizin, bei der fachärztlichen Diagnostik oder bei der Behandlung mit

Antidementiva (vgl. Kapitel 7). Dies liegt zum einen daran, dass das Vorliegen einer kognitiven Störung oder Demenz für viele Ärzte ein (verdecktes) Kriterium für das Vorenthalten selbst nützlicher diagnostischer und therapeutischer Maßnahmen darstellt. Zum anderen sind Menschen mit Demenz aufgrund ihrer krankheitsbedingten Einschränkungen weniger gut in der Lage, sich gegen Diskriminierung zu wehren und ihre Interessen zu artikulieren als andere Patientengruppen. Wenn die Prävalenzzahlen wie oben beschrieben weiter ansteigen, steht daher zu befürchten, dass eine zunehmende Zahl der von Demenz betroffenen Menschen nicht mehr in den Genuss einer qualitativ angemessenen medizinischen Versorgung kommen wird. Verschärfend kommt hinzu, dass es im Bereich der medikamentösen Demenztherapie seit Einführung der Antidementiva vor nunmehr zwei Jahrzehnten keine nennenswerten Innovationen mehr gegeben hat. Sollte daher nicht alles darangesetzt werden, wirkungsvollere Therapien gegen Demenz zu entwickeln? Könnte man damit nicht auch der drohenden Kostenexplosion in der Versorgung sinnvoll entgegenwirken?

Kostentreiber medizinischer Fortschritt

Natürlich wäre es großartig, eine Pille zu haben, mit der man Alzheimer ursächlich behandeln, womöglich sogar heilen kann. Allerdings gibt es dabei einen gesundheitsökonomischen Wermutstropfen: Der größte Kostentreiber im Gesundheitswesen ist nämlich nicht die Zunahme altersassoziierter chronischer Erkrankungen, sondern der medizinische Fortschritt. Die Schere zwischen dem, was die Solidargemeinschaft für die Behandlung von Menschen mit Demenz zu zahlen bereit ist, und dem, was im Sinne einer guten Behandlung und Pflege geboten wäre, wird daher nicht allein aufgrund der steigenden Betroffenenzahlen weiter aufgehen. Dies soll im Folgenden anhand der Entwicklung neuartiger krankheitsmodifizierender Medikamente zur Behandlung der Alzheimer-

Krankheit (sogenannte *Disease modifying treatments*/DMTs) verdeutlicht werden:

Ergebnisse aus der Grundlagenforschung sowie der klinisch-pharmazeutischen Forschung lassen die Entwicklung von DMTs seit einigen Jahren möglich erscheinen.[13] Der Wirkmechanismus der meisten aktuell in Entwicklung befindlichen DMTs basiert auf der Amyloid-Hypothese der Alzheimer-Demenz. Demnach können der fortschreitende Nervenzellenverlust und damit die Demenz ursächlich auf die Bildung und Ablagerung des Amyloid-Proteins im Gehirn erklärt werden. Daten aus präklinischen und klinischen Studien suggerieren, dass gegen das Amyloid-Protein gerichtete Antikörper die Ablagerung des »toxischen« Amyloids im Gehirn verhindern bzw. hemmen können. Hierdurch könnte der Nervenzellentod gebremst werden.

So nimmt es nicht wunder, dass die im Juni 2021 verbreitete Nachricht, die US-amerikanische Zulassungsbehörde Food and Drug Administration (FDA) habe den monoklonalen Antikörper Aducanumab als weltweit erstes DMT für die Behandlung von Alzheimer-Krankheit zugelassen, Patienten, Angehörige und die Fachwelt mit neuen Hoffnungen erfüllte. Der Antrag auf Zulassung von Aducanumab in der EU wurde am 17.12.2021 von der EMA abgelehnt, da die Risiken des Wirkstoffes größer als der Nutzen seien. Die Entscheidung der schweizerischen Swissmedic steht noch aus.

Die Zulassung des neuen Wirkstoffs könnte nach Ansicht einiger Experten eine neue Ära in der Behandlung der Alzheimer-Demenz einläuten. Ein nüchterner Blick auf die Ergebnisse der Zulassungsstudien offenbart allerdings, dass Aducanumab weit davon entfernt ist, Alzheimer zu heilen. Denn die Behandlung führte im Gruppenmittel zwar zu einer nachweislichen Abnahme der Amyloid-Belastung im Gehirn, nicht jedoch zu einer raschen Rückbildung der Symptome. Vielmehr bewirkte eine immerhin 18-monatige Therapie mit dem neuen Wirkstoff lediglich ein Abbremsen der klinischen Verschlechterung im Vergleich zu der Patientengruppe, die nur ein Scheinmedikament erhielt.

Allein hieran wird eines der größten Probleme erkennbar, das jedem DMT anhaftet, selbst wenn diese eine höhere klinische Wirksamkeit und eine bessere Verträglichkeit aufweisen würden: Um einen bedeutsamen Einfluss auf den Krankheitsverlauf ausüben zu können, muss die Therapie bereits in einem sehr frühen Krankheitsstadium, möglichst bereits vor Auftreten der ersten Symptome eingeleitet werden. Die positiven Wirkungen wären jedoch nicht unmittelbar, sondern erst nach einer längeren Behandlungsdauer feststellbar: Im günstigsten Fall würden die Betroffenen dadurch einige Lebensjahre in relativer kognitiver Gesundheit hinzugewinnen. Möglicherweise würde auch der Eintritt von Demenz und Pflegebedürftigkeit deutlich hinausgezögert. Gewiss handelt es sich dabei um sehr erstrebenswerte Therapieziele, deren Erreichen dem Einzelnen viel Leid ersparen kann. Die Kehrseite der Medaille ist jedoch, dass die Markteinführung der DMTs zu einer dramatischen Kostenexplosion bei der Demenztherapie führen könnte: So beliefen sich allein die jährlichen Behandlungskosten für Aducanumab bei Markteinführung auf 56 000 US-Dollar (entsprechend ca. 48 000 Euro) und waren damit mehr als fünfzigmal höher als die Kosten einer Therapie mit herkömmlichen Antidementiva. Sollten weitere DMTs auf den Markt kommen, wären diese voraussichtlich nicht billiger. Berücksichtigt man noch die sehr hohen Kosten für Erst- und Verlaufsdiagnostik und voraussichtlich sehr lange Behandlungsverläufe von 10 bis 15 Jahren, so wird klar: Die zusätzlichen Kosten eines breit eingesetzten und fachgerecht durchgeführten DMT wären so immens, dass diese selbst bei der Verfügbarkeit von Präparaten mit deutlich besserer klinischer Wirksamkeit durch mögliche (langfristige) Einsparungen im Pflegesektor nicht kompensiert werden würden.[14] Vielmehr könnten sie unser heute bereits arg gebeuteltes Gesundheitssystem rasch ökonomisch überfordern. Und schon werden wir uns mitten in einer schmerzhaften Priorisierungsdebatte wiederfinden, an deren Ende die Entscheidung stehen könnte, die kostenträchtige neue Therapie nicht allgemein zu erstatten. Damit wäre jeder Betroffene, der das Medikament nicht aus eigener

Tasche bezahlen kann, vom medizinischen Fortschritt abgehängt und womöglich um einige Jahre Lebenszeit in geistiger Gesundheit gebracht. Doch selbst wenn es nicht so weit kommen würde, wäre Alzheimer noch lange nicht »besiegt«:[15] Unter der Annahme, dass die DMTs zwar zu einer Verzögerung der Demenz und damit auch zu einer Senkung der Sterblichkeit der Betroffenen führen würde, würde nämlich die Gesamtzahl der Menschen, die dauerhaft mit kognitiven Einschränkungen leben müssten, gar nicht abnehmen.[16] Und die große gesamtgesellschaftliche Aufgabe, allen Menschen mit Demenz ein Leben in Würde und in guter Lebensqualität zu ermöglichen, bliebe bestehen. Denn ein Leben in Würde und in guter Lebensqualität ist auch mit Demenz möglich. Dies setzt allerdings eine gute Betreuung und Pflege der betroffenen Menschen voraus.

Pflege in Not

Mit zunehmender Schwere der Demenz steigt auch das Ausmaß der Pflegebedürftigkeit. So nimmt es nicht wunder, dass heute bereits über 40 % aller Pflegebedürftigen an einer Demenz leiden und über 60 % aller Menschen mit Demenz pflegebedürftig sind. Entsprechend stellen Menschen mit Demenz bereits heute die Mehrheit der Bewohner in deutschen Alten- und Pflegeheimen.

Gute Pflege ist zeit- und daher personalintensiv. Dies gilt insbesondere bei Demenz, da die Betroffenen auf eine intensive persönliche Zuwendung in der Betreuung oft noch mehr angewiesen sind als kognitiv gesunde Pflegebedürftige. Bedingt durch die demografische Entwicklung wird der Bedarf an pflegerischen Leistungen weiter ansteigen. Das macht sich natürlich auch bei den Kosten bemerkbar. So werden sich einer Modellrechnung der Europäischen Kommission zufolge die Langzeitpflegekosten in den Ländern der Europäischen Union bis zum Jahr 2060 von 1,3 auf 2,6 % des Bruttoinlandprodukts verdoppeln.[17] Dies verweist auf ein weiteres erhebliches zukünftiges Finanzierungsproblem.

Optimistisch betrachtet ließe sich das lösen, wenn die Wirtschaft weiter wachsen würde und die gesamtgesellschaftliche Bereitschaft gegeben wäre. Schwerwiegender ist jedoch der Fachkräftemangel, der bereits heute dazu führt, dass ein großer Teil der Stellen in der Pflege gar nicht besetzt werden kann.

Aus einer Antwort der Bundesregierung auf eine Anfrage der Bundestagsfraktion der Grünen aus dem Jahr 2018 geht hervor, dass in Deutschland im Jahr 2017 bei der Bundesagentur für Arbeit ca. offene 23 000 Stellen in der Altenpflege und ca. 12 400 Stellen in der Krankenpflege gemeldet waren.[18] Gleichzeitig herrschte in diesen Berufsgruppen praktisch Vollbeschäftigung, sodass keine Aussicht bestand, die offenen Stellen rasch zu besetzen. Infolge der Coronapandemie dürfte sich diese Situation weiter zugespitzt haben, da viele Pflegekräfte aufgrund der extrem zermürbenden Arbeitsbedingungen zusätzlich aus dem Beruf getrieben wurden.[19]

Wie groß die Misere tatsächlich ist, verdeutlicht eine Aussage der Pflegeexpertin und Präsidentin des Deutschen Berufsverbandes für Pflegeberufe, Christel Bienstein. Die offiziellen Zahlen zum Fachkräftemangel in der Pflege seien nämlich nur die Spitze des Eisberges.[20] Schließlich würden die meisten Arbeitgeber freie Stellen gar nicht mehr bei der Bundesagentur melden, da diese ihnen ohnehin nicht helfen könnten. Hinzu komme, dass die nicht besetzten Stellen auf Basis viel zu knapp ausgelegter Stellenpläne berechnet würden. Dabei ist der demografiebedingt steigende Bedarf noch gar nicht eingerechnet.

Nach einer im Dezember 2021 vorgestellten Hochrechnung der Krankenkasse Barmer wird der zukünftige Pflegenotstand in Deutschland sogar noch brisanter, als bis dahin befürchtet.[21] Bis zum Jahr 2030 sollen bei konservativen Annahmen mehr als 180 000 Pflegekräfte fehlen, auch weil es mit dann insgesamt rund sechs Millionen Pflegebedürftigen über eine Million Betroffene mehr geben werde, als bisher angenommen. Vor diesem Hintergrund, so der Pflegeexperte Wolfgang Rothgang von der Universität Bremen, müsse der Pflegeberuf deutlich attraktiver werden.

Um dieses Ziel zu erreichen, ist neben einer deutlichen Aufstockung der Stellen (die zu einer dauerhaft erträglichen Beanspruchung der Pflegekräfte beitragen würde) sowie einer größeren gesellschaftlichen Anerkennung auch eine bessere Bezahlung dieser verantwortungsvollen und anspruchsvollen Tätigkeit erforderlich. Tatsächlich wäre also eine gute Pflege noch viel teurer, als allgemein angenommen. Aber ist unsere Gesellschaft bereit, diesen Preis zu zahlen?

Wer neben den Pflegekräften die Hauptleidtragenden sind, wenn diese Bereitschaft nicht bestehen sollte, liegt auf der Hand: Es sind diejenigen Menschen, die auf professionelle Pflege angewiesen sind. Denn der Fachkräftemangel geht zulasten der Pflegequalität. Hochgetaktete Minutenpflege wird den körperlichen und psychischen Bedürfnissen der zu Pflegenden nicht gerecht. Unter Zeitdruck und chronischer Überlastung häufen sich Pflegefehler (z. B. das Wundliegen), zwischenmenschliche Begegnung, soziale Anregungen und Mobilisierung bleiben auf der Strecke. Bei den Pflegebedürftigen führt dies nicht nur zu einem rascheren körperlichen und seelischen Abbau, sondern begünstigt die Entstehung von Ängsten, Depressionen, Unruhe und Schlafstörungen, denen jedoch aufgrund des Personalmangels nicht mit psychologischer Zuwendung, sondern mit Freiheitsentzug (z. B. Fixierungen) und der Verabreichung von Beruhigungsmitteln begegnet wird (vgl. Kapitel 16). Der inadäquate Gebrauch von Psychopharmaka (sprich die »Ruhigstellung«) reduziert jedoch nicht nur die Lebensqualität, sondern nachweislich auch die Lebensdauer. In der Summe all dieser negativen Auswirkungen hat die drastische Aussage, wonach der Pflegenotstand Menschen töte,[22] durchaus ihre Berechtigung. Hinzu kommt, dass er die Ausbeutung der Pflegenden begünstigt. Chronische Überlastung und Ausbrennen führen letztendlich zum Berufsausstieg, wodurch eine Spirale nach unten in Gang gesetzt wird.

Personelle Engpässe drohen aber nicht nur in der professionellen Pflege, sondern auch im sogenannten informellen Pflegesektor. Etwa 75 % aller Pflegebedürftigen werden zu Hause durch ihre Angehörigen betreut. Meist sind es Ehepartner, Töchter oder Schwiegertöchter, die die Versorgung gewährleisten. Der Sozialökonom Ernst Kistler weist darauf hin, dass das Potenzial informeller Pflegeleistungen, bisweilen auch als »größter Pflegedienst der Nation« bezeichnet, in absehbarer Zukunft zahlenmäßig weit zurückgehen wird.[23] Dies ist nicht nur aufgrund der demografischen Entwicklung, sondern auch infolge steigender Erwerbsbeteiligung der Frauen, der höheren beruflichen Mobilität und Flexibilität sowie einem womöglich längeren Verbleiben im Erwerbsleben ein wahrscheinliches Szenario.[24] Insbesondere Alleinstehende und Kinderlose, von denen es unter den Mitgliedern der Babyboomer-Generation besonders viele gibt, werden dann Risiko laufen, einsam und schlecht versorgt zu sein.

Wie die Soziologen Peter Schimany und Peter Hörl nachweisen, steigt durch diese Entwicklung zudem die Wahrscheinlichkeit, dass pflegebedürftige alte Menschen zu Opfern häuslicher Gewalt werden.[25] Denn wenn die Schere zwischen Pflegebedarf und familiär zur Verfügung stehenden Pflegepersonen weiter aufgeht, führt die damit einhergehende Zunahme der psychologischen und materiellen Pflegebelastung zu Stress und Überforderung bei den pflegenden Angehörigen. Im Sinne der »Caregiver-Overload«-Theorie[26], wonach persönliche Überforderung die wesentliche Ursache für Gewalt in der privaten Pflege ist, wird dadurch auch die Wahrscheinlichkeit für Misshandlung und Vernachlässigung in den privaten Pflegebeziehungen zunehmen.

Pflegebedürftig und dement: Eine düstere Zukunft?

Versteckt vor den Augen der Öffentlichkeit, jedoch mit Wissen der Bundesregierung, werden chronisch kranke und pflegebedürftige alte Menschen im Jahr 2030 in riesigen Pflegefabriken untergebracht, die an provisorisch errichtete Flüchtlingslager erinnern.

Über Schläuche künstlich ernährt und mit Beruhigungsmitteln aus riesigen Tanks ruhiggestellt, vegetieren sie dort ihrem unwürdigen Tod entgegen. Dieses düstere Szenario aus dem ZDF-Dreiteiler »Aufstand der Alten« (2007) erinnert stark an die Massenhospize aus Aldous Huxleys dystopischem Roman »Brave New World«, von dem bereits in Kapitel 9 die Rede war. Es überzeichnet die Wirklichkeit und kann daher leicht als effektheischende »Panikmache« bzw. »Katastrophisierung« abgetan werden.

Realistischer und daher womöglich sogar erschreckender erscheinen dagegen Szenarien, die 2014 von einer Gruppe renommierter Versorgungsforscher unter der Ägide des Deutschen Zentrums für Neurodegenerative Erkrankungen (DZNE) in einem wissenschaftlich fundierten und methodisch strukturierten Prozess unter dem Titel »Leben mit Demenz im Jahr 2030« entwickelt wurden: Unter der Annahme des Ausbleibens wesentlicher medizinischer Fortschritte und einer lang anhaltenden wirtschaftlichen Rezession wird ein »Zusammenbruch der Versorgungsstrukturen« beschrieben, in der so gut wie keine personellen Ressourcen in der Versorgung von Menschen mit Demenz mehr verfügbar sind.[27] Die noch gut qualifizierten Fachkräfte sind fast alle ins Ausland oder in andere Bereiche abgewandert. Die Versorgung der Pflegebedürftigen erfolgt überwiegend privat. Dafür erhalten die Familien aber lediglich einen geringen staatlichen Zuschuss, der bestenfalls eine Basisversorgung abdeckt. Was für Menschen mit Demenz da noch übrig bleibt, sind sedierende Präparate. Viele Familien beschäftigen illegale, aber schlecht qualifiziert Pflegekräfte aus dem Ausland. Aufgrund der sich zuspitzenden Wirtschaftskrise hat Solidarität keinen Platz mehr. Nachbarschaftshilfe und Ehrenamt sind schon fast Begriffe für die Geschichtsbücher. Wer die Wahl und das nötige Kleingeld hat, flüchtet aus diesen Strukturen und lässt sich im Ausland pflegen. Welche Auswirkungen dieses Szenario auf die Lebens- und Überlebenschancen der Zurückbleibenden hat, sollte nach der Lektüre dieses Kapitels deutlich geworden sein.

Ist das also die Zukunft, auf die wir zusteuern? Zumindest ist es eines von möglichen Szenarien, dessen Eintreten nicht völlig abwegig ist. Damit es nicht so weit kommt, bedarf es einer gesellschaftlichen Kraftanstrengung, die neben Kreativität auch den guten Willen der Beteiligten voraussetzt. Denn niemand möchte in einer Zukunft zu den Alten gehören, in der die rechtzeitige Selbstaufgabe nicht nur erstrebenswert erscheint, sondern womöglich zur sozialen Erwartung wird.

Kapitel 12: Sollen wir sterben wollen? – Wie die moralisch saubere Selbstentsorgung funktioniert

Mitten in der emotional aufgeheizten Stimmung der ersten Coronapandemiewelle, nur wenige Wochen nach Verfügung des Lockdowns, erschien in den *Westfälischen Nachrichten* ein Artikel, in dem der Ärztliche Direktor am Universitätsklinikum Münster, Hugo Van Aken, und die Medizinethikerin Bettina Schöne-Seifert mit alarmierendem Duktus auf dringenden Handlungsbedarf in Pflege- und Seniorenheimen aufmerksam machten.[1] Intensivmediziner sehen es mit größter Sorge, heißt es einleitend, dass auch ins Universitätsklinikum Münster immer mehr Heimbewohner eingewiesen würden, die davon gar nicht profitieren könnten. Hinterher dürften sie dann aus Quarantänegründen unter Umständen nicht mehr in ihre Einrichtungen zurück. Neben dem Schutz der Bewohner müsse daher »*spätestens jetzt* für möglichst *jeden individuellen* Bewohner geklärt werden, ob er im hypothetischen Fall einer schweren COVID-19-Erkrankung in ein Krankenhaus würde verlegt und ggf. intensivmedizinisch behandelt werden wolle. Und vor einer Einweisung: Ob aus medizinischer Sicht eine Erfolgschance auf Überleben bestünde. [...] Denn immerhin wäre es zudem unglücklich und unfair, *sterbewillige* (sic!) Patienten auf Kosten lebenswilliger zu behandeln«. Zudem seien gerade am Lebensende Aspekte medizinischer Versorgung »nicht notwendigerweise das Allerwichtigste« (sic!). Denn so tragisch die COVID-19-Seuche als Ganzes sei, müsse »dennoch der Tod an einer Lungenentzündung in hohem Alter nicht in jedem Einzelfall bekämpft werden«[2].

Ein Schelm, wer Böses dabei denkt? Auch wenn in dem Artikel mehrfach beteuert wird, dass es hier ausschließlich um die Verwirklichung des Patientenwillens gehe, so bleiben nach der Lektüre doch ein zwiespältiges Gefühl und einige Fragen zurück: Warum wird das Anliegen so eindringlich vorgetragen? Warum mit solch einem mandatorischen Gestus (in dem kurzen Artikel wird allein acht Mal das Prädikat »muss« bzw. »müssen« verwendet)? Warum »muss« ausnahmslos jeder Heimbewohner in den angemahnten »Klärungsprozess« einbezogen werden? Und warum wird eine Verbindung der Patientenverfügung mit einer Prognoseeinschätzung geradezu obligatorisch gefordert?

Heimbewohner werden anhand einer abstrakten Prognose (denn der Krankheitsfall, um den es hier geht, ist ja noch gar nicht eingetreten) vorsortiert und »müssen« sich dann entscheiden, ob sie auf eine überlebensnotwendige Therapie verzichten. Das riecht nach Selektion und es drängt sich der Verdacht auf, dass es hier doch nicht nur um das Selbstbestimmungsrecht der Bewohner gehen könnte, sondern dass noch andere Interessen eine Rolle spielen. So etwa die Absicht, die Intensivstationen zu entlasten, deren Kapazitäten für jüngere, dankbarere Patienten vorgehalten werden sollen.

Besonders vulnerable Gruppen herauszugreifen und zu bitten, sich gut zu überlegen, ob sie im Notfall tatsächlich intensivmedizinische Behandlung wünschen, hält auch Wolfgang Tyrychter, Vorsitzender des Bundesverbands Caritas Behindertenhilfe und Psychiatrie (CPB), für »diskriminierend«.[3] Hintergrund ist auch hier ein »dringender Appell«, mit dem sich der Geschäftsführer des Klinikums Landkreis Tuttlingen (Baden-Württemberg) und der Sozialdezernent des Landratsamts im Dezember 2021 – die Delta-Variante des Coronavirus sorgte gerade für einen erneuten Anstieg der Fallzahlen – an die stationären und ambulanten Pflegeeinrichtungen der Region gerichtet hatten. Ähnlich wie in Münster wurden die Mitarbeiterinnen der Einrichtungen aufgefordert, »Krankenhauseinweisungen besonders sorgfältig zu bedenken« und ggf. sogar stellvertretend für ihre Bewohner eine (dem Schreiben des Landratsamts beiliegende) Verzichterklärung auszufüllen. »In Tuttlingen wird offenbar versucht, Priorisierungen bereits vorgelagert in den Einrichtungen zu treffen«, empörte sich daraufhin die Bundestagsabgeordnete Corinna Rüffer, Sprecherin für Behindertenpolitik der Grünen-Fraktion, »das ist eine Form der versteckten Triage.«[4]

Auch die Verfasser des Münsteraner Artikels hatten dieses Geschmäckle anscheinend auf der Zunge, als sie (im Sinne einer vorauseilenden Rechtfertigung) schrieben: »Solche geballten Aktivitäten mögen taktlos erscheinen – *als seien sie auf ein Nein erpicht,* um so drohende Versorgungsengpässe abzufedern, sie sind es aber nicht. Sie sind in höchstem Maße patientendienlich und haben mit Knappheit nur indirekt zu tun.«[5] Wenn man die eigenen guten Absichten jedoch so umständlich erklären muss, entsteht der Eindruck, dass es hier doch einen doppelten Boden gibt.

Man stelle sich das einmal in der Praxis vor: Heerscharen von Hausärzten, Angehörigen und gesetzlichen Betreuern schwärmen aus in die Pflegeheime, ausgestattet mit Stapeln von Formularen. Dann folgt die Reihenuntersuchung der Bewohner, die aufgrund des Zeitdrucks natürlich nicht allzu gründlich sein kann. An deren Ende steht die Prognoseeinschätzung, die unter Umständen über Leben und Tod entscheidet. Dies würde Sorgfalt und eine komplexe klinische Urteilsbildung erfordern und intensivmedizinische Erfahrung voraussetzen – aber die Hausärzte kriegen das in der Kürze der Zeit schon hin. Um die Sache zu vereinfachen, und damit es »so schnell wie möglich« geht, schlagen die Autoren hierfür ein Ampelsystem vor.[6] Steht die Ampel auf Rot, wird die Akte des Bewohners mit dem Stempel »Palliativ! Kein Rettungswagen!« versehen. Im Rahmen eines Gesprächs, das aufgrund der Eile ebenfalls nicht sehr ausführlich sein kann, wird der Patientenwille ermittelt. Dabei haben alle Beteiligten noch die erschreckenden TV-Bilder der auf dem letzten Loch pfeifenden Intensivstationen aus den Vorabendnachrichten im Hinterkopf (»Wollen Sie wirklich ins Krankenhaus, wenn Sie jetzt eine Lungenentzündung bekommen? Wollen Sie wirklich, dass Ihr Leben unter Qualen künstlich verlängert wird, während Sie hilflos Apparaten und Maschinen ausgeliefert sind? Sie finden es doch sicher auch nicht fair, einem jungen Familienvater den Beatmungsplatz wegzunehmen, obwohl Sie selbst praktisch keine Chance zum Überleben haben?«). Am Schluss das Wichtigste: die Einholung der Unterschrift, zumindest bei denjenigen Bewohnern, die dazu noch in der Lage sind. Bei den übrigen, den demenzkranken, nicht mehr einwilligungsfähigen Bewohnern (und die stellen in vielen Heimen die Mehrheit) hängt es nun an den Angehörigen oder gesetzlichen Betreuern, den mutmaßlichen Willen zu erahnen.

Was glauben Sie, wie viele Heimbewohner (oder deren gesetzlichen Vertreter) am Ende dieser Prozedur noch darauf bestehen würden, im Falle einer COVID-19-Erkrankung in die Klinik eingewiesen zu werden? Sollten es nur wenige sein, ist dies ethisch betrachtet einwandfrei, denn die Entscheidung erfolgte ja selbstbestimmt und autonom. Oder?

Vom schönen Schein des selbstbestimmten Sterbens

Dass die autonom getroffene Entscheidung über das eigene Sterben im Alter an ihre praktischen Grenzen stoßen kann, mag das geschilderte Beispiel verdeutlichen. Selbstbestimmung und Autonomie sind gleichwohl die Zauberwörter, deren Glanz die Debatten über Sterbehilfe und »Entscheidungen am Lebensende« seit einigen Jahren euphemistisch überstrahlt. Jeder hat das Recht, über das Ende seines Lebens frei zu bestimmen!

Wenn das Leben nicht mehr »lebenswert« erscheint, dann soll es möglichst rasch vorbei sein. Das klingt in einer Gesellschaft, die nach Selbstverwirklichung, Genuss, Fitness und ewiger Jugend strebt, sehr plausibel. Wer möchte schon alt, krank und dement dahinsiechen? Und steht – einem verbreiteten gerontophoben Denkmuster zufolge – nicht fast jedem im hohen Alter ein Siechtum bevor? Gewiss ist der Tod jedes Menschen ein Verlust, aber ist es nicht ebenso ein Verlust (an Kompetenzen, Vitalität, Lebensqualität etc.) *zu lang* zu leben? So sieht es zumindest der amerikanische Onkologe und Bioethiker Ezekiel Emanuel (Jahrgang 1957), der im einflussreichen US-amerikanischen Monatsmagazin *The Atlantic* einen Essay mit dem Titel »Why I hope to die at 75« publizierte[7] und damit eine Debatte darüber auslöste, ob es nicht sogar eine soziale Pflicht gebe, der Gesellschaft ab einem bestimmten Alter nicht mehr zur Last zu fallen.

Auch Doktor Emanuel geht es zunächst einmal um die Autonomie. Die Vorstellung, im hohen Alter zahlreichen chronischen Krankheiten und Behinderungen ausgeliefert zu sein und dadurch den eigenen physischen, psychischen und sozialen Verfall erleben zu müssen, schreckt ihn dermaßen, dass er seine Konsequenz daraus gezogen hat. Entschlossen kündigt er an, nach seinem 75. Geburtstag keine kurativen Behandlungen mehr in Anspruch nehmen zu wollen. Schmerzlinderung ja, aber keine Krebstherapie, kein Belastungs-EKG, kein Herzschrittmacher, keine Bypass-OP, keine Dialyse und schon gar keine künstliche Beatmung. Nicht einmal Antibiotika oder eine Grippeimpfung will er sich gönnen. Kurzum: Er will der Natur freien Lauf lassen und damit gleichzeitig seine Kinder »von den sehr realen und bedrückenden finanziellen und Pflegebelastungen« bewahren, die »viele, wenn nicht alle Erwachsenen der sogenannten Sandwich-Generation heute erleben, gefangen zwischen der Betreuung ihrer Kinder und Eltern. Denn unser zu langes Leben legt unseren Nachkommen eine echte emotionale Bürde auf.«[8] Will sagen, dass wir im Alter nicht nur das Recht, sondern sogar die moralische Pflicht zum »sozialverträglichen« Ableben haben könnten. Dass dies auch unbestreitbare Vorteile für die Entlastung der Renten- und Sozialkassen haben würde, wird in Emanuels Beitrag nur angedeutet.

Aber was ist, wenn sich das Ende nicht von selbst einstellen will? Zumindest in einer als unerträglich empfundenen Leidenssituation erscheinen dann Suizid oder gar aktive Sterbehilfe für viele eine gangbare Alternative darzustellen. Daher sollen im Ernstfall die Hürden, das Leben sogar aktiv beenden zu können, so niedrig wie möglich sein. Und wenn man das selbstbestimmte

Sterben nicht mehr eigenhändig erledigen kann, dann sollen andere (Ärzte, Pflegekräfte, Angehörige etc.) das Recht haben, es für einen zu besorgen. So sieht es zumindest eine wachsende Mehrheit der Deutschen, die mit zuletzt 72 % Zustimmung eine Legalisierung der heute in Deutschland noch verbotenen aktiven Sterbehilfe befürworten.[9]

Auch das Bundesverfassungsgericht stellte bei seinem umstrittenen Urteil vom Februar 2020 das Selbstbestimmungsrecht ganz und gar in den Mittelpunkt. Darin wurde das im § 217 des Strafgesetzbuchs festgeschriebene Verbot der »geschäftsmäßigen Förderung der Selbsttötung« aufgehoben. Kritiker des Urteils, so etwa der Heidelberger Medizinhistoriker und Medizinethiker Axel Bauer, sehen die Gefahr eines Dammbrucheffekts. Durch die Legalisierung der geschäftsmäßigen Beihilfe zum Suizid sei eine Art Grundrecht auf Selbsttötung geschaffen worden.[10] Dadurch werde die Schwelle gesenkt, diese Angebote auch in Anspruch zu nehmen. Die Sterbehilfe und der assistierte Suizid seien in Deutschland jetzt nicht mehr zu bremsen.[11]

Bauers These wird durch den Suizidforscher und Vorstandsvorsitzenden der Stiftung Deutsche Depressionshilfe, Ulrich Hegerl, bestätigt, der auf offizielle Statistiken aus den Niederlanden verweist.[12] Dort sei es im Zuge der Liberalisierung der Sterbehilfe zu einer starken Zunahme der Fälle von assistierten Suiziden und Tötungen auf Verlangen gekommen (auch Letztere stehen in Holland im Gegensatz zu Deutschland nicht mehr unter Strafe). Entgegen dem Trend in fast allen europäischen Ländern sei jedoch gleichzeitig die Zahl der nicht assistierten Suizide nicht zurückgegangen, sondern sogar angestiegen. Ähnlich wie Bauer ist Hegerl darüber besorgt, dass das Urteil des Bundesverfassungsgerichts das Recht auf selbstbestimmtes Sterben nicht auf schwere oder unheilbare Krankheitszustände beschränke, sondern es in jeder Phase menschlicher Existenz als gültig anerkenne. Dies »normalisiere« den assistierten Suizid und gehe über die Praxis in anderen Ländern sogar hinaus.

Medizinethiker Bauer stellt hier sogar einen ausdrücklichen Zusammenhang zu den vor uns liegenden demografischen Veränderungen her. Es gebe künftig immer mehr ältere Babyboomer und schon heute wisse niemand, wie diese gepflegt und versorgt werden sollen. Da wäre ein freiwilliges Zurückgreifen der Senioren auf den assistierten Suizid finanziell gesehen nicht unpassend.[13] Sollen wir also sterben *wollen*, um den nachfolgenden Generationen im Alter nicht allzu sehr auf der Tasche zu liegen?

Vom Recht zu sterben zur Pflicht zu sterben

Cassandra Devine, eine ehrgeizige, etwas überhebliche 29-jährige PR-Beraterin und Bloggerin aus Washington, ist empört über die Aussicht massiver Steuererhöhungen, die nachfolgende Generationen ausbaden müssten, wenn die Mehrheit der Babyboomer in den Ruhestand getreten ist. In ihrem Blog schlägt sie vor, den Verursachern der drohenden Rentnerschwemme Anreize in Form von kostenlosem Botox und einer Streichung der Erbschaftssteuer zu geben, damit sie sich im Alter von 75 Jahren das Leben nehmen. Hierfür kreiert sie den Begriff »Voluntary Transition«. Der ironisch gemeinte Vorschlag, der eigentlich nur eine Debatte über das Thema Generationengerechtigkeit anstoßen sollte, entwickelt eine fatale Eigendynamik, als er unerwartet auf die Zustimmung eines Massenpublikums trifft und sich dadurch für die Wahlkampfkampagne des populistischen Präsidentschaftskandidaten Senator Randolph Jepperson qualifiziert. Schon bald wächst der soziale Druck auf die alternden Babyboomer und ein heftiger Generationenkrieg kündigt sich an.

Die abschreckende Vorstellung, dass der »Alters-Pflicht-Suizid«,[14] ähnlich wie die aktive Sterbehilfe, vielleicht in nicht allzu ferner Zukunft eine demokratische Mehrheit finden könnte, wird in Christopher Buckleys Roman »Boomsday« aus dem Jahr 2007 satirisch aufs Korn genommen. Übertrieben, gewiss, aber nach dem Lesen bleibt doch der gruselige Eindruck zurück, dass das nicht ganz und gar abwegig ist.

Und tatsächlich melden sich jenseits der literarischen Thematisierung auch in Deutschland regelmäßig prominente Stimmen zu Wort, die vor derartigen gesellschaftlichen Entwicklungen warnen. So wies bereits der ehemalige Bundespräsident Johannes Rau in seiner »Berliner Rede« im Jahr 2001, in der er auf die Legalisierung der aktiven Sterbehilfe in Holland Bezug nahm, darauf hin, dass scheinbare Selbstbestimmung neue Zwänge erzeugen könne. »Denn«, so zitierte er einen Arzt, »wo das Weiterleben nur eine von zwei legalen Optionen ist, werde jeder rechenschaftspflichtig, der anderen die Last seines Weiterlebens aufbürdet.« Was die Selbstbestimmung des Menschen zu stärken scheine, könne ihn in Wahrheit erpressbar machen.[15]

Ähnlich argumentiert auch der renommierte Freiburger Strafrechtswissenschaftler Albin Eser, wenn er – offenbar in der Rolle des Advocatus Diaboli – fragt, warum aktive Euthanasie nur da zur Anwendung kommen solle, »wo sich der Mensch selbst aufgibt, warum nicht auch dort, wo er sich unvernünftigerweise nicht selbst aufgibt? Welches Argument hätte der aussichtslos kranke Mensch gegen die Erwartung seiner Umwelt, von seinem Recht auf Getötetwerden doch endlich Gebrauch zu machen? […] Könnte nicht die Freiheit zum Tode letztlich umschlagen in Unfreiheit zum Leben«[16]?

Von der gleichen Sorge umgetrieben mahnte die Theologin und Mitglied des Deutschen Ethikrats, Petra Bahr, im März 2021 eine gründliche Abwägung der gesellschaftlichen Folgen bei der gesetzlichen Neugestaltung des assistierten Suizids und der Sterbehilfe an, die das Suizidurteil des Bundesverfassungsgerichts erzwungen hatte:[17] Denn schließlich könnten etwa Hochbetagte oder Schwerkranke in die Situation kommen, ihr Leben unter ökonomischen Dimensionen zu betrachten und sich als unzumutbare Last für die Gesellschaft zu empfinden. Dies vertrage sich aber nicht mit dem Gedanken der Menschenwürde.

Den australischen Philosophen und Bioethiker Peter Singer, Euthanasiebefürworter und einer der bekanntesten Vertreter eines strikten Utilitarismus (vgl. Kapitel 14), ficht das nicht an. Auf die Frage der Journalistin Nina Streeck, ob nicht ein Druck auf alte Menschen entstehen könnte, wenn man aktive Sterbehilfe in der Schweiz auch für nicht unheilbar Kranke legalisieren würde, sagte er 2005 in einem Interview mit der *Neuen Zürcher Zeitung*: »Empfindet sich jemand als Belastung für seine Familie, ist es nicht unbedingt unvernünftig, dass er sein Leben beendet. Wenn seine Lebensqualität eher schlecht ist und er sieht, wie seine Tochter viel Zeit aufwendet, um sich um ihn zu kümmern, und dabei ihre Karriere vernachlässigt, dann ist es vernünftig, ihr nicht weiter zur Last fallen zu wollen.«[18]

Wie kurz der Weg von der Propagierung des Rechts auf Sterben zur Forderung nach einer Pflicht zum Sterben ist, zeigen auch die Äußerungen einer der einflussreichsten Bioethikerinnen Englands, Baroness Mary Warnock. Warnock, bis zum Jahre 2015 Mitglied des britischen Oberhauses, äußerte in einem Interview mit der *Sunday Times:* »Ich weiß, dass ich das nicht wirklich sagen darf, aber eine Sache, die mich zum Sterben motivieren würde, ist, dass ich es nicht ertragen könnte, am Leben festzuhalten und dabei eine Belastung für andere Menschen zu sein.«[19] Hätte man dieses Bekenntnis noch für eine private, lediglich auf die eigene Person bezogene Meinungsäußerung halten können, so legte die prominente Befürworterin der aktiven Sterbehilfe wenig später die Karten auf den Tisch: In einem Interview mit der Zeitung *Life and Work* der *Church of Scotland* brachte sie offen eine Pflicht zum Sterben für alte und chronisch kranke Menschen ins Gespräch. Denn »wenn Sie dement sind, verschwenden Sie das Leben von Menschen, das Leben Ihrer Familie und die Ressourcen des National Health Service«[20].

Noch sind derartige Positionen selbst in England, dem Mutterland der utilitaristischen Nutzen-Ethik, nicht mehrheitsfähig, doch Warnocks Beispiel zeigt, dass sie bereits heute von führenden Vertretern der medizinischen Ethik offen geäußert werden.

Wie autonom sind autonome Entscheidungen?

Wenn der »Freitod« zum Alters-Pflicht-Suizid degeneriert, dann ist der selbstbestimmte Tod im Alter nur noch eine lebensgefährliche Illusion.[21] Tatsächlich handelt es sich dabei um die Reinform des »aktiven Opfer-Tods«, von dem bereits im Kapitel 10 als subtiler, weil strafrechtlich nicht sanktionierter Unterform des Senizids die Rede war. Chronisch kranke und pflegebedürftige alte Menschen neigen ohnehin zu der einmal mehr, einmal weniger berechtigten Sorge, sie fielen anderen Menschen (ihren Familien, sonstigen Pflegepersonen, der Gesellschaft etc.) zur Last. Gerontophobe Äußerungen wie die oben zitierten Aussagen einer prominenten Parlamentarierin, aber auch mehr oder weniger subtile gesellschaftliche Stimmungslagen können dieser Sorge einen öffentlichen Resonanzboden geben. Damit entsteht ein sozialer Druck, der selbstzerstörerische Neigungen erzeugt und verstärkt. Alte Menschen, die unter wie auch immer geartetem äußerem Druck Hand an sich legen, handeln nicht selbstbestimmt.

Besonders zweifelhaft ist die vermeintliche Freiwilligkeit in all denjenigen Fällen, in denen ein Suizid zugelassen, eine psychiatrische Erkrankung jedoch nicht sicher ausgeschlossen wurde. Die Absicht zur Selbsttötung zeigt nicht notwendigerweise eine psychische Störung an. Es gibt den lebenssatten »Bilanzsuizid«, dieser ist aber sehr selten. In meiner über zwanzigjährigen Tätigkeit als Psychiater, Psychotherapeut und Altersmediziner ist er mir kein einziges Mal begegnet. In der übergroßen Mehrheit meiner Patienten waren unbewältigte akute oder andauernde Lebenskrisen und/oder Depressionen ausschlaggebend für die Tötungsabsicht. Ein hohes Lebensalter ist per se schon ein bedeutsamer Risikofaktor für Suizid. Treten eine psychiatrische Erkrankung, chronische Schmerzen, eine eingeschränkte Mobilität und soziale Isolation hinzu, potenziert sich das Risiko. Die gute Nachricht ist jedoch: In der Mehrzahl der Fälle ist ein therapeutischer Weg möglich, der zu einem Abklingen der Suizidalität führt und neue Lebensperspektiven eröffnen kann.

Menschen, die eine (geschäftsmäßige) Suizidassistenz in Anspruch nehmen wollen, zu einer Beratung zu verpflichten, analog etwa zur Beratung vor einem Schwangerschaftsabbruch, geht dagegen an der Realität vorbei. Alte Menschen, die ernsthaft einen Suizid erwägen, brauchen keine gesetzlich erzwungene Pflichtberatung, an deren Ende sie einen gestempelten Schein ausgehändigt bekommen, mit dem sie sich einer geschäftsmäßig betriebenen Sterbehilfeorganisation ausliefern können. Vielmehr brauchen sie niederschwellig zugängliche und verlässliche psychotherapeutische Beziehungsangebote. Dies würde jedoch einen deutlichen Ausbau der vorhandenen psychotherapeutischen Versorgungsstrukturen erfordern. Fatal wäre es jedoch, alten Menschen zu vermitteln, sie seien in dieser Gesellschaft nicht mehr willkommen, und gleichzeitig die praktischen und rechtlichen Hürden für assistierten Suizid und aktive Sterbehilfe aus dem Weg zu räumen.

Kapitel 13: Am rutschigen Hang – ein Exkurs über die Tötung Demenzkranker in den Niederlanden

Als die Niederlande im Jahr 2002 als erstes Land der Welt die aktive Sterbehilfe legalisierte, wurden Kriterien festgelegt, die ihre Freigabe nur für sorgfältig ausgewählte Fälle vorsieht:[1] Demnach muss der durchführende Arzt zu der Überzeugung gelangt sein, dass der Sterbewillige seinen Sterbewunsch freiwillig und nach reiflicher Überlegung gestellt hat, dass sein Zustand aussichtslos und sein Leiden unerträglich ist. Zudem muss er den Patienten über dessen Situation und über dessen Prognose aufgeklärt haben und gemeinsam mit ihm zu der Überzeugung gelangt sein, dass es für diese Situation keine andere annehmbare Lösung gibt. Mindestens ein anderer, unabhängiger Arzt muss nach persönlicher Untersuchung zu der gleichen Einschätzung gelangt sein und diese schriftlich bestätigen.

Trotz dieser eng gefassten Vorgaben hat sich die Zahl der Euthanasiefälle in den Niederlanden seit der Legalisierung von 1882 Fällen im Jahr 2002 auf 6705 Fälle im Jahr 2020 mehr als verdreifacht.[2] Das entspricht 4,1 % aller Sterbefälle im Königreich. Bei den Getöteten handelt es sich überwiegend um alte Menschen. So wurde der Anteil der über 60-Jährigen im Jahresbericht 2020 mit 96 % angegeben, 73 % von ihnen hatten das 70. Lebensjahr überschritten. Längst nicht alle litten an terminalen Erkrankungen wie z. B. Krebs im Endstadium, was laut niederländischem »Euthanasiecodex« für die Definition eines »aussichtslosen Zustandes« ohnehin nicht erforderlich ist. Schon eine »Anhäufung altersbedingter Störungen«, also eine sogenannte geriatrietypische Multimorbidität, unter der in Deutschland bereits heute ein Großteil aller älteren Menschen leidet, reicht aus, um die Tötung zu rechtfertigen. In den Niederlanden waren es zwischen 2013 und 2020 annähernd 2000 Fälle, die laut offizieller

Statistik aufgrund einer »Anhäufung altersbedingter Störungen« getötet wurden, auch hier mit steigender Tendenz.

Drastischer Anstieg der Tötungen von Menschen mit Demenz

Besonders drastisch fiel der Anstieg der Fallzahl jedoch in der separat ausgewiesenen Gruppe der Demenzpatienten aus. Sie lag im Jahr 2020 mit 170 Fällen 14-mal so hoch wie im Jahre 2009 (12 Fälle). Zwar darf auch ein Demenzkranker nur auf Basis eines »freiwilligen Sterbewunsches« getötet werden, bei nicht mehr einwilligungsfähigen Menschen mit Demenz genügt hierfür jedoch seit 2015 eine einfache Vorabverfügung, deren Erstellung unter Umständen schon Jahre zurückliegt. Eine ausdrückliche Zustimmung des Getöteten ist in der konkreten Tötungssituation nicht mehr erforderlich. Die Zahl der Patienten, die in den Niederlanden ohne ausdrückliche Einwilligung von ihren Ärzten getötet wurde, ist auch außerhalb der Euthanasieregelungen hoch und wurde bei der letzten offiziellen Erhebung im Jahr 2015 mit 431 angegeben.[3] Darunter dürfte sich auch ein nicht unerheblicher Anteil von Menschen mit Demenz befinden.

Wie rasch Menschen mit Demenz im Getriebe des niederländischen Euthanasiesystems Opfer einer nicht selbstbestimmten Tötung und damit eines Senizids im Sinne einer aktiven Senio-Euthanasie werden, verdeutlicht ein Fall, der im Jahr 2017 Aufsehen erregte:[4] Eine etwa 80-jährige Frau hatte einige Jahre zuvor, kurz nach Erhalt ihrer Alzheimerdiagnose, eine Patientenverfügung verfasst. Darin bat sie, sterben zu dürfen, sollte sie sich in einem »unerträglichen Leidenszustand« befinden. Nach Fortschreiten der Demenz wurde sie in einem Pflegeheim untergebracht, wo sie den Pflegekräften als ängstlich und unruhig auffiel. Die hinzugezogene Heimärztin deutete dieses Verhalten als Ausdruck eines unerträglichen Leidenszustands und machte sich daran, die Tötung der Frau einzuleiten. Ohne sie über ihre Absichten aufzuklären, mischte sie ihr ein Beruhigungsmittel in den Kaffee, um ihr anschließend die Todesspritze zu verabreichen. Während der Injektion erwachte die Frau jedoch und begann, sich mit Händen und Füßen gegen die Spritze zu wehren. Daraufhin rief die Ärztin die Angehörigen zur Hilfe, die die Patientin festhielten, bis die Ärztin ihr Werk vollendet hatte und die Frau an der letalen Dosis verstarb. Als sich kurz darauf herausstellte, dass sie wenige Tage vor ihrer Tötung mehrfach geäußert habe, dass sie nicht sterben wolle, kam der Fall vor die zuständige Regionale Kontrollkommission für Sterbehilfe (*Regionale toetsingscommissies euthanasie*), eines der fünf Gremien, die die Einhaltung der Euthanasieregeln überwachen und damit den Schutz der Patienten gewährleisten sollen. Diese rügte die Ärztin, weil sie die Patientin (angeblich, um sie nicht zu beunruhigen) nicht über ihre Absicht, sie zu töten, aufgeklärt und ihr heimlich ein Beruhigungsmittel verabreicht habe. Zugleich wurde ihr jedoch bescheinigt, sie habe »in gutem Glauben« gehandelt. Auch das gegen die Ärztin eingeleitete Strafverfahren endetet im September 2020 vor dem Hohen Rat in Den Haag, dem obersten Gericht des Königreichs Niederlande, mit einem Freispruch.[5]

Daraufhin passte die Regionale Kontrollkommission ihren »Euthanasie-Codex« an, indem sie nicht etwa den Schutz von Patienten vor einem missbräuchlichen Einsatz der Euthanasie stärkte, sondern die Rechtssicherheit der durchführenden Ärzte. So wurde klargestellt, dass der tötende Arzt die Vorausverfügung des Patienten in Zukunft nicht mehr allein nach ihrem Wortlaut überprüfen müsse, sondern »Raum für Interpretationen«[6] habe. Auch die Einschätzung, ob sich ein Demenzpatient in einem »unerträglichen Leidenszustand« befinde, wird nun allein dem Euthanasie-Arzt überlassen, da es sich um »ein medizinisches Urteil« handele. Selbst wenn, wie im oben geschilderten Fall, Widersprüche zwischen einer früheren Willensbekundung und aktuellen Willensäußerungen auftreten, darf die Euthanasie jetzt durchgeführt werden. Nach Aussagen des Vorsitzenden der Regionalen Kontrollkommissionen, Jakob Kohnstein, müssen Ärzte nun in solchen Fällen »keine Angst vor den Prüfungsausschüssen haben«,[7] selbst dann, wenn der Patient nicht mehr darüber befragt werden könne, ob seine frühere Willenserklärung seinen aktuellen Wünschen noch entspricht – ein Sieg des Paternalismus, obwohl doch angeblich die Selbstbestimmung an oberster Stelle steht.

Achtung – tödliches Mitleid!

Das Urteil von Den Haag und die daraus abgeleitete Aufweichung des »Euthanasie-Codex« ebnete einen weiteren gesetzlichen Schutzwall ein, der gerade auch besonders vulnerable Menschen mit Demenz vor dem Senizid bewahren sollte. Es ignorierte darüber hinaus nicht nur die Bedeutung einer natürlichen Willensäußerung, sondern auch fundamentales gerontopsychiatrisches Wissen, wonach selbst Menschen mit einer mittelgradig ausgeprägten Demenz sehr wohl noch einwilligungsfähig sein können, wenn man sie angemessen bei der Entscheidungsfindung unterstützt, so etwa indem man sich ausreichend Zeit nimmt, keinen psychologischen Druck ausübt und sich einer klaren und einfachen Sprache bedient.[8]

Wird jedoch Ärzten (und ggf. hinzugezogenen Angehörigen) freie Hand bei der Interpretation einer Vorausverfügung bzw. bei der Feststellung des mutmaßlichen Willens eines demenzkranken oder komatösen Menschen gelassen, so wächst die Gefahr, dass sich neben das gerne in den Vordergrund gestellte Selbstbestimmungsrecht andere Motive in die Entscheidungen über Leben und Tod einschleichen. Eines davon hat der Heidelberger Medizinhistoriker und Medizinethiker Axel Bauer als »tödliches Mitleid« beschrieben:[9] Fremdes Leid werde als eigenes Leid erlebt und sei dadurch manchmal schwer zu ertragen. Insbesondere Angehörige litten mit und so könne es zu Entscheidungen kommen, die weniger dem Willen des Betroffenen als vielmehr ihrer eigenen Bedürfnislage entsprächen, bis hin zu Bestrebungen, sich persönlich zu entlasten oder gar zu bereichern.

Besonders problematisch erscheint in diesem Zusammenhang, dass in einer Mehrzahl der Fälle Ärzte, gesetzliche Betreuer und Angehörige ohnehin lediglich nach dem gemutmaßten Willen des Betroffenen entscheiden können, da entweder keine Patientenverfügung abgefasst wurde oder die vorhandene Verfügung viel zu allgemein gehalten ist.[10] Entsprechend erklärte der Bundesgerichtshof 2018 den Großteil der in Deutschland im Umlauf befindlichen Verfügungen für ungültig, da typische Formulierungen wie »lebenserhaltende Maßnahmen« und »keine künstliche Ernährung« in der Praxis viel zu ungenau seien.[11]

Doch selbst wenn die Formulierungen ausreichend konkret sind, ist im Falle einer weit fortgeschrittenen Demenz bei der Umsetzung einer oft Jahre vor der Erkrankung formulierten Verfügung größte Vorsicht geboten. Für Deutschland, wo die aktive Euthanasie (noch) verboten, die Suizidassistenz jedoch erlaubt ist, stellt die Deutsche Gesellschaft für Gerontopsychiatrie und -psychotherapie daher klar: »Eine Vorausverfügung des Wunsches nach Suizidhilfe für den Fall der eigenen Unfähigkeit, seine Dinge selber zu besorgen, halten wir für nicht bindend, da die betroffene Person uneingeschränkt in der Lage sein muss, den Sinn, die Bedeutung und die Tragweite ihrer Willensäußerung zu überblicken, um sich suizidieren zu können. Fehlt diese natürliche Einsichtsfähigkeit, wie bei Menschen mit einer voranschreitenden Demenz, ist unseres Erachtens eine Suizidhilfe nicht mehr möglich.«[12]

»Slippery slope!«

Beim Thema Sterbehilfe braucht es gerade für Menschen mit Demenz konsequente Schutzmaßnahmen, auch in gesetzlicher Form, und keine weitere Liberalisierung wie in den Niederlanden. Dort wird, wie das oben geschilderte Beispiel illustriert, die Tötung alter Menschen in der alltäglichen Praxis zunehmend bedenkenloser gehandhabt. Ethiker sprechen bei solchen Entwicklungen von einem »rutschigen Hang« (*slippery slope*), auf den man sich begeben hat und auf dem man (mit der praktischen Aufweichung ethischer Grundsätze) immer weiter nach unten gleitet.

Entsprechend mehren sich die Proteste: Im Januar 2017 unterzeichneten 148 holländische Ärzte eine Petition gegen aktive Sterbehilfe bei Demenz, selbst wenn eine entsprechende Patientenverfügung vorliegt. »Unsere moralische Abneigung, das Leben eines wehrlosen Menschen zu beenden, ist zu groß«, heißt es darin.[13] Aus Protest gegen die hohe Zahl von Demenzpatienten, die in den Niederlanden durch aktive Sterbehilfe getötet werden, trat ein Jahr später, im Januar 2018, die Medizinethikerin Berna van Baarsen als Mitglied einer der fünf Regionalen Kontrollkommissionen zurück, in der sie zehn Jahre mitgewirkt hatte.[14] Sie könne den »deutlichen Wandel« in der Auslegung der Sterbehilfegesetze hin zu tödlichen Injektionen für Menschen mit Altersdemenz nicht mittragen, begründete sie ihren Schritt in einem Interview des Magazins *Medisch Contact* und verwies darauf, dass sich die Zahl der jährlichen Tötungen in dieser Patientengruppe in den vergangenen Jahren vervielfacht habe. Drei Jahre zuvor war bereits der Philosoph Theo Boer aus der Kontrollkommission zurückgetreten und äußert sich seitdem als vehementer Kritiker des niederländischen Systems. Im Februar 2020 sprach er in einem Interview mit der *Zeit* über seine damaligen Erfahrungen und die Gründe für seinen Rücktritt:

> *In den letzten Jahren häuften sich Fälle, bei denen deutlich wurde, dass wir auf eine schiefe Ebene geraten waren. Wenn zum Beispiel Druck von Verwandten ausgeübt wurde – explizit oder zwischen den Zeilen –, fand ich das höchst problematisch. Ich erinnere mich auch noch an einen Fall, wo ein Onkologe seinen Patienten nach Hause geschickt hat mit den Worten, dass ihm jetzt in seinem weiteren Leben nichts*

mehr bleiben würde als Schmerz, Schmerz und Schmerz. Eine palliative Alternative, die ihm Linderung in Aussicht gestellt hätte, kam offenbar gar nicht erst zur Sprache.[15]

Auch bei vielen anderen Patienten sei er zu dem Schluss gekommen, dass Sterbehilfe nicht angebracht war. Sie habe aber im gesetzlichen Rahmen gelegen.

Die Kontrollen versagen

So drängt sich der Eindruck auf, die praktische Umsetzung der Euthanasie habe sich in unserem Nachbarland trotz aller bürokratischen Bemühungen längst einer effektiven Kontrolle entzogen. Dafür spricht auch die Tatsache, dass von den im Jahr 2020 von den Regionalen Kontrollkommissionen beurteilten 6705 Fällen lediglich zwei Fälle (sic!) beanstandet und die übrigen 99,97 % ohne Weiteres genehmigt wurden.[16] Das erweckt eher den Eindruck eines unkritischen Durchwinkens als einer sorgfältigen Prüfung. Auch in Belgien ist das Kontrollsystem, das die missbräuchliche Verwendung der Euthanasie eigentlich verhindern soll, de facto gescheitert, wie eine im Januar 2021 veröffentlichte Analyse eines Forscherteams der Universität Gent nahelegt.[17] Demnach ist es in den Jahren nach Einführung des belgischen Euthanasiegesetzes in der Praxis zu einer schleichenden Ausweitung des Anwendungsbereiches des Gesetzes gekommen, die durch das nur unzureichend wirksame staatliche Kontrollsystem nicht verhindert wurde. Vielmehr fungiere die Kontrollkommission eher als Schutzschild für die Ärzte, die die Euthanasie durchführen, da potenziell problematische Fälle so gut wie gar nicht an die Staatsanwaltschaft weitergeleitet werden.

Angesichts dieser besorgniserregenden Entwicklung sind selbst prominente Befürworter einer Legalisierung der Euthanasie inzwischen in das Lager der Kritiker gewechselt. Einer von ihnen, der holländische Psychiater Boudewijn Chabot, begründete seine wachsende Skepsis in einem Gespräch mit dem *NRC Handelsblad* mit einem »beunruhigendem Kulturwandel« und beschrieb das System als »entgleist«.[18] Während die Schutzmaßnahmen für Menschen mit psychischen Störungen und Demenz allmählich wegbrechen, würden finanzielle Mittel zur Versorgung dieser Patienten gekürzt.

Ungeachtet dessen wird in den Niederlanden die Liberalisierung der Sterbehilfe sowohl politisch als auch praktisch weiter vorangetrieben: Mobile Euthanasieteams flitzen durchs Land und bringen den »Tod auf Rädern«[19], sogenannte »Sterbekliniken«, in denen Patienten unkompliziert getötet werden, falls ihr Arzt dem Wunsch nach Euthanasie nicht nachkommen will, haben großen Zulauf.[20] Und auch auf gesetzlicher Ebene werden die Schleusen immer weiter geöffnet: Im Jahr 2017 ließ die liberale Regierungspartei Democraten 66 (D66) den Wunsch nach einer Gesetzesänderung in den Koalitionsvertrag aufnehmen, der auch vollkommen gesunden alten Menschen, die ihr Leben als »vollendet« oder »abgeschlossen« betrachten, eine Tötung auf Verlangen ermöglichen soll.[21] Eine rege Nachfrage nach dieser neuen »Dienstleistung« ist so gut wie sicher. Laut einer repräsentativen Umfrage von Forschern der Universität Utrecht leben in den Niederlanden mindestens 10 000 über 55-jährige Menschen, die, ohne ernsthaft erkrankt zu sein, einen dringlichen Todeswunsch empfinden. Die häufigsten Motive, die die Befragten hierfür angaben, waren Einsamkeit (56 %), das Gefühl, eine Last für andere zu sein (42 %), sowie Geldmangel (36 %).[22] Diese aufrüttelnden Ergebnisse, die einen schmutzigen Schatten auf den schönen Schein des freien und selbstbestimmten Sterbens werfen, brachten die Gesetzesinitiative zunächst ins Schlingern. Allerdings ist die D66, die von den Holländern im März 2021 als zweitstärkste Kraft erneut in die Regierungsverantwortung gewählt wurde, fest entschlossen, das »Vollendete-Leben-Gesetz« (*voltooid leven wet*) baldmöglichst durch das Parlament zu bringen.

In anderen Ländern, in denen die aktive Sterbehilfe bereits etabliert ist, wächst der Druck auf die Versorgungseinrichtungen: So werden in Kanada Senioreneinrichtungen neuerdings verpflichtet, Euthanasie anzubieten, wenn sie mehr als die Hälfte ihrer Kosten aus staatlichen Mitteln finanzieren. Dies führte dazu, dass zu Beginn des Jahres 2021 erstmals ein Hospiz schließen musste, weil sich der Trägerverein, die Delta Hospice Society, weigerte, aktive Sterbehilfe durchzuführen, und das Gesundheitsministerium daraufhin die öffentlichen Zuschüsse strich.[23] Auch im Schweizer Kanton Graubünden sollen Alters- und Pflegeheime gesetzlich verpflichtet werden, innerhalb ihrer Institutionen Sterbehilfe durch externe Organisationen zuzulassen.[24] Das sieht ein im Frühjahr 2021 auf den Weg gebrachter Gesetzesartikel der kantonalen Regierung vor, den die Jungsozialisten initiiert haben. Bisher lag es im Ermessen des jeweiligen Trägers, der gemeinsam mit der Heimleitung und der Pflegedienstleitung entschied, ob in seinen Häusern Euthanasie zugelassen wird oder nicht. Nun sollen alle Heime einheitlich verpflichtet werden, Sterbehilfe-Vereinen Zutritt zu gewähren. Begründet wird dies, wie nicht anders zu erwarten war, mit der Freiheit für die Heimbewohner, »selbst entscheiden zu dürfen, wann sie sterben möchten«[25].

Wie Euthanasie die Budgets entlastet

Derweil berechnen kanadische Ökonomen die Kostenersparnis, die man durch eine weitere Liberalisierung der bereits seit 2016 legalen Euthanasiepraxis erzielen könnte. Hintergrund ist ein neues Gesetz (Bill C-7), das die aktive Sterbehilfe in Kanada zukünftig auch bei chronisch erkrankten Menschen erlaubt, die sich nicht in einem terminalen Stadium befinden. Aus dem Bericht an das Parlament mit dem Titel »Cost Estimate for Bill C-7: ›Medical Assistance in Dying‹«[26] geht hervor, dass das kanadische Gesundheitssystem durch die bisherige Sterbehilfepraxis bereits 86,9 Millionen kanadische Dollar (umgerechnet 56 Millionen Euro) eingespart habe und durch die geplante Ausweitung eine Kostenersparnis in fast doppelter Höhe für das Jahr 2021 erzielen könnte. Ziehe man die Kosten für die Durchführung der Euthanasie in Höhe von 22,3 Millionen kanadischen Dollar davon ab, dann würde sich unterm Strich immer noch ein Plus von 86,9 Millionen kanadischer Dollar ergeben. Unverblümter kann eine Regierung kaum zum Ausdruck bringen, dass bei der staatlich ermöglichten und geförderten Tötung alter und kranker Menschen nicht ausschließlich das Selbstbestimmungsrecht der Bürger, sondern auch ökonomische Erwägungen eine Rolle spielen.

Doch auch in Deutschland befinden wir uns bereits auf dem »rutschigen Abhang«, wie die Aufhebung des Verbots der geschäftsmäßigen Förderung der Selbsttötung vom Februar 2020 zeigt. Allerdings sind wir noch nicht so weit abgeglitten wie Kanada, die Niederlande, Belgien, Luxemburg, die Schweiz und, seit März 2021, das katholische Spanien, wo sich die Bürger anscheinend bereits an die »Normalität« der Euthanasie gewöhnt haben. Doch ist der Geist erst einmal aus der Flasche, ist er nur noch schwer wieder einzufangen. Dies lehrt auch ein historischer Rückblick auf die allmähliche Zersetzung moralischer Standards seit Ende des 19. Jahrhunderts, die schließlich in der Vernichtungspolitik des Dritten Reiches mündete.[27] Lange vor dem Erstarken der Nazis stand auch hier am Anfang die ethisch begründete Propagierung eines »Rechts auf den eigenen Tod«, die unter dem Eindruck des verlorenen Ersten Weltkriegs und der Weltwirtschaftskrise eine toxische Verbindung mit utilitaristischem und sozialdarwinistischem Gedankengut einging.[28] Die »Freigabe der Vernichtung lebensunwerten Lebens« wurde bereits 1920 von namhaften Wissenschaftlern, so dem Leipziger Strafrechtler Karl Binding und dem Freiburger Psychiater Alfred Hoche, gefordert und neben der Barmherzigkeit auch mit Kosten-Nutzen-Erwägungen als »Liebesdienst« an den teuren »Ballastexistenzen« begründet. Als die Nazis 1933 an die Macht kamen, brauchten sie sich nur noch der vorhandenen sozialdarwinistischen Ideologie und der begrifflichen Neubestimmung der »Euthanasie« zu bedienen.[29] Diese augenfällige historische Analogie scheint die Befürworter der Euthanasie in Deutschland jedoch nicht zu beeindrucken, vielmehr wird der Hinweis darauf zumeist mit großer Empörungsgeste zurückgewiesen.

Gehen also die Niederlande den Weg voran, den wir in Deutschland früher oder später auch einschlagen werden? Dies befürchtet zumindest der Freiburger Jurist und Gerontologe Thomas Klie in seinem Plädoyer für ein »Recht auf Demenz«.[30] Zwar halte der kirchlich begründete Widerstand gegen die aktive Sterbehilfe noch ein Fähnlein hoch, darüber könnte jedoch binnen Kurzem die Realität hinwegstampfen. Eine Realität, geboren aus der Leistungsgesellschaft, der Ökonomisierung und der Kommerzialisierung aller Verhältnisse.

Kapitel 14:
Darf man das? – Das ethische Bollwerk bröckelt

Die Entwicklung in unseren Nachbarländern führt uns vor Augen, wie rasch eine mit dem Prinzip der Selbstbestimmung gerechtfertigte (aktive) Sterbehilfepraxis zur staatlicherseits beförderten Senizidroutine degenerieren kann. Hat sich die Öffentlichkeit erst an den Gedanken gewöhnt, dass das Töten alter und chronisch kranker Menschen ein normaler Teil der medizinischen Versorgung ist, dann brauchen nur noch einseitig verzerrte Altersbilder, Gerontophobie, Kosten-Nutzen-Kalküle und eine tatsächliche oder vermeintliche ökonomische Knappheit hinzutreten, um einen toxischen Humus entstehen zu lassen, in dem der Senizid in all seinen Varianten aufblühen kann. Neben dem durch ärztliche Suizidassistenz und aktive Sterbehilfe beförderten aktiven Opfer-Tod bzw. der aktiven Senio-Euthanasie zählt hierzu auch die passive Senio-Euthanasie infolge einer verdeckten – aber insgeheim geduldeten – Altersrationierung medizinischer Leistungen (vgl. Kapitel 7 und 11). Ist Letztere erst in eine – gesellschaftlich akzeptierte – offene Altersrationierung überführt worden, ist der Kalte Krieg der Generationen in seine heiße Phase übergetreten.

Noch wird gelegentlich mit optimistischen Parolen abgewiegelt: So hält etwa Thomas Hillenkamp, einer der führenden deutschen Strafrechtsexperten, die Annahme, Senizid sei in Deutschland in einer von dem Willen des Getöteten gänzlich abgelösten Form schon verdeckte Wirklichkeit, für inhaltlich unbegründet.[1] Einem in diese Richtung zielenden Ansinnen könne mit der Berufung auf die Menschenwürde und absoluten Lebensschutz jede Schlagkraft genommen werden. Allerdings, so möchte man entgegnen, ist es nicht schon verwerflich genug, wenn die Tötung zumindest teilweise oder weitgehend vom Willen des Getöteten abgekoppelt ist, so wie dies in den bereits geschilderten Graubereichen der medizinischen Versorgung tagtäglich geschieht? Und sind nicht auch die Auswirkungen von Pflegenotstand und verdeckter Altersrationierung schon heute dem Willen derjenigen entzogen, die diese gesellschaftlich geduldeten Missstände letztlich mit einem schlechteren und kürzeren Leben bezahlen müssen? Tatsächlich räumt auch Hillenkamp ein, dass beim Einsatz nicht grenzenlos zur Verfügung stehender medizinischer Ressourcen über Kriterien nachgedacht werden müsse, die die Mangellage in rechtlichen Grenzen verwalteten. Wenn dabei Alte aufgrund eines hohen Risikos und geringer Erfolgsaussichten z. B. als Empfänger eines Spenderorgans ausgeschlossen würden, könne es dafür, auch wenn das den Tod bedeute, rechtlich und ethisch tragfähige Gründe geben.

Bedeutet dies, in einer »Mangellage« könnten selbst höchste moralische Schutzprinzipien in rechtlich zulässiger Weise relativiert, »die Alten« nach unten priorisiert und damit dem sicheren Tod ausgesetzt werden? Und selbst wenn es zuträfe, dass in Deutschland heute noch unangefochten sei, »dass ›Alter‹ für sich kein Eliminationskriterium sein kann«:[2] Wird diese Auffassung in Anbetracht aller zukünftig möglichen »Mangellagen« Bestand haben? Ob die Berufung auf Menschenwürde und absoluten Lebensschutz auf Dauer ein stabiles Bollwerk gegen die Überführung der (verdeckten) Altersrationierung in den offen praktizierten Senizid sein wird, darf zumindest hinterfragt werden.

Tatsächlich feilen Bioethiker, Ökonomen, Juristen und selbst Theologen bereits seit Längerem an moralisch »sauberen« Konstruktionen, mit denen sich u. a. die Altersrationierung medizinischer Leistungen rechtfertigen lassen sollen. Denn selbst wenn vorhandene Wirtschaftlichkeitsreserven z. B. durch Eindämmung von Verschwendung und Abschaffung nutzloser Überversorgung ausgeschöpft wären, läge die »ethische Beweislast« für einen (teilweisen) Ausschluss alter Menschen von der medizinischen Versorgung bei den Befürwortern dieser drastischen Maßnahme.[3] Angesichts der augenfälligen Diskrepanz zwischen (hohem) moralischem Anspruch und gelebter gesellschaftlicher Realität verwundert es daher nicht, dass fast alle diesbezüglichen ethischen

Rechtfertigungsversuche ihren akademischen Ursprung in den USA oder Großbritannien haben. Die drei wichtigsten philosophischen Ansätze (Utilitarismus, Kontraktualismus und Kommunitarismus), deren Verfechter uns weismachen wollen, dass die Altersrationierung von Gesundheitsleistungen nicht nur ökonomisch sinnvoll, sondern sogar gerecht und klug sei, sollen im Folgenden kurz vorgestellt werden.

Utilitarismus: Wenn der Zweck die Mittel heiligt

Der Utilitarismus (auch: Nutzethik) ist die Lieblingsphilosophie der Gesundheitsökonomen. Er gehört zu einer Familie philosophischer Theorien, die auch als Konsequentialismus zusammengefasst werden. Handlungen werden hier in erster Linie anhand ihres Ergebnisses (ihrer Konsequenz) bewertet. Für einen Utilitaristen ist eine Handlung, Maßnahme, politische Entscheidung etc. dann moralisch zu bevorzugen, wenn das Wohlergehen der von ihr betroffenen Menschen *in seiner Summe* betrachtet am größten ist. Begrenzte öffentliche Ressourcen im Gesundheitsbereich sollten daher so eingesetzt werden, dass unterm Strich ein maximaler Gesamtnutzen entsteht, der als Summe aller Einzelnutzen zu ermitteln ist. Dabei wird die Folge z. B. einer gesundheitspolitischen Entscheidung nicht aus Sicht des einzelnen Individuums bewertet, sondern aus Sicht eines objektiven Außenstehenden, der in erster Linie die Nutzenmaximierung für die Gesellschaft als Ganzes im Blick hat.

In einer Triagesituation, in der bei einem Massenanfall beatmungspflichtiger Patienten nur eine begrenzte Anzahl von Beatmungsgeräten zur Verfügung stünde, würde ein Utilitarist daher anstreben, nicht nur möglichst viele *Leben,* sondern auch möglichst viele (gesunde) *Lebensjahre* zu retten. Entsprechend würde er nicht nur diejenigen Patienten bevorzugen, die kurzfristig betrachtet eine bessere Überlebensprognose haben, sondern auch jene, die (nach ihrer Genesung) noch ein möglichst langes

Leben vor sich haben. Dass dieses Vorgehen für die aussortierten Patienten das Todesurteil bedeutet, lässt den Utilitaristen kalt. Denn dem individuellen Menschenleben kommt im Kalkül des Utilitaristen kein Wert *an sich* zu. Es verschwindet hinter der statistischen Größe des Gesamtnutzens.

Durch die Missachtung des unveräußerlichen Wertes eines menschlichen Lebens gelangen Utilitaristen häufig zu Schlussfolgerungen, die zwar logisch erscheinen, aber im Widerspruch zu gängigen moralischen Intuitionen stehen. In bizarren Gedankenexperimenten ziehen sie etwa in Erwägung, dass es ethisch gerechtfertigt sein könne, *einen* gesunden Menschen zu opfern, um mit den dadurch gewonnenen Organen (Herz, Leber, Pankreas und zwei Nieren) *fünf* todkranke Menschen zu retten, die aufgrund eines Mangels an Spenderorganen ansonsten verstorben wären.[4] Andere Utilitaristen – so etwa der australische Bioethiker Peter Singer oder der in Oxford lehrende Moralphilosoph Jeff McMahans – plädieren dafür, Menschen mit Demenz (aber auch Neugeborene, Komapatienten und Menschen mit schweren Behinderungen) zu töten, wenn sie keine Aussicht mehr auf ein gutes Leben hätten und ihrer Umwelt nur noch zur Last fallen würden. Verweise auf die Menschenwürde, den absoluten Lebensschutz und das Recht auf Leben begegnen sie mit dem Argument, dass es sich bei Menschen mit (fortgeschrittener) Demenz nicht mehr um vollwertige menschliche Personen, sondern um »ehemalige Personen« bzw. »Post-Personen«[5] handele, die die Fähigkeit, sich freiwillig zwischen Leben und Tod zu entscheiden, längst verloren hätten. Sie umzubringen sei daher keine unfreiwillige, sondern eine »nicht-freiwillige« Tötung (Singer und McMaham sprechen euphemistisch von »unvoluntary euthansia«[6]), die moralisch legitim sei, da sie für alle Beteiligten viel Leid er- und Ressourcen einsparen könnte.

Allein an diesen Beispielen wird deutlich, wie schnell der Utilitarismus an seine moralischen Grenzen stößt. Die Thesen von Singer und anderen werden bei uns zu Recht (noch) von einer Mehrheit abgelehnt. Gleichwohl sind utilitaristisch begründete

Vorgehensweisen, so etwa das Heranziehen von Kosten-Nutzen-Analysen zur Bewertung medizinischer Maßnahmen, auch hierzulande bereits seit Langem fester Bestandteil der Gesundheitspolitik. Solange dies in erster Linie dazu dient, begrenzte Mittel in der Gesundheitsversorgung möglichst sinnvoll und effizient einzusetzen, ist daran auch nichts Verwerfliches. Tatsächlich leistet sich das deutsche Gesundheitssystem seit 2004 ein großes Institut, das Institut für Qualität und Wirtschaftlichkeit im Gesundheitswesen (IQWIG), das auf der Basis von Kosten-Nutzen-Analysen Empfehlungen für die Erstattungsfähigkeit von neuen Medikamenten erarbeitet. Diese Empfehlungen sind bisweilen umstritten, da so manche medizinische Innovation nicht in den Leistungskatalog der gesetzlichen Krankenversicherung übernommen wird und es dadurch zu einem Vorenthalten neuer wirksamer Therapien für bestimmte Patientengruppen kommen kann. Hieraus lässt sich jedoch per se keine unzulässige Diskriminierung ableiten, da die Kosten-Nutzen-Bewertung des IQWIG auf wissenschaftlich nachvollziehbaren Kriterien beruht und die abgelehnten Therapien darüber hinaus *allen* gesetzlich Versicherten und nicht bloß Patienten oberhalb einer bestimmten Altersgrenze vorenthalten werden.

Da der Utilitarist gegenüber dem Alterskriterium neutral ist, lässt sich aus seiner Weltanschauung zwar keine strikte kalendarische Altersgrenze für die Gewährung medizinischer Leistungen ableiten, die Anwendung utilitaristischer Prinzipien kann jedoch sehr wohl zu *indirekten* altersdiskriminierenden Effekten führen. Denn insofern die Kosten-Nutzen-Effizienz einer bestimmten Behandlung allein schon aufgrund der geringeren Lebenserwartung oder der häufigeren Chronizität von Krankheitsverläufen bei alten Menschen *im Durchschnitt* betrachtet ungünstiger anzunehmen ist als bei jungen Menschen, würde der Utilitarist altersabhängige Leistungsbeschränkungen befürworten, wenn Rationierungsmaßnahmen aus ökonomischen Gründen erforderlich sein sollten. Diese würde er jedoch weniger am kalendarischen als vielmehr am biologischen Alter bzw. an der physischen und psychischen Gesamtverfassung eines Patienten festmachen.[7] Im konkreten Einzelfall könnte der Utilitarismus sogar durchaus zu einer Bevorzugung eines älteren gegenüber einem jüngeren Patienten führen, wie der Bioethiker Matthew C. Altman anhand eines Beispiels verdeutlicht, das sich auf eine Triagesituation bezieht:

> *Stellen Sie sich vor, eine 75-jährige Frau und ein 30-jähriger Mann werden gleichzeitig aufgrund eines drohenden Lungenversagens bei COVID-19-Infektion auf einer Intensivstation aufgenommen. Keiner der beiden leidet unter nennenswerten Begleiterkrankungen, die die Prognose negativ beeinflussen könnten. Allerdings ist die Schädigung der Lunge bei dem 30-jährigen Mann bereits mäßig ausgeprägt, bei der 75-jährigen Frau besteht nur eine leichtgradige Atemschwäche. Aus diesem Grund geben die Ärzte der älteren Frau eine 80-prozentige Chance, die Behandlung zu überleben und das Krankenhaus gesund zu verlassen, während die Chancen des jüngeren Mannes auf 60 % geschätzt werden. Da nur noch ein Beatmungsplatz zur Verfügung steht und eine Weiterverlegung nicht möglich ist, müssen die Ärzte nun entscheiden, welche der beiden Patienten die lebensrettende Beatmung erhält.*[8]

Legt man die Kriterien an, die allgemein in der Intensivmedizin – so auch auf deutschen Intensivstationen[9] – verwendet werden, dann ist der älteren Frau allein aufgrund ihrer besseren Behandlungsprognose der Vorzug zu geben. Selbst ein Utilitarist könnte sich mit diesem Vorgehen zunächst zufriedengeben. Denn unter der Annahme, dass sich in 100 gleich gelagerten Fällen die Ärzte immer für die Beatmung der älteren Frau entscheiden würden, hätten sie rein statistisch gesehen 80 Leben gerettet, während bei bevorzugter Beatmung von 100 jungen Patienten mit der Prognose des jungen Mannes nur 60 gerettete Leben resultieren würden. Allerdings würde der Utilitarist spätestens bei Betrachtung der Zahl der geretteten Lebensjahre ein Problem anmelden.

Unter der Annahme einer durchschnittlichen Lebenserwartung von 80 Jahren und erneut bezogen auf 100 Entscheidungsfälle würden sich diese nämlich bei Bevorzugung der 30-Jährigen auf 3000 Jahre summieren, während die Priorisierung der 75-Jährigen nur 400 Lebensjahre retten würde. Dieser Konflikt lässt sich mit rein utilitaristischen Mitteln nicht auflösen.

Die Anzahl geretteter Leben und geretteter Lebensjahre kann also, so Matthew Altman, nicht die einzige Entscheidungsgrundlage sein, da sie, wie im geschilderten Fall, zu unauflösbaren Widersprüchen führen kann. Je nachdem, welches Kriterium man anlegt, müsste entweder die alte Frau oder der junge Mann den Beatmungsplatz erhalten. Eine »Verlosung« des einzigen freien Beatmungsplatzes sei in solchen Fällen zwar eine theoretische Lösung, praktisch aber nicht sehr zufriedenstellend. Dagegen, und hier verlässt Altman die rein utilitaristische Begründungslogik, müsse allein schon aus Gründen der Gerechtigkeit berücksichtigt werden, dass die alte Frau ihr Leben bereits weitgehend gelebt habe, während der jüngere Mann viele wichtige Lebensstadien noch vor sich habe. Die im Falle seiner Rettung noch vor ihm liegenden Lebensjahre seien daher für den jungen Mann viel wertvoller als die Lebensjahre, die der älteren Frau im Falle ihres Überlebens noch verblieben. Ob man dieser Argumentation nun folgen kann oder nicht: Indem das aus dem Kontraktualismus entlehnte Lebenszyklusprinzip als argumentativer Joker in die Diskussion eingeführt wird, wird dem Lebensalter als Selektionskriterium nun doch eine entscheidende Rolle zugesprochen.

Kontraktualismus: Altersrationierung als kluge Lebensplanung?

Die kontraktualistischen (vertragstheoretischen) Rechtfertigungsversuche für eine Altersrationierung medizinischer Leistungen gehen auf den Bioethiker und Harvard-Professor Norman Daniels zurück. Wie alle Kontraktualisten war Daniels auf der Suche nach allgemeingültigen Regeln des Zusammenlebens, das heißt nach Grundsätzen, auf die sich letztlich alle vernünftig denkenden und handelnden Menschen im Sinne eines rein rational abzuleitenden Gesellschaftsvertrags einigen können. Konsensfähig sind dabei insbesondere solche Regeln, die, *über den Lebenszyklus* eines Menschen betrachtet, immer Vorteile bringen, ungeachtet, in welcher konkreten gesellschaftlichen Position und Lebensphase sich das Individuum gerade befindet. Weil solche Regeln von allen als fair betrachtet würden, könnten sie auch als allgemeinverbindlich festgelegt werden.

Um den optimalen Einsatz begrenzter Mittel in der öffentlichen Gesundheitsversorgung zu ermitteln, schlägt Daniels ein Gedankenexperiment vor: »Stellen Sie sich vor, Sie würden weder Ihr Alter noch Ihren Gesundheitszustand kennen und auch nicht wissen, wie lange Sie noch zu leben hätten. Gleichzeitig stünde Ihnen nur ein begrenztes Budget zum Erhalt oder zur Wiederherstellung Ihrer Gesundheit zur Verfügung. Wie würden Sie diese begrenzten Mittel auf Ihr Leben verteilen?«[10] Norman Daniels ist der Meinung, dass es einer allgemein konsensfähigen »klugen Lebensplanung« entsprechen würde, die Mittel so einzuteilen, dass sie überwiegend für die frühe und mittlere Lebensphase zur Verfügung stünden. Schließlich habe der Mensch in diesen Phasen seiner Biografie wichtige persönliche und berufliche Ziele (Berufsausbildung, Karriere, Familiengründung, Existenzsicherung etc.) zu realisieren. Im Alter hingegen, wenn all diese wichtigen Ziele bereits erreicht seien, seien zur Aufrechterhaltung einer (alterstypisch) »normalen Funktionsfähigkeit« nicht mehr so hohe Aufwendungen erforderlich. Es sei daher klug, das individuelle Gesundheitsbudget zugunsten der mittleren Lebensjahre umzuschichten. Was jedoch als »kluge« Aufteilung begrenzter Mittel für den einzelnen Menschen gelte, könne auch als Orientierung für eine Mittelverteilung zwischen verschiedenen Altersgruppen dienen. Dies sei darüber hinaus auch gerecht: Denn da jeder Mensch potenziell alle Lebensphasen durchlaufe, würde eine altersorientierte ungleiche Verteilung alle Menschen gleichermaßen treffen.

Die auf Anhieb plausibel erscheinende Argumentation hat jedoch bei näherer Betrachtung ihre Tücken: So weist der Oldenburger Philosoph und Medizinethiker Mark Schweda darauf hin, dass ein solches Kalkül nur dann wirklich klug sei, wenn man ein Bild des Lebensverlaufs zugrunde lege, in dem es in erster Linie darauf ankomme, einen im mittleren Erwachsenenalter angesetzten Zenit zu erreichen, während vom höheren Alter letztlich nicht mehr viel zu erhoffen sei.[11] Dies entspricht zwar einer traditionellen, aber letztlich überkommenen Idee von einer Standardbiografie, wonach Jugend und Erwachsenenalter der individuellen, familiären und beruflichen Entwicklung und Selbstverwirklichung gewidmet sein sollen, während das hohe Alter von Stillstand, sozialem Rückzug und Vorbereitung auf den nahenden Tod gekennzeichnet ist. Diese Vorstellung beinhaltet ein negatives Altersbild, das angesichts der großen Vielfalt von menschlichen Entwicklungsverläufen jenseits des 60. Lebensjahrs und der wertvollen sozialen Beiträge, die alte Menschen teilweise noch bis ins sehr hohe Alter hinein leisten, in unserer Gesellschaft keine allgemeine Gültigkeit mehr besitzt.

Kommunitarismus: »Game over« mit 75 – ein faires Spiel?

Auch die aus der politischen Philosophie des Kommunitarismus abgeleiteten Versuche, eine Altersrationierung medizinischer Leistungen ethisch zu rechtfertigen, erheben den moralischen Anspruch, begrenzte Ressourcen gerecht zu verteilen. Im Gegensatz zu den liberalen Theorien des Kontraktualismus stellen sie dabei jedoch die Verantwortung des Einzelnen gegenüber der Gemeinschaft in den Mittelpunkt. Aufgrund einer gemeinschaftlichen Überzeugung des »Guten« bzw. des »guten Lebens« ordnet das Individuum seine egoistischen Interessen dem Gemeinwohl unter, um möglichst allen Mitgliedern der Gesellschaft ein »gutes Leben« zu ermöglichen.

Das bereits vom Kontraktualismus vorgebrachte Lebenszyklusargument begegnet uns hier in etwas abgewandelter Form wieder: Nach Ansicht des amerikanischen Bioethikers Daniel Callahan, der Ende der 1980er Jahre mit seinem Buch »Setting the Limits – Medical Goals in an Aging Society« eine heftige Debatte auslöste, setzt nämlich ein »gutes« bzw. erfülltes Leben die Möglichkeit voraus, eine »natürliche Lebensspanne« vollständig zu durchlaufen.[12] Hierfür seien etwa 75 bis 80 Jahre vollkommen ausreichend. Danach sei es nicht mehr erstrebenswert, den körperlichen Verfall mit allen medizinischen Möglichkeiten zu bekämpfen, denn Altern und Sterben seien wesentlicher Teil des menschlichen Lebens. In der letzten Lebensphase seien daher im Wesentlichen eine gute Schmerzbehandlung und pflegerische Betreuung anzustreben. Aufwendige medizinische Maßnahmen seien dagegen nicht mehr zu befürworten.[13]

Auch Callahans britischer Kollege John Harris postuliert eine »faire« Lebenszeit, die er bei etwa 70 bis 75 Jahren ansetzt und in Anspielung an die Bezeichnung für eine volle Spielrunde beim Cricket als »fair innings« bezeichnet. Denn wie beim Cricketspiel sei es allein schon aus Gründen der Fairness jedem Menschen zu gönnen, diese Lebenszeit zu durchlaufen und damit sein Leben zu vollenden. Alles, was danach komme, sei sozusagen »nice to have«, eine Art »biografische Nachspielzeit«, aus der das Individuum jedoch keine Ansprüche gegenüber der Gemeinschaft mehr geltend machen könne.[14] Vielmehr bestehe nach Ablauf der »fairen« Lebenszeit eine moralische Pflicht, im Falle einer Ressourcenknappheit zugunsten der Jüngeren auf teure Medizin zu verzichten, damit auch diese in den vollen Genuss ihrer fairen Lebenszeit kommen könnten.

Dabei bleibt jedoch zweifelhaft, ob die Kriterien für ein »erfülltes Leben« ohne Anwendung von Willkür überhaupt festgelegt werden können. Denn, so die philosophische Gegenposition, in modernen, pluralistischen Gesellschaften sehen wir uns mit einer Vielzahl unterschiedlicher Lebensentwürfe konfrontiert und betrachten ihre Entwicklung als eine höchst individuelle persönliche Angelegenheit, bei der wir keine Vorschriften von außen gelten lassen müssen.[15] Insofern erscheine es theoretisch wie praktisch nicht zulässig, eine bestimmte Vorstellung des guten Lebens kurzerhand zur Grundlage politischer Rationierungsentscheidungen zu machen. Obwohl der Kommunitarismus Gerechtigkeit anstrebt, würde allein hierdurch sehr viel neue Ungerechtigkeit entstehen. Darüber hinaus sind auch im Hintergrund von Callahans und Harris' Theorien viele überkommene und keinesfalls verallgemeinerbare Altersbilder wirksam: Denn allein schon die Betrachtung der Lebensphase jenseits des 75. oder 80. Geburtstages als quasi verzichtbares Anhängsel einer abgeschlossenen Biografie wertet das Leben alter und hochaltriger Menschen in unzulässiger Weise ab.

Selbstverständlich bleibt es jedem Menschen unbenommen, für sich die persönliche Entscheidung zu treffen, im Alter keine lebensverlängernden Maßnahmen mehr in Anspruch zu nehmen, oder in einer Triagesituation gar zugunsten eines jüngeren auf den Beatmungsplatz zu verzichten. Daniel Callahan, der auf aufwendige Therapien für über 75-Jährige verzichten wollte (s. o.), entschied sich allerdings noch im Alter von 79 Jahren für eine siebenstündige operative Herzbehandlung, die bei Medicare, der Krankenversicherung für US-amerikanische Rentner, mit 80 000 US-Dollar zu Buche schlug.[16] Dies sei ihm gegönnt, zeigt aber auf allzu menschliche Weise, dass auch Philosophen und Bioethiker bisweilen mit der lebenspraktischen Umsetzung ihrer eigenen Theorien überfordert sind.

Altersrationierung in Deutschland: Nur noch eine Frage der Zeit?

Der Ausflug in die Philosophie macht deutlich, dass die Möglichkeiten einer moralisch »sauberen« Altersrationierung in akademischen und politischen Kreisen bereits seit Längerem mit großer Ernsthaftigkeit ausgelotet werden. Trotz des moralischen Anspruchs führen jedoch alle bisherigen Rechtfertigungsversuche, nicht zuletzt aufgrund erheblicher theoretischer und umsetzungspraktischer Schwächen, im Endeffekt zu menschenverachtender Altersdiskriminierung.

Das ficht ihre politischen und ökonomischen Befürworter allerdings nicht an. Tatsächlich haben diese Thesen auch in Deutschland schon längst Eingang in den öffentlichen Diskurs gefunden. Ein reges Interesse am Thema Altersrationierung war in Deutschland zuletzt in der ersten Hälfte der 2000er Jahre zu verzeichnen. Sie erinnern sich: Börsenflaute (der Dax war von 7500 im Jahr 2000 auf unter 2500 Punkte abgestürzt) und Rekordinsolvenzen hatten die deutschen Banken in eine Krise gezogen. Die Wirtschaft schrumpfte und die Arbeitslosigkeit näherte sich der Rekordmarke von 5 Millionen (> 13 %). In den Bilanzen der gesetzlichen Krankenversicherung klaffte ein Milliardendefizit. Mitten im Rezessionsjahr 2003 (Wachstumsquote minus 0,7) meldeten sich der katholische Theologieprofessor Joachim Wiemeyer, Berater der Deutschen Bischofskonferenz und Ordinarius für Christliche Gesellschaftslehre an der Universität Bochum, und der Sozialpolitik-Professor Friedrich Breyer, Ordinarius für Volkswirtschaftslehre an der Universität Konstanz und Berater des Bundeswirtschaftsministers, im Fernsehmagazin *Report Mainz* zu Wort. Zur besten Sendezeit plädierten sie dafür, Menschen über 70 oder 75 Jahren aufwendige medizinische Leistungen vorzuenthalten. So offen und unverblümt war in Deutschland über das Thema Altersrationierung selten gesprochen worden. Breyer, der als verbeamteter und beihilfeberechtigter Hochschullehrer von einer solchen Neuregelung nicht betroffen sein dürfte, begründete seinen Vorschlag mit dem Hinweis, dass nun einmal nicht alle möglichen Maßnahmen für jeden finanzierbar seien. Daher sei er der Auffassung, dass die Solidargemeinschaft medizinische Leistungen vor allen für Jüngere bereitstellen, aber nicht jede lebensverlängernde Maßnahme für sehr alte Leute noch durchführen müsse.

Ablehnende Reaktionen aus Politik und Ärzteschaft, unter anderem von der damaligen Gesundheitsministerin Ulla Schmidt und dem Ärztefunktionär Frank Ulrich Montgomery, machten deutlich, dass die Gesellschaft für die »zukunftsweisenden Reformvorschläge« von Breyer und Wiemeyer noch nicht bereit war. Auch die Deutsche Bischofskonferenz beeilte sich, sich von den doch recht herzlos klingenden Ansichten ihres Beraters Wiemeyer zu distanzieren.[17] Es gab jedoch, wie bereits ausgeführt, auch prominente Befürworter, wie etwa den damals 23-jährigen Vorsitzenden der Jungen Union, Philipp Mißfelder, der öffentlichkeitswirksam verkündete, er halte nichts davon, wenn 85-Jährige noch künstliche Hüftgelenke auf Kosten der Solidargemeinschaft bekommen würden.

Zwei Jahre nach dem umstrittenen Fernsehinterview erläuterte der Ökonom Breyer in der *Deutschen Medizinischen Wochenschrift,* wie die Umsetzung seiner Vorschläge in der Praxis konkret gestaltet werden könne:[18] Der Leistungskatalog der gesetzlichen Krankenversicherung könne von vornherein als Grundsicherung konzipiert werden, die in einer Art »Positivliste« nur solche Leistungen enthalte, auf die der Versicherte einen gerichtlich überprüfbaren Anspruch habe. Eine Abgrenzung der Grundsicherung nach dem Lebensalter könne etwa so erfolgen, dass die GKV in Zukunft – z. B. von 2030 an – nur bis zu einem bestimmten Alter die Kosten übernehme, während danach die Behandlung durch eine Privatversicherung abgedeckt oder aus der eigenen Tasche bezahlt werden müsse.

Doch da hatte die Wirtschaft schon wieder Tritt gefasst und die Arbeitslosigkeit sank. Die Schatullen der Krankenversicherer füllten sich und das Thema Altersrationierung verschwand wieder aus dem Fokus der medialen Aufmerksamkeit. Dies hieß jedoch nicht, dass es auf Dauer vom Tisch war, denn zumindest in akademischen Zirkeln wurde weiter über die Notwendigkeit der Altersrationierung räsoniert und die einschlägigen Konzepte von den Befürwortern bei passender Gelegenheit immer wieder aus der Schublade gezogen.

Auch heute werden Forderungen nach einer Altersrationierung medizinischer Leistungen in gesundheitsökonomischen Fachkreisen wieder regelmäßig erhoben.[19] Unter Verwendung diverser Versatzstücke der oben vorgestellten utilitaristischen, kontraktualistischen und kommunitaristischen Argumentationsmuster wird behauptet, dass es sich dabei keineswegs um eine Altersdiskriminierung handele, da ja alle Menschen dieselben Lebensphasen durchlaufen und dadurch zu unterschiedlichen Zeitpunkten sowohl von den Vor- als auch von den Nachteilen einer solchen Regelung betroffen sein würden. Da Altersrationierung im Gesundheitsbereich aus Gründen der Effizienz unvermeidbar und in versteckter Form im Medizinbetrieb ohnehin schon an der Tagesordnung sei, sei es ehrlicher, diese in eine offene Altersrationierung zu überführen. Dies würde die Transparenz und das Vertrauen in das Gesundheitswesen »gerade bei älteren Patienten«[20] stärken, denn immerhin sei das Lebensalter ein objektiver Tatbestand. Die Vorenthaltung von bestimmten Gesundheitsleistungen im Alter sei darüber hinaus ethisch vertretbar, da es sich nicht um eine harte, sondern lediglich um eine weiche Rationierung handele. Schließlich habe jeder alte Mensch die Möglichkeit, sich fehlende Leistungen aus privaten Mitteln dazuzukaufen oder sich durch eine private Zusatzversicherung erstatten zu lassen, ggf. auch, indem er auf andere Arten des »Konsums« verzichte etc.

Und ab wann soll das Ganze scharf gestellt werden? Der Ökonom Breyer hatte das Jahr 2030 vorgeschlagen. Bis dahin ist es nun nicht mehr so lange hin. Dass sich unter dem Eindruck der bevorstehenden demografischen Umwälzungen eine politische

Mehrheit für einen (teilweisen) Ausschluss alter Menschen aus der Solidargemeinschaft finden lässt, halte ich nicht für abwegig. Aber wäre eine solch eklatante Form der Altersdiskriminierung überhaupt mit unserer Verfassung vereinbar? Tatsächlich sind sich Verfassungsrechtler darüber einig, dass das Vorenthalten sozialstaatlich finanzierter Gesundheitsversorgung anhand einer strikten Altersgrenze zumindest für den Bereich des »medizinischen Existenzminimums« dem Geist des Grundgesetzes widersprechen würde.[21] Inwiefern dieses altersbezogene Differenzierungsverbot jedoch über das medizinische Existenzminimum hinaus auch für alle anderen Leistungen gilt, die durch das öffentliche Gesundheitssystem erbracht werden, ist in der juristischen Lehrmeinung umstritten. Breyers Vorschlag, eine zeitgemäße medizinische Vollversorgung nur noch bis zu einer bestimmten Altersgrenze zu gewähren und alte Menschen mit einer abgespeckten Basisversorgung abzuspeisen, könnte demnach vor dem Verfassungsgericht Bestand haben. Die Entscheidung über die Einführung dieses oder eines anderen Modells der Altersrationierung medizinischer Leistungen wäre damit von der Rechtswissenschaft an die Gesellschaft verwiesen.[22] Ob dies allerdings eine gute Nachricht ist?

Teil 3:

Was zu tun ist – Noch ist der Zug nicht abgefahren

Der stärkste Schutz gegen allen Senizid ist ein verändertes positives Altersbild und dadurch die Reduzierung der Hoffnungslosigkeit auf Seiten der Senioren. Das setzt eine tiefgreifende gesellschaftliche Einstellungsänderung gegenüber dem Alter voraus. Gelingt es in unserer Gesellschaft nicht, das negative Altersstereotyp deutlich zu verbessern oder gar zu überwinden, werden wir auf die Entwicklungsstufe von Opfer-Tod und Senio-Euthanasie zurückkehren.

Raimund Pousset (Jahrgang 1946)
in »Senizid und Altentötung« (S. 35)

Wir müssen anerkennen, wenn Boomer das Richtige tun und sie positiv bestärken darin. Eine Groko zwischen Alt und Jung muss kommen.

Yasmine M'Barek (Jahrgang 1999)
in der *Zeit* (Nr. 35/2020)

Kapitel 15: Altersbilder korrigieren – Generationen zusammenführen

Einiges spricht dafür, dass wir nicht untätig bleiben dürfen, wenn wir eine weitere Verschlechterung des Klimas zwischen den Generationen vermeiden wollen. Aber gibt es angesichts des eskalierenden Konfliktes eine Möglichkeit der Versöhnung, gar der Heilung? Welche Rolle kann der Einzelne dabei spielen? Welche die Politik?

Die Abrüstung beginnt in den Köpfen

Wie bereits das Aufrüsten in den Köpfen beginnt, muss auch das Abrüsten dort seinen Ausgang nehmen. Die Suche nach friedlichen und solidarischen Auswegen ist von Beginn an gescheitert, wenn sie mit Ressentiments, Vorwürfen und Anschuldigungen beginnt. Wenn sich Altersbilder zu Feindbildern verhärten, ist eine kooperative Verständigung nicht mehr möglich. Wer möchte sich schon mit gierigen Greisen an einen Tisch setzen, mit Profiteuren des Sozialsystems, mit den Ausbeutern und Betrügern der Jugend, mit rücksichtslosen Zerstörern des Klimas und des Planeten? Mit solchen Leuten redet man nicht gerne, von denen erwartet man nichts Gutes. Mit denen möchte man nicht an einer besseren Zukunft arbeiten, vielmehr hofft man, dass sie nicht mehr viele Scherereien machen und möglichst bald das Feld räumen. Wenn sie dabei zurückstecken, ein schlechteres Leben oder gar einen früheren Tod in Kauf nehmen müssen, dann haben sie es nicht besser verdient.

Aber auch in den Köpfen vieler alter Menschen geistern negative Stereotype über »die (verwöhnten, naiven, denkfaulen) Jungen« umher, die zu Vorverurteilungen führen können. Auch diese negativen Jugendbilder stehen einer Verständigung zwischen den Generationen im Wege. Die Bereitschaft zum Abrüsten muss also auf beiden Seiten vorhanden sein.

Die Korrektur destruktiver Alters- und Jugendbilder bedeutet nicht, dass mögliche Interessengegensätze hinter einem schönfärberischen Schleier der Harmonie verschwinden sollen. Vielmehr schafft sie erst die Voraussetzung für einen wertschätzenden Dialog. Dies erfordert eine Kompetenz, die als *cross generational intelligence* bzw. generationale Intelligenz bezeichnet wird.[1] Ähnlich wie der eng verwandte Begriff der Generativität beschreibt sie die Fähigkeit, sich selbst und andere als Angehörige der jeweiligen Generationen zu verstehen. Mit unterschiedlichen Interessen und Positionen vielleicht, jedoch auch mit der gemeinsamen Aufgabe, Gegenwart und Zukunft zu gestalten. Dies setzt die Bereitschaft zum Perspektivwechsel voraus, die Fähigkeit, sich in den anderen einzufühlen. Die genannten Feindbilder stehen dem im Weg. Im Folgenden möchte ich einige Hinweise geben, wie wir sie überwinden können.

Differenzierung anstelle von Polarisierung

Negative Klischees und Stereotype über »die Alten« sind sowohl gesellschaftlich als auch auf der individuellen Ebene immer noch weit verbreitet (vgl. Kapitel 3). Sie lauern überall, selbst in den Köpfen alter Menschen, werden durch Schlagwörter, verzerrte Wahrnehmungen und unbewusste Assoziationen schnell getriggert und entfalten dann ihre zerstörerische Wirkung.

Ist Ihnen das nicht auch schon einmal passiert? Sie ärgern sich über den langsamen alten Fahrer im Auto vor Ihnen, um nach dem Überholen festzustellen, dass das bloß ein junger Typ war, der auf seinem Handy herumtippte. Oder der Greis mit dem »typisch« mürrisch-abweisenden Gesichtsausdruck, bei dem sich aber kurz darauf herausstellt, dass seine Mimik wegen einer Parkinsonkrankheit eingefroren, er darüber hinaus jedoch ein sehr freundlicher, humorvoller und kontaktfreudiger Zeitgenosse ist.

Defizitorientierte Altersbilder sind aber nicht nur im alltäglichen Leben, sondern auch in der Öffentlichkeit virulent. Wie schnell sie reaktiviert werden können, wurde zuletzt während der ersten Welle der Coronapandemie deutlich, als alte Menschen innerhalb kürzester Zeit nur noch als gebrechlich, schutzbedürftig und sozial inkompetent verhandelt wurden.

Wie bei der Vorstellung der Terror-Management-Theorie und der Theorie der sozialen Identität im Kapitel 3 bereits deutlich wurde, sind es häufig unbewusst wirksame psychologische Mechanismen, die dieser Tendenz zur Abwertung des Alters zugrunde liegen.

Eine gute Strategie gegen Gerontophobie und Altersdiskriminierung ist es daher, sich diese unbewussten Mechanismen, so etwa die Verdrängung bzw. Verleugnung des eigenen unausweichlichen Alterns, das mit Krankheit, Verfall und Todesnähe assoziiert wird, immer wieder klarzumachen. Damit einher geht die Erkenntnis, dass es »die Alten« gar nicht gibt. Kurz gesagt: Differenzierung verhindert Polarisierung! Und dabei ist jeder Einzelne gefragt.

Erkenntnisse aus der Alternsforschung können zu einer differenzierten Sichtweise beitragen: In der Gerontologie werden alte Menschen schon lange nicht mehr als einheitliche Gruppe behandelt, sondern in die jung-Alten (65 bis 74 Jahre), die Alten (75 bis 84 Jahre), die alt-Alten (85 bis 94 Jahre) und die ältesten-Alten (95+ Jahre) unterteilt. Und schaut man noch genauer hin, wird selbst bei dieser Differenzierung klar, wie grob sie noch ist und dass es in jeder Alterskategorie »solche und solche« gibt. Letztlich altern Menschen auf sehr individuelle Weise, und schwerwiegender Funktionsverlust, Gebrechlichkeit und Pflegebedürftigkeit sind nicht notwendigerweise Teil davon. Gleichwohl kann es sinnvoll sein, »ressourcenreiches« und »ressourcenarmes« Altern (z. B. infolge von chronischer Krankheit, Pflegebedürftigkeit oder Armut) zu unterscheiden, wenn es um eine solidarische und gerechte Zuteilung von gesamtgesellschaftlichen Ressourcen geht.

Wenn es gelingt, die differenzierte Betrachtung von Alter und Altern in den Köpfen aller Menschen zu verankern, so ist dies ein erster wichtiger Schritt, um alte Menschen auch in Zeiten der Krise nicht nur als gierige Kostgänger oder Versorgungslast zu sehen, sondern sie in ihren Rollen als Berater, ehrenamtlich Aktive, Enkelbetreuer, zahlungskräftige Konsumenten, Seniorchefs etc. als gesellschaftliche Ressource zu begreifen.

»Die Jugend von heute ...« – wirklich?

Die Jugend von heute liebt den Luxus, hat schlechte Manieren und verachtet die Autorität, sie widerspricht ihren Eltern, legt die Beine übereinander und tyrannisiert ihre Lehrer – hat angeblich der griechische Philosoph Sokrates vor bald 2500 Jahren gesagt.

Was jedoch in der Antike gewiss auch schon zutraf, gilt heute umso mehr: Genauso wenig, wie es »die Alten« gibt, gibt es »die Jungen«. Gleichwohl werden auch junge Menschen in der Öffentlichkeit regelmäßig Opfer von pauschalisierenden und teilweise auch diffamierenden Charakterzuschreibungen. Der Marburger Erziehungswissenschaftler Benno Hafeneger benennt vier Grundfiguren des gesellschaftlichen Diskurses über die Jugend, die in Abhängigkeit von den jeweiligen gesellschaftlich-politischen und kulturellen Konstellationen regelmäßig wiederkehren: Jugend als Hoffnungsträger, Jugend als Träger von Tradition, Jugend als Partner im Dialog zwischen den Generationen und Jugend als Bedrohungspotenzial.[2]

Die Darstellung von jungen Menschen als Bedrohung bzw. Sicherheitsrisiko erfreut sich dabei besonderer Beliebtheit, sei es als »Halbstarke« in der 1950er Jahren, als »Gammler« in den 1960er und 1970er Jahren oder als Anhänger »satanischer Praktiken« in den 1980er Jahren.[3] Zuletzt fand sie ihren Ausdruck in dem bereitwillig durch viele Medien verbreiteten Vorwurf, junge Menschen veranstalteten massenhaft »Coronapartys« und setzten damit rücksichtlos das Leben älterer Risikogruppen aufs Spiel.

Wer sich aufmerksam umschaut, stößt auf viele weitere Beispiele für jugendfeindliche Äußerungen. Sie finden sich etwa in öffentlich publizierten Vorträgen von Professoren, in denen Angehörige der Generation Z pauschalisierend als »materialistische Monster«[4] charakterisiert werden, die »brutal und herablassend mit Gleichaltrigen und Erwachsenen umgehen, die weniger besitzen als sie«, oder in Talkshow-Beiträgen älterer Studiogäste, so z. B. der Moderatorin Elke Heidenreich (Jahrgang 1943), die sich im Oktober 2021 bei Markus Lanz über die Bundessprecherin der Grünen Jugend, Sarah-Lee Heinrich (Jahrgang 2001), echauffierte, sie gehöre zu einer Generation, die sprachlos sei und unfähig, mit Worten umzugehen.[5] Klare Worte gegen derartige Verunglimpfungen findet das Bundesfamilienministerium in seiner 2020 herausgegebenen Jugendstrategie: »Pauschalisierende Jugendbilder vernachlässigen die tatsächliche Vielfalt von jugendlichen Wirklichkeiten. Jugend ist ebenso heterogen wie die Gesellschaft, deren Teil sie ist. Für eine realistische Darstellung von Jugendlichen und ihren vielfältigen Lebenswelten kommt Politik, Medien und Wissenschaft eine große Verantwortung zu. Sie prägen die Wahrnehmung von Jugendlichen in der Öffentlichkeit.«[6] Hinzuzufügen wäre, dass diffamierende und herabwürdigende Äußerungen über junge Menschen jeden wertschätzenden Dialog im Keim ersticken und dazu beitragen können, den Generationenkonflikt weiter anzuheizen.

Medien und soziale Netzwerke in die Verantwortung nehmen

Bei der Konstruktion und Verbreitung von verzerrten Generationenbildern, aber auch bei der öffentlichen Inszenierung des Generationenkonflikts kommt Medien und sozialen Netzwerken eine besondere Rolle zu. Diffamierende, polemisierende oder aufwiegelnde Darstellungen tragen zur Polarisierung bei. Umgekehrt kann eine besonnene und differenzierte Berichterstattung, die auf Konfliktlösung und weniger auf vermeintlich unabwendbare Katastrophenszenarien ausgerichtet ist, die Abrüstung in den Köpfen befördern.

Nachdem die Darstellung alter Menschen in den deutschen Medien zu Beginn der 2000er Jahre im Vergleich zu den Jahrzehnten davor tendenziell einer positiveren Darstellung des Alters gewichen war,[7] weisen die im ersten Teil dieses Buchs zusammengetragenen Beispiele darauf hin, dass die öffentliche Stimmung gegen alte Menschen wieder gekippt ist. Die ungefilterte Verbreitung von *hate speech* gegen »Boomer« und anderen populistisch aufgebauschten altenfeindlichen Klischees in sozialen Medien verstärken diese Tendenz. Gerade Journalistinnen und Journalisten stehen daher in der Verantwortung, dem Schüren von *moral panic* gegen »die Alten« durch eine faire und diskriminierungsfreie Berichterstattung zu begegnen.

Im Ethikkodex des *Deutschen Presserats* heißt es dazu: »Niemand darf wegen seines Geschlechts, einer Behinderung oder seiner Zugehörigkeit zu einer ethnischen, religiösen, sozialen oder nationalen Gruppe diskriminiert werden.«[8] Vielleicht sollte darüber nachgedacht werden, dieses Gebot zu präzisieren und ausdrücklich um das Thema Altersdiskriminierung zu ergänzen?

Intergenerationelle Intelligenz bereits in den Schulen fördern

Die Prägung unserer Einstellungen gegenüber dem Alter und alten Menschen beginnt bereits in der Kindheit.[9] Neben den Familien und dem unmittelbaren Lebensumfeld kommt daher auch den Schulen bei der Vermittlung von Altersbildern eine wichtige Rolle zu. Umso bedenklicher ist, dass in deutschen Schulbüchern seit jeher der Verschiedenartigkeit und Individualität alter Menschen kaum Rechnung getragen wird. Schon im Unterrichtsmaterial von

Schulanfängern wimmelt es in Bezug auf alte Menschen nur so vor längst überholten Klischees und stereotypen Darstellungen.[10] Dass sich dieser Missstand bis in die Abschlussklassen fortsetzt, zeigt eine aktuelle Studie des Instituts für Biologiedidaktik der Universität Köln.[11] Hier liegt also ein wichtiger Ansatzpunkt, um der Entstehung und Verfestigung verzerrter bzw. negativer Altersbilder vorzubeugen.

Auch Begegnungsprojekte im Rahmen des Schulunterrichts bieten Kindern und Jugendlichen die Möglichkeit, positive Erfahrungen mit alten Menschen zu sammeln. Mehrwöchige Maßnahmen, bei denen Schüler im Rahmen des Unterrichts die Gelegenheit erhielten, älteren Erwachsenen aktiv zu begegnen, erwiesen sich als gut geeignet, um negative Altersbilder und -stereotype abzubauen und Kindern ein positives Altersbild zu vermitteln.[12] Beispielhaft sei an dieser Stelle das aktuelle Projekt »DigiGen« des Frankfurter Forums für interdisziplinäre Alternsforschung unter Leitung des Erziehungswissenschaftlers Friedrich Wolf und des Gerontologen Frank Oswald genannt. Dabei erarbeiten Schülerinnen und Schüler der Oberstufe ein Schuljahr lang gemeinsam mit Seniorinnen und Senioren Wissen über die Funktionsweise und Einsatzmöglichkeiten von künstlicher Intelligenz. Ziel ist es, einen Austausch der Generationen über die digitale Zukunft zu ermöglichen und eine Sensibilität für die Bedürfnisse und Perspektiven der jeweils anderen Generation zu schaffen.

Begegnung der Generationen an Universitäten und Hochschulen

Auch Universitäten und andere Hochschulen sind prädestinierte Orte, um positive Begegnungen und den Austausch zwischen Jung und Alt zu fördern. In einem Kooperationsprojekt der Fonts University of Applied Sciences und des Summa College im niederländischen Eindhoven arbeiten Studierende eines pflegewissenschaftlichen Studiengangs gemeinsam mit Seniorinnen und Senioren an Ideen und Konzepten für das »Pflegeheim der Zukunft«. Das Projekt trägt den Titel »Senioren in de Klas DOEN!« (deutsch: Senioren im Klassenzimmer MACHEN!) und beinhaltet die aktive Teilnahme interessierter alter Menschen an Vorlesungen und Seminaren zur Entwicklung von innovativen Technologien für den Pflege- und Gesundheitsbereich. In einem der durchgeführten Teilprojekte wurde z. B. ganz konkret an Konzepten für ein neuartiges Pflegebett zur Vorbeugung von Dekubital-Geschwüren (»Durchliegen«) gearbeitet. Dabei konnten die älteren Teilnehmer einerseits ihre Expertise (z. B. aus einer früheren Berufstätigkeit, aus den persönlichen Erfahrungen als pflegender Angehöriger oder aus der Perspektive eines potenziell Betroffenen) einbringen, andererseits von dem pflegewissenschaftlichen Knowhow der Studierenden und Dozenten profitieren. Hierdurch entstand ein kreativer Austausch, der von den Beteiligten aller Altersgruppen als wertvoll und bereichernd beschrieben wurde und damit dem übergeordneten Ziel, einer Förderung der intergenerationellen Intelligenz bei den Teilnehmern, diente.

»Generationendialog«-Projekte

Generationsübergreifende Begegnungen können zu einer Herausforderung werden, wenn es zunächst gilt, eigene Zerrbilder und damit einhergehende Vorverurteilungen zu hinterfragen. »Miteinander reden« und »miteinander handeln« anstelle von »übereinander reden« und »nebeneinander/gegeneinander handeln« kann dazu beitragen. Allerdings finden außerhalb der Familien (sehr) junge und (sehr) alte Menschen heute kaum noch zusammen. Daher sollten auch außerhalb von Schulen und Hochschulen neue Begegnungsräume geschaffen werden. Ein wichtiger Bereich praktischer Generationenpolitik umfasst daher Projekte und Initiativen, die unter der Bezeichnung Generationendialog zusammengefasst werden können.[13] Dabei finden sich Angehörige unterschiedlicher Generationen in gemeinsamen Tätigkeiten zusammen und engagieren sich in Projekten, die für die Beteiligten und/oder für das Gemeinwesen nützlich sind. In vielfältigen gesellschaftlichen Kontexten werden neue und kooperative Brücken zwischen den Generationen geschlagen. Gleichzeitig können sich die Beteiligten als Persönlichkeit einbringen und weiterentwickeln und es wird ein Beitrag zur kulturellen Entwicklung geleistet.[14] Häufig beruhen diese Projekte auf zivilgesellschaftlichen Initiativen, wodurch sie zusätzliche politische Bedeutung erlangen. Wer die Suchbegriffe Generationendialog oder Generationenprojekte in seinen Internetbrowser eingibt, stößt auf eine große Zahl entsprechender Projekte auf regionaler, kommunaler und betrieblicher Ebene. Hierzu zählen z. B. »Großelterndienste«, Zeitzeugenprojekte oder generationenübergreifendes bürgerschaftliches Engagement für eine nachhaltige Umweltpolitik.[15] Auch Wohnprojekte wie intergenerationelle Wohngenossenschaften oder Mehrgenerationenhäuser sind hier einzuordnen.

Diese Entwicklung ist einerseits sehr zu begrüßen, zumal die genannten Projekte abgesehen von dem Nutzen für die unmittelbar Beteiligten eine wichtige Signalwirkung haben. Andererseits darf sie nicht darüber hinwegtäuschen, dass viele dieser Initiativen und Projekte – auch in Hinsicht auf ihre finanzielle Förderung – zeitlich begrenzt sind, dass sie oft auf dem Engagement Einzelner beruhen und dass sie vermutlich in erster Linie diejenigen Personen ansprechen, die ohnehin gegenüber einer Begegnung mit Angehörigen der anderen Generation aufgeschlossen sind. Insofern können sie eine übergreifende generationensensible Politik, die unterschiedliche Interessen ausgleicht und damit einer Polarisierung zwischen den Generationen entgegenwirkt, allenfalls flankieren, nicht jedoch ersetzen.

Bedeutung der politischen Kommunikation

Altersbilder spielen in der Politik eine wichtige Rolle. Einerseits wirken sie über die individuellen Altersbilder der Politikerinnen und Politiker und üben so einen – mehr oder weniger reflektierten – Einfluss auf politische Entscheidungen aus.[16] Andererseits werden hier sowohl negative als auch positive Altersbilder ganz bewusst eingesetzt, um bestimmte politische Positionen und Interessen zu stärken. Diese kontextgebundenen Altersbilder finden sich häufig, aber nicht ausschließlich, im Rahmen von sozial- oder gesundheitspolitischen Debatten. Nachdem bis in die 1990er Jahre alte Menschen in Bundestagsdebatten überwiegend als arm, versorgungsbedürftig, gebrechlich oder innovationshemmend charakterisiert worden waren, war seit Beginn der 2000er Jahre eine differenziertere Darstellung zu beobachten. Diese hob auch auf positive Seiten bzw. »Potenziale« des Alters ab, insofern dabei insbesondere die körperlich und psychisch noch leistungsfähigen jungen Alten als Wirtschaftsfaktor – sei dies etwa als eifrige Konsumenten oder als Kompensationsreserve des drohenden Fachkräftemangels – entdeckt wurden.[17]

Gleichzeitig kam jedoch auch der Mythos von den »Alten als Ausbeuter der Jungen«, bei dem alte Menschen als Sündenböcke für zahlreiche finanzpolitische und ökologische Fehlentwicklungen herhalten müssen, im Plenarsaal des Deutschen Bundestags an.[18]

Dieser Mythos hat in den politischen Debatten der jüngeren Zeit wieder Auftrieb bekommen. Dabei sollten gerade politische Entscheidungsträger – egal welcher Generation sie angehören – sensibel für altersdiskriminierende Verzerrungen sein, da ihnen eine besondere Verantwortung bei der Gestaltung eines friedlichen Miteinanders der Generationen zukommt. Gerade jetzt, da die Spannungen zwischen den Generationen wieder zunehmen, sollte politische Kommunikation um eine ausgewogene, ausgleichende und gemäßigte Sprache bemüht sein.

Kapitel 16:
Nicht hinters Licht führen lassen!

Die Abrüstung in den Köpfen und die Überwindung der Polarisierung zwischen Jung und Alt sind wichtige Schritte, um den Frieden zwischen den Generationen zu erhalten. Leider wird in der politischen Diskussion viel zu leichtfertig die »demografische Karte« gezogen, um bestimmten sozial- oder wirtschaftspolitischen Forderungen Nachdruck zu verleihen. Schon weil dadurch Neid, Missgunst und Ressentiments zwischen den Generationen geschürt werden, ist dies abzulehnen. Skepsis ist auch aus einem weiteren Grund angebracht: Nicht selten versteckt sich dahinter ein sozialpolitisches Kürzungs- oder Umverteilungsprogramm, bei dem am Ende Angehörige aller Generationen das Nachsehen haben. Wir sind daher gut beraten, nicht jedes in der öffentlichen oder politischen Diskussion bemühte Argument, das die Negativfolgen der demografischen Entwicklung dramatisiert, für bare Münze zu nehmen. Will man Fakten und Propaganda auseinanderhalten, gilt es, wachsam zu bleiben und die entsprechenden Begründungsmuster kritisch zu hinterfragen. Kluge Köpfe wie der Statistiker und Sozialpolitikexperte Gerd Bosbach, der Volkswirt und Unternehmensberater Nicolas Strange und der Sozialökonom Ernst Kistler haben dazu Denkanstöße geliefert, von denen im Folgenden einige aufgegriffen werden sollen.[1]

»Cui bono?« – oder: Wer profitiert?

Um die Folgen des demografischen Wandels für die Finanzierung der sozialen Sicherungssysteme abzufedern, wird seit Jahrzehnten eifrig an zahlreichen sozialpolitischen Stellschrauben gedreht. Ob Beitragserhöhungen, Leistungskürzungen und Zuzahlungen in der gesetzlichen Krankenversicherung oder eine Erhöhung der Regelaltersgrenze und die Aufweichung der paritätischen Rentenfinanzierung: Jeder politische Eingriff ins System führt zu Umverteilungen, produziert Gewinner und Verlierer. Obwohl dabei gerne die Herstellung von Generationengerechtigkeit vorgeschoben wird, drängt sich aus der Nähe betrachtet der Verdacht auf, dass dies nicht immer das wichtigste Motiv ist.[2] Gerd Bosbach weist darauf hin, dass es bei den Rentenreformen seit Beginn der 2000er Jahre viele einflussreiche Gewinner gegeben habe, die nicht ausschließlich das Gemeinwohl im Auge hatten: private Rentenversicherer und andere Finanzdienstleister, die sich ein Stück vom großen Milliardenkuchen der gesetzlichen Rentenversicherung einverleibt haben (Stichwort »Riester-Rente«), Arbeitgeber, die sich teilweise aus der paritätisch finanzierten Rente verabschieden, und Politiker, die von vorherrschenden realen Problemen wie einer hohen Arbeitslosigkeit und einem Mangel an Ausbildungsplätzen ablenken konnten. Wie schon bei den vorhergehenden Rentenreformen musste gleichzeitig zumindest ein Teil der gegenwärtigen und zukünftigen Rentenbezieher Kürzungen hinnehmen.[3] Kritiker halten daher den Namen der seit den 1980er Jahren realisierten Rentenreformgesetze für einen Euphemismus und die Bezeichnung Rentenkürzungsgesetze für zutreffender.

Auch eine Umstellung der gesetzlichen Krankenversicherung (GKV) auf eine Grundsicherung mit strikter Altersgrenze, um deren Finanzierung »demografiesicher« zu machen, so wie dies von manchen Wirtschaftsexperten befürwortet wird (vgl. Kapitel 11 und 14), würde viele Verlierer produzieren. Gleichzeitig würde ein neuer lukrativer Markt für private Krankenversicherer entstehen.

Zwar ist es auch in der Sozialpolitik nicht verboten, ein einseitiges, womöglich profitorientiertes Interesse zu verfolgen und dieses im Wettstreit der politischen Meinungen durchzusetzen, dabei handelt es sich jedoch um Lobbyismus, der als solcher benannt werden muss. Über die Frage, wer von einer bestimmten Maßnahme am Ende profitiert und wer nicht, wer gar die Kriegsgewinnler eines Kalten Krieges der Generationen sind, sollte größtmögliche Transparenz hergestellt werden. Also: Karten auf den Tisch! Wenn sich dabei herausstellt, dass es nicht nur bzw. nicht in erster Linie darum geht, »das Land zukunftsfest« zu machen, sondern partikulare wirtschaftliche Interessen verfolgt werden, sollte sich das niemand – egal welcher Generation er angehört – als Beitrag zur Generationengerechtigkeit verkaufen lassen.

Zur Wachsamkeit gehört auch, nicht jede über Medien und soziale Netzwerke verbreitete Horrormeldung zum Generationenthema unhinterfragt zu glauben und zu teilen. Getreu dem Motto »Only bad news are good news!« geht es bei solchen Meldungen oft weniger um sachliche Information, sondern um Klickzahlen und sensationsheischende Stimmungsmache. Gerade beim Generationenthema werden häufig auch mediale Trends und Debatten aus den USA unreflektiert auf die deutsche Situation übertragen. Dies ist jedoch nicht sehr hilfreich, da die gesellschaftlichen, sozialpolitischen und teilweise auch die demografischen Gegebenheiten in den USA und Deutschland recht unterschiedlich gelagert sind.[4]

Zahlen hinterfragen

In der Debatte um Generationengerechtigkeit wird häufig mit demografischen Zahlen argumentiert. Hierzu zählt etwa der im Kapitel 1 vorgestellte Altenquotient, der die Zahl der Personen im Erwerbsalter auf die Zahl derjenigen Personen bezieht, die sich bereits im Rentenalter befinden. Steigt der Altenquotient, dann wird die Pro-Kopf-Belastung derjenigen, die im Umlageverfahren die Altersrenten finanzieren müssen, größer. So weit, so klar, so objektiv.

Tatsächlich sind die Zahlen, die das Statistische Bundesamt hierzu vorlegt, seriös und gut berechnet. Zu bedenken ist allerdings, dass es den »einen« Altersquotienten genau genommen gar nicht gibt. Denn die letzte koordinierte Bevölkerungsvorausberechnung aus dem Jahr 2019 umfasst neun Hauptvarianten, zwölf weitere Varianten sowie neun Modellrechnungen, denen jeweils etwas andere Grundannahmen z. B. bezüglich der Geburtenrate und der Lebenserwartung zugrunde liegen.[5] Entsprechend werden die Ergebnisse in verschiedenen (günstigen bzw. ungünstigen) Extremvarianten sowie in mittleren Varianten dargestellt. Hier handelt es sich also nicht um echte Prognosen (»So-wird-es-kommen-Aussagen«), sondern um Alternativszenarien. Interessenvertreter arbeiten jedoch häufig nur mit einer extremen Variante dieser Szenarien: der ungünstigsten.[6] Würden nämlich die günstigste oder die mittleren Varianten gewählt, dann würden sich die Entwicklungen gleich etwas weniger dramatisch darstellen. Dies gilt auch, wenn neben dem Altenquotienten zusätzlich der Gesamtquotient angegeben wird, der sich aus dem Alten- und dem Jugendquotienten zusammensetzt. Denn der Gesamtquotient, der letztlich zum Ausdruck bringt, welche »Gesamtversorgungslast« die Generation im erwerbsfähigen Alter zu tragen hat, steigt in den vorliegenden Berechnungen weniger stark als der isoliert betrachtete Altenquotient.

Eine differenziertere Betrachtung der Realität würde sich auch ergeben, wenn man neben dem Altenquotienten und dem Jugendquotienten weitere Verhältniszahlen hinzunehmen würde. Hierzu würde sich z. B. die *Adult Disability Dependence Ratio* (ADDR) anbieten, die die Demografieforscher Warren Sanderson und Sergei Scherbov entwickelt haben. Sie ergibt sich als Quotient zwischen den Hilfebedürftigen und denjenigen, die Hilfe geben können.[7] Die Anzahl aller gesundheitlich beeinträchtigten Erwachsenen (20 Jahre und älter) wird durch die Anzahl der gesundheitlich nicht beeinträchtigten Erwachsenen dividiert. Während es beim Altenquotienten und beim Gesamtquotienten in den nächsten zwanzig Jahren selbst in der mittleren Variante zu einem drastischen Anstieg kommen wird, fällt der Anstieg beim ADDR deutlich moderater aus (von 13 pro 100 im Jahr 2028 auf 15 pro 100 im Jahr 2048).

Ein nüchterner Blick auf die Zahlen lohnt sich immer auch dann, wenn mit Verweis auf die Ausgabenentwicklung in der gesetzlichen Krankenversicherung das Bild von der »Kostenexplosion« bemüht wird. Tatsächlich liest es sich erst einmal besorgniserregend exzessiv, dass sich die Gesamtausgaben der GKV zwischen den Jahren 2000 und 2020 von 134 Milliarden auf 263 Milliarden praktisch verdoppelt haben.[8] Drastische Einsparmaßnahmen scheinen unumgänglich und wo könnte man diese besser realisieren, als bei den »teuren Alten«. Ein ganz anderer Eindruck entsteht, wenn man die GKV-Ausgaben in Relation zur gesamtwirtschaftlichen Entwicklung setzt. Hier zeigt sich nämlich, dass der Anteil der Gesundheitsausgaben am Bruttoinlandsprodukt in Deutschland trotz Alterung der Bevölkerung in den vergangenen 20 Jahren mit ca. 11 bis 12 % relativ stabil geblieben ist.[9]

Unsicherheit der Langfristprognosen

»Prognosen sind schwierig, vor allem, wenn sie die Zukunft betreffen«, soll Kurt Tucholsky einmal gesagt haben. Das gilt vor allem für Langfristprognosen, möchte ich hinzufügen. Gerd Bosbach bemängelt, dass bei der ganzen Demografiediskussion immer so getan werde, als sei die Entwicklung bis 2050 schon fest vorprogrammiert.[10] Dabei muss die Zukunft ja erst noch gestaltet werden, von der Politik, von der Wirtschaft, von uns!

Tatsächlich ist die Entwicklung einzelner Variablen in komplexen Systemen auf lange Sicht schwer vorauszusehen. Hier stoßen Modellrechnungen, die in der Regel nur wenige Variablen berücksichtigen und dabei bekannte Trends fortschreiben, schnell an ihre Grenzen. Zwar kann die demografische Entwicklung der kommenden 20 Jahre – trotz aller schon hier bestehender Unwägbarkeiten – noch einigermaßen vorausgeschätzt werden, viel schwieriger, wenn nicht unmöglich, ist dies jedoch bei der wirtschaftlichen. Ereignisse, die zu erheblichen ökonomischen Verwerfungen geführt haben, wie die deutsche Wiedervereinigung, die Bankenkrise im Jahr 2008 oder die Coronakrise, hatten noch kurz vor deren Eintritt die wenigsten auf dem Plan. Abweichungen von den Prognosen sind hier natürlich sowohl in die negative als auch in die positive Richtung denkbar, weswegen es planerisch sinnvoll ist, auch auf ungünstige Varianten vorbereitet zu sein, ohne jedoch von vornherein die »Schuld« bei der demografischen Entwicklung zu suchen.

Der Mythos, dass ein höherer Altenquotient unweigerlich soziale Einschnitte nach sich ziehe, da sonst der Bankrott der sozialen Sicherungssysteme oder gar des Staates drohe, lässt sich auch rückblickend nicht aufrechterhalten. Wie ein Blick in die Vergangenheit lehrt, haben wir im letzten Jahrhundert aufgrund einer Verringerung der Kinderzahl und dank eines drastischen Anstiegs der Lebenserwartung viel größere demografische Verschiebungen verkraftet, als für die Zukunft vorausgesagt werden, und das bei stetig steigendem Wohlstand für alle und einem Auf- und Ausbau des Sozialstaates.[11]

Dem mag entgegengehalten werden, dass es sich für die Bundesrepublik Deutschland allein aufgrund der Größenordnung und Geschwindigkeit (Babyboomer!) des vor uns liegenden Wandels demografisch und gesellschaftspolitisch betrachtet um eine historisch einmalige Situation handelt, für deren soziale Bewältigung es demnach keine Vorbilder gibt. Abzuwarten und zu hoffen, dass sich mit der Zeit schon alles von selber richten wird, ist also sicher die falsche Strategie (vgl. Kapitel 8). Gleichwohl ist es gut zu wissen, dass selbst große demografische Umbrüche nicht automatisch in die Katastrophe führen, sondern dass es Gestaltungsspielräume gibt. Diese werden sich umso konstruktiver nutzen lassen, je mehr die Angehörigen aller Generationen im Sinne eines breit getragenen Konsenses an einem Strang ziehen.

Komplexität beachten oder: Produktivität schlägt Demografie

Neben der Demografie gibt es zahlreiche andere Faktoren, die auf die zukünftige Finanzierbarkeit unserer Sozialsysteme und den Erhalt unseres Wohlstands Einfluss nehmen. Vereinfachte Erklärungsmodelle, die dem demografischen Wandel die entscheidende, alle anderen Variablen in den Schatten stellende Rolle zuweisen, werden der Komplexität der Wirklichkeit nicht gerecht. Sie führen letztlich nur zur Propagierung von unzureichenden, da ebenso stark vereinfachten »Patentlösungen«, nicht selten auf dem Rücken der Generationensolidarität.

Gerd Bosbach rechnet vor, wie stark z. B. der Faktor Arbeitslosigkeit die Aussagekraft des Gesamtquotienten als Maß für die »Versorgungslast« der Erwerbstätigen in Relation zur nicht erwerbstätigen Bevölkerung verzerren kann.[12] Denn eine hohe Arbeitslosigkeit bewirkt eine zahlenmäßige Verschiebung zwischen den Gruppen der Versorger und der zu Versorgenden. Modellrechnungen zeigen, dass diese sogar größer sein kann als die Verschiebung, die dem demografischen Wandel zugerechnet wird. Einer Analyse des Instituts für Makroökonomie und Konjunkturforschung zufolge ergibt sich diese Schlussfolgerung auch, wenn man anstelle der demografischen Abhängigkeitsquote (im Rahmen der Rentenfinanzierung entspricht dies im Wesentlichen dem Altenquotienten), die *ökonomische* Abhängigkeitsquote, also das Verhältnis der tatsächlich Erwerbstätigen zu den Rentnerinnen und Rentnern, und gleichzeitig eine günstige Arbeitsmarktentwicklung zugrunde legt.[13] Allein schon, wenn die aktuellen Erwerbsquoten unverändert blieben, würde sich die Entwicklung weniger dramatisch darstellen als bei Verwendung des Altenquotienten. Könnte darüber hinaus die Erwerbsquote deutlich gesteigert werden, dann würden sich die ökonomischen Abhängigkeitsverhältnisse nur um ca. 10 % nach oben verschieben, ein Umfang, der sozialpolitisch gut bewältigt werden könnte.

Dies würde jedoch eine erhebliche Intensivierung der Investitionen in Bildung und qualifizierte Ausbildung für junge Menschen erfordern. Denn die Generation, die 2050 die »vielen Alten« zu ernähren hat, lernt *heute* für diese Aufgabe.[14] Stattdessen: ausfallende Schulstunden, marode Schulgebäude, teilweise ausgebrannte Lehrer und ebenso überfüllte wie unterfinanzierte Hochschulen. Politiker und Unternehmer, die wirklich Angst vor der demografischen Entwicklung haben, müssten im Bildungsbereich klotzen und nicht kleckern – und das sofort. Auch der Volkswirt Nicolas Strange setzt auf den Faktor Bildung, um den Herausforderungen des demografischen Wandels zu begegnen.[15] Er empfiehlt jedoch nicht nur »intelligenteres«, sondern auch flexibleres und – ermöglicht durch höhere Arbeitsproduktivität – lohnenderes Arbeiten. Allein durch die Ausschöpfung der volkswirtschaftlichen Kapazitätsreserven, die sich u. a. durch eine bessere Einbindung von jungen und älteren Nichterwerbspersonen in den Arbeitsmarkt umsetzen ließe, könne der »demografischen Katastrophe« wirksam begegnet werden.

Neben einem Abbau von Arbeitslosigkeit und einer Investition in Bildung liegt also auch in der zukünftig zu erwartenden Steigerung der Arbeitsproduktivität ein entscheidender Faktor, um den Wohlstand für alle trotz demografischer Herausforderung auszubauen. Hierfür dürfte es jedoch entscheidend sein, dass der erwirtschaftete Wohlstand nicht nur in die Taschen der Betriebe und Konzerne wandert, sondern auch an die Beschäftigten weitergegeben wird. Dann könnten diese sogar noch höhere Rentenbeiträge zahlen und hätten trotzdem mehr Geld in der Tasche. Kurzum: »Produktivität schlägt Demografie!«[16]

Ähnliche Überlegungen ermöglichen auch eine andere, »generationenneutrale« Sicht auf das Finanzierungsproblem in der gesetzlichen Krankenversicherung. Denn dieses ist kein reines Ausgabenproblem, das bekanntlich gerne auf den wachsenden Anteil alter Menschen an den Versicherten geschoben wird, sondern auch ein Einnahmenproblem.[17] Arbeitslosigkeit und zu niedrige Löhne reißen auch hier riesige Löcher in die Kassen. Hinzu kommt, dass gerade Langzeitarbeitslosigkeit gesundheitsschädigendes Verhalten bei den Betroffenen begünstigt (z. B. durch Bewegungsmangel, Fehlernährung und gesteigerten Suchtmittelkonsum), was wiederum die Krankheitskosten erhöhen kann. Auch der medizinische Fortschritt ist als Kostentreiber bedeutsamer als die Altersstruktur der Versicherten (vgl. Kapitel 11). Allerdings zeigt ein Blick in die Vergangenheit, dass der medizinische Fortschritt über eine Verbesserung der Vorsorge sowie effizientere und effektivere Therapien in manchen Bereichen auch zu Einsparungen bei den Krankheitskosten führen kann. Als »Sündenbock« für eine immer teurere Gesundheitsversorgung ist er daher nur teilweise geeignet.

Dies gilt auch für den demografischen Wandel, da die simple Gleichsetzung von Alter mit Krankheit und Pflegebedürftigkeit ein Irrglaube ist.[18] Zahlreiche Studien zur Morbiditätsentwicklung in Abhängigkeit vom Lebensalter weisen darauf hin, dass die einfache Formel »Je älter, desto kränker« nicht zutrifft, so wie es die Medikalisierungsthese behauptet. Es spricht sogar einiges dafür, dass Menschen heute gesunder altern als früher und im Alter einen zunehmend längeren Zeitraum in relativ gesunder Verfassung verbringen. Dies unterstützt die konkurrierende Kompressionsthese, wonach die Krankheitslast mit zunehmender Alterung der Bevölkerung nicht zunimmt, sondern lediglich in die allerletzte Lebensphase unmittelbar vor dem Tod verschoben wird. Krankenkassendaten zeigen zwar, dass die durchschnittlichen Pro-Kopf-Ausgaben für Gesundheit mit dem Lebensalter steigen, sie zeigen jedoch auch, dass die teuerste Phase diejenige unmittelbar vor dem Tod ist. Letzteres gilt jedoch unabhängig vom Alter und – sofern man sich bei der Betrachtung auf die Gruppe der alten Menschen beschränken würde – vor allem für die jungen Alten, da bei diesen noch eher intensive und aufwendige Therapien zum Einsatz kommen. Da jeder Mensch nur einmal stirbt, folgt aus diesen Beobachtungen aber auch, dass durch eine weitere Alterung der Gesellschaft die Kosten für Gesundheit nicht wesentlich nach oben getrieben würden.[19] Im Umkehrschluss heißt dies jedoch, dass von einer Altersrationierung bei den medizinischen Leistungen zumindest keine erheblichen Kostendämpfungseffekte zu erwarten wären, wie bisweilen behauptet wird (vgl. Kapitel 14).

Will man im Bereich der Gesundheitsversorgung sinnvoll sparen, lässt sich zum Beispiel besser bei einer Eindämmung von nutzloser Überversorgung in manchen Bereichen der medizinischen Versorgung ansetzen. Dies könnte z. B. durch einen Abbau von (wirtschaftlichen) Fehlanreizen für die medizinischen Versorger und eine Verbesserung der ärztlichen Fort- und Weiterbildung erreicht werden, wodurch manch teure, aber nutzlose Diagnostik und Therapie vermieden werden könnte (z. B. radiologische Diagnostik bei leichten Rückenschmerzen oder Antibiotika bei banalen Infekten).

Die steigenden Pflegekosten bedürfen einer gesonderten Betrachtung, da der steigende Anteil insbesondere hochbetagter Menschen (80+) dabei unstrittig der wichtigste Faktor ist. Allerdings stellt sich hier das Ausgabenproblem anders dar, da die gesetzliche Pflegeversicherung als »Teilkaskoversicherung« konzipiert ist und ohnehin nur einen geringeren Anteil der tatsächlichen Kosten abdeckt. Die Hauptbelastung liegt, volkswirtschaftlich betrachtet, bei den privaten Haushalten, die sehr viel Geld und Zeit für die Pflege und Betreuung ihrer pflegebedürftigen Angehörigen aufbringen. Damit auch in Zukunft die Bereitschaft dazu nicht schwindet, darf das Band der Solidarität zwischen den Generationen keine Risse bekommen. Allein deswegen dürfen wir uns nicht dazu verleiten lassen, den demografischen Wandel zu dem zentralen Erklärungsmotiv für aktuelle und zukünftige Probleme bei Rente, Gesundheit und Ökologie zu machen.

Kapitel 17: Alte Menschen besser schützen

Eine der potenziell tödlichsten Waffen im Generationenkrieg ist die Rationierung derjenigen Ressourcen, die zur Gewährleistung einer menschenwürdigen Pflege und adäquaten medizinischen Versorgung erforderlich sind (vgl. Kapitel 11). Im medizinischen Bereich kann das Unterlassen bzw. Vorenthalten einer wirksamen Therapie zu schwerwiegenden gesundheitlichen Schäden oder gar zum Tod des Betroffenen führen. Aber auch eine unzureichende Ausstattung des Pflegesektors kann fatale Folgen haben. Eine davon ist die Begünstigung von gewalttätigen Übergriffen gegen alte Menschen. Hier können vorbeugende Maßnahmen sinnvoll ansetzen.

Prävention von Gewalt in der institutionellen Pflege

Allein aufgrund ihrer Abhängigkeit und Verletzlichkeit sind alte, pflegebedürftige Menschen besonders gefährdet, Opfer von Gewalt und Misshandlung zu werden. Die Formen der Gewalt gegen alte Menschen in der Pflege sind vielfältig und reichen von körperlicher und psychischer Misshandlung über verbale Aggression, pflegerische und emotionale Vernachlässigung bis hin zum Einsatz freiheitsentziehender und freiheitsbeschränkender Maßnahmen, einschließlich des Missbrauchs von Psychopharmaka.

In der Vergangenheit wurde wiederholt auf entsprechende Missstände in deutschen Pflegeheimen hingewiesen, was stets ein hohes Maß an öffentlicher Empörung garantierte. Dabei darf jedoch nicht vergessen werden, dass eine Mehrheit der Heime und die darin Beschäftigten sich tagtäglich mit großem Engagement um eine menschenwürdige und qualitativ gute Pflege bemühen. Wenn es dennoch immer wieder zu Gewalt gegen Pflegebedürftige kommt, so sind die Ursachen hierfür häufig nicht so sehr im individuellen Versagen als vielmehr in den institutionellen Rahmenbedingungen zu suchen. Dieser Zusammenhang ist am Beispiel der häufigsten Gewaltform in Pflegeheimen, dem Einsatz sogenannter freiheitsentziehender Maßnahmen, gut zu verdeutlichen:[1] Internationalen Studien zufolge sind bis zu 70 % aller Pflegeheimbewohner regelmäßig von freiheitsentziehenden Maßnahmen betroffen. Repräsentative Erhebungen liegen für die deutsche Situation nicht vor. Der Medizinische Dienst der Krankenkassen schätzt allerdings, dass 20 % der über 700 000 Altenpflegeheimbewohner in Deutschland regelmäßig fixiert werden. Diese Zahl wird durch eine umfangreiche Stichtagerhebung in dreißig Hamburger Pflegeheimen bestätigt, die für freiheitsentziehende Maßnahmen eine Quote von 26 % ermittelte.[2]

Eingesetzt werden zum Beispiel die Unterbringung auf einer geschlossenen Station, aber auch körpernahe Fixierungen mittels Fixiergurten oder Gurtsystemen, Tisch- bzw. Steckbrettern oder sonstigen mechanischen Vorrichtungen (Leibchen, Bandagen). Auch der häufig als harmlos empfundene Einsatz eines Bettgitters wird zu den (unterbringungsähnlichen) freiheitsentziehenden Maßnahmen gerechnet. Zweischneidig ist der Einsatz von Psychopharmaka: Erfolgt dieser ausschließlich oder überwiegend zur Ruhigstellung und nicht aus therapeutischen Gründen, dann ist er eindeutig als freiheitsentziehende bzw. unterbringungsähnliche Maßnahme zu werten.

Da freiheitsentziehende Maßnahmen immer ein Eingriff in die persönliche Integrität und die Verletzung eines fundamentalen Menschenrechtes bedeuten, sind die oben genannten Zahlen erschreckend hoch. Zwar muss der Einsatz freiheitsentziehender Maßnahmen in jedem Fall durch einen Richter genehmigt werden, da es sich sonst um einen Straftatbestand handeln würde, dies geschieht jedoch in der Praxis nicht immer mit der notwendigen Sorgfalt, da die Einzelfallprüfung aufwendig und die Fälle sehr zahlreich sind. Hinzu kommen die gut dokumentierten gesundheitlichen Folgeschäden. Hierzu zählen z. B. die Entstehung von Druckulzera (»Durchliegen«) und Gelenkversteifungen, aber auch eine allgemeine Abnahme der Gehfähigkeit mit erhöhter Sturzgefährdung. Immer wieder wird über Todesfälle (zum Beispiel durch Strangulation oder Thoraxkompression) berichtet.[3] Aber auch die Psyche leidet: Freiheitsentziehende Maßnahmen verstärken apathisches Verhalten und Aggressivität. Die kognitiven Fähigkeiten des Betroffenen nehmen weiter ab, was vor allem für Menschen mit Demenz fatal ist. Fixierungen und sonstige Bewegungseinschränkungen provozieren eine Steigerung von Unruhe und Abwehr, die häufig wiederum durch die zusätzliche Gabe von Psychopharmaka »behandelt« wird. Die Alltagskompetenz wird insgesamt reduziert und damit die Pflegebedürftigkeit gesteigert. So gesehen kann die Einleitung einer Fixierung bei einem sturzgefährdeten, unruhigen und verwirrten und pflegebedürftigen Patienten, die vermeintlich zum Schutz des Betroffenen durchgeführt wurde, den Einstieg in einen Teufelskreis bedeuten, der genau denjenigen Zustand aufrechterhält oder sogar verschlimmert, der die Fixierung ursprünglich begründet hat.

Tatsächlich werden freiheitsentziehende Maßnahmen in der Pflege zumeist mit der Schutzpflicht des Heims gegenüber der zu pflegenden Person begründet. Rechtlich zulässig ist ihr Einsatz jedoch nur dann, wenn er *ausschließlich* dem Wohl der Betroffenen dient und darüber hinaus andere Möglichkeiten, Schaden von dem Patienten bzw. Bewohner abzuwenden, ausgeschöpft sind (»Ultima Ratio«). Das wäre zum Beispiel der Fall, wenn ein unruhiger und verwirrter Heimbewohner auf andere Weise nicht vor einem Sturz bewahrt werden kann oder sich durch ein unbeaufsichtigtes Verlassen des Heims selbst gefährden würde. Hier wird der Zusammenhang zwischen institutionellen Rahmenbedingungen und Freiheitsentzug deutlich: Denn womöglich ließe sich dieser vermeiden, wenn das Heim über ausreichend qualifiziertes Personal und geeignete Pflegekonzepte verfügen würde.

Die wichtige Rolle institutioneller Rahmenbedingungen für die Prävention von Gewalt in der Pflege wird durch die Beobachtung gestützt, dass die Häufigkeit freiheitsentziehender Maßnahmen von Pflegeeinrichtung zu Pflegeeinrichtung höchst unterschiedlich ist. Allein eine Erhöhung des Personalschlüssels reicht jedoch als vorbeugende Maßnahme nicht aus. Bedeutsam sind auch die allgemeine »Pflegephilosophie« des Heimes, die Qualifikation und Einstellung der Pflegekräfte und die Vorhaltung spezieller Betreuungsangebote (z. B. speziell ausgestattete Wohnbereiche für Menschen mit Demenz).

Daher hilft es nicht, wenn durch teilweise reißerische Berichterstattung über Missstände pauschal ein ganzer Berufsstand in Misskredit gebracht wird. Dies führt nicht dazu, die Attraktivität des Altenpflegeberufes zu erhöhen, sondern treibt die dringend benötigten Pflegekräfte eher noch aus dem Beruf heraus.

Hier gilt es anzusetzen:

- Die wichtigste Maßnahme, um Heimbewohner vor Gewalt zu schützen, ist eine Stärkung des Pflegeberufes. Das fängt bei einer Verbesserung der Ausbildung und berufsbegleitenden Qualifikation an. Dazu gehören auch bessere Löhne und eine ausreichende Personalbemessung, um Pflegekräfte vor chronischer Überlastung zu schützen. Rationierung und Bürokratisierung wirken diesem Ziel entgegen. Die im Koalitionsvertrag der Ampel-Regierung formulierten Absichten gehen hier in die richtige Richtung. Sie werden jedoch nur dann ausreichen, wenn sie konsequent umgesetzt werden.

- Pflegekräften sollten arbeitsbegleitend regelmäßige Supervisionsangebote gemacht werden. Denn gerade in der Betreuung von Menschen mit Demenz und anderen Bewohnern, die unter Verhaltensauffälligkeiten leiden, sind Altenpflegekräfte besonderen psychischen Belastungen ausgesetzt. Können diese nicht verarbeitet werden, wird der Weg in den Burnout beschleunigt.

- Auch die Implementierung von Pflegestandards und -routinen, die einen alternativen Umgang mit herausfordernden Verhaltensweisen von Bewohnern ermöglichen, trägt zu einer höheren Arbeitszufriedenheit der professionell Pflegenden bei und schützt die Bewohner gleichzeitig vor Gewalt. Hierzu zählen z. B. der Einsatz von kreativtherapeutischen Interventionen oder spezielle Kommunikationstrainings, die die Pflegenden besser auf schwierige Situationen in ihrem Arbeitsalltag vorbereiten.[4]

- Pflegerechtsexperten weisen darauf hin, dass die bestehenden Kontrollmöglichkeiten nicht auf die Entdeckung oder Prävention von Gewalt ausgerichtet sind.[5] Insofern könnte es sinnvoll sein, die Heime diesbezüglich besser zu kontrollieren. Zwar haben die Heimaufsichten bei offenkundigen Missständen bereits heute die Möglichkeit einzugreifen, bis hin zum Entzug der Betriebserlaubnis, allerdings wird die Pflegequalität selten durch direkte Beobachtung überprüft. Auch die Mitarbeitenden des Medizinischen Dienstes der Krankenkassen prüfen hauptsächlich anhand der Pflegedokumentation und sind darüber hinaus nicht in Gewaltprävention und -erkennung geschult. Durch gezielte Fortbildungen ließe sich hier Abhilfe schaffen.

- Auch die Einrichtung von unabhängigen Beratungs- und Beschwerdestellen oder die Einsetzung von Ombudspersonen in den Pflegeheimen würde es von Gewalt betroffenen Heimbewohnern oder deren Angehörigen ermöglichen, sich besser gegen unzulässige Übergriffe zu wehren.

- Schließlich kommt den Hausärzten eine große Verantwortung beim Schutz der Heimbewohner vor Gewalt und Misshandlung zu. Sie sind es, die die Bewohner im Rahmen von Hausbesuchen regelmäßig sehen und medizinisch untersuchen. In der Regel hat der behandelnde Arzt nur einen geringen Einfluss auf die Organisationsform des von ihm betreuten Pflegeheimes. Ergibt sich jedoch bei seiner alltäglichen Arbeit der Verdacht auf Missstände (z. B. leichtfertiger oder unkritischer Einsatz freiheitsentziehender Maßnahmen), so sollte er sich nicht scheuen, dies offen zur Sprache zu bringen. Darüber hinaus spielen Ärzte eine entscheidende Rolle sowohl bei der Verordnung von Psychopharmaka als auch bei Einleitung von freiheitsentziehenden Maßnahmen (z. B. durch Ausfertigung einer ärztlichen Bescheinigung für das Gericht oder durch direkte Anordnung). Der Prävention von Gewalt gegen pflegebedürftige alte Menschen sollte daher auch in der ärztlichen Fort- und Weiterbildung eine größere Aufmerksamkeit geschenkt werden.

Prävention von Gewalt in der häuslichen (privaten) Pflege

Drei Viertel der über vier Millionen Pflegebedürftigen in Deutschland (entsprechend 3 Millionen Menschen) leben nicht im Heim, sondern zu Hause. Dort werden sie aktuell von 4,8 Millionen Angehörigen (zumeist Ehepartner, Töchter oder Schwiegertöchter) versorgt. Auch hier kann es zu gewalttätigen Übergriffen kommen. Dies geschieht insbesondere dann, wenn schwierige Situationen und Konflikte eskalieren und die Nerven im alltäglichen Pflegestress blank liegen. Hierzu legte das Zentrum für Qualität in der Pflege kürzlich die Ergebnisse einer repräsentativen Studie vor.[6] In der anonymisierten Befragung gaben 40 % der pflegenden Angehörigen an, in den vergangenen sechs Monaten gegenüber dem pflegebedürftigen Familienmitglied mindestens einmal absichtlich gewalttätiges Verhalten gezeigt zu haben. Hierzu zählten: psychische Gewalt (z. B. Anschreien, Bedrohen, Beleidigen etc.: 32 %), körperliche Gewalt (z. B. Schlagen, Stoßen, Treten, grobes Anfassen: 12 %), Vernachlässigung (11 %) und die

Anwendung freiheitsentziehender Maßnahmen (6 %). Mehrfachnennungen waren möglich.

Diese Zahlen sind umso beunruhigender, wenn man bedenkt, dass privat gepflegte Menschen von ihren Betreuungspersonen auch psychologisch gesehen oft viel abhängiger und diesen noch ausgelieferter sind als Heimbewohner. Darüber hinaus gibt es im privaten Bereich noch weniger externe Kontrollmöglichkeiten.

Sollte die Schere zwischen der Zahl der Pflegebedürftigen und der in den Familien verfügbaren Pflegepersonen in Zukunft weiter aufgehen, ist bei den pflegenden Angehörigen mit einem Anstieg von Stress und psychologischer Überforderung zu rechnen, wodurch das Risiko für Misshandlung und Vernachlässigung in den privaten Pflegebeziehungen weiter steigen wird.

Um dieser Entwicklung etwas entgegenzusetzen, sind insbesondere folgende Maßnahmen von Bedeutung:

- Private Pflegearrangements müssen weiter gestärkt werden. Gesetzlich bereits bestehende Unterstützungsmöglichkeiten für pflegende Familien dürfen auf keinen Fall hinterfragt, sondern müssen ggf. weiter ausgebaut werden. Hierzu zählen die Leistungen der Pflegeversicherung wie das Pflegegeld, die Pflegesachleistungen und die Inanspruchnahmemöglichkeit von ambulanten Pflegediensten, Kurzzeit-, Verhinderungs- und Teilzeitpflege (Tages- bzw. Nachtpflege), die Förderung der Vereinbarkeit von Pflege und Beruf (durch die Möglichkeit, Pflegezeit bzw. Familienpflegezeit in Anspruch zu nehmen) und die soziale Absicherung der privaten Pflegepersonen (z. B. durch Beitragszahlungen der Pflegeversicherung an die Rentenversicherung).

- Die gesetzlichen Schutzmechanismen und Schutzmöglichkeiten für privat gepflegte Personen müssen verbessert werden. Die Familienrechtsexpertin und stellvertretende Vorsitzende des Landespräventionsrates Hessen Gisela Zenz empfiehlt hierzu, die im Sozialgesetzbuch vorgesehenen regelmäßigen Hausbesuche im Rahmen der Pflegeversicherung stärker zu nutzen. Die Mitarbeitenden der Medizinischen Dienste müssten dazu geschult werden, Hinweise für stattgehabte oder drohende Gewaltanwendung besser zu erkennen. Dadurch könnten gezielte Präventions- und Beratungsangebote eingeleitet werden. Darüber hinaus sollte erwogen werden, die rechtlichen Schutzmöglichkeiten im Rahmen des Kindes- und Jugendschutzes auf die Prävention von Gewalt in der häuslichen Pflege zu übertragen. So könne das Jugendamt bei Verdacht auf Gewalt gegen Kinder und Jugendliche das Familiengericht einschalten, das im Bedarfsfall Hilfen, Beratungen und Mediation vermitteln oder sonstige Maßnahmen einleiten kann, um die Gefährdung abzuwenden. Einen ähnlich funktionierenden Mechanismus gibt es derzeit in der häuslichen Pflege nicht. Die Einführung des Begriffs der »Altenwohlgefährdung« in das Familienrecht, in Analogie zur Kindeswohlgefährdung, könnte hier Abhilfe schaffen.

Rechtliche Schutzlücken für Altersdiskriminierung schließen

Außerhalb von Medizin und Pflege gibt es noch andere Bereiche, in denen Menschen aufgrund ihres Alters regelmäßig Diskriminierungserfahrungen ausgesetzt sind. Beispielhaft seien hier Diskriminierungen im Arbeitsleben oder beim Zugang zu Finanzdienstleistungen (z. B. Versicherungen, Kreditverträge) genannt, von denen insbesondere jung-alte Menschen betroffen sein können. In einer 2015 durchgeführten Repräsentativbefragung der Antidiskriminierungsstelle des Bundes wurde Altersdiskriminierung als die häufigste Form der Diskriminierung noch vor der Diskriminierung aufgrund des Geschlechts und der rassistischen Diskriminierung genannt.[7]

»Alle Menschen sind vor dem Gesetz gleich«, heißt es im Artikel 3, Absatz 1 des Grundgesetzes. Aus diesem allgemeinen Gleichheitsgrundsatz lässt sich auch ein Diskriminierungsverbot aufgrund des Lebensalters ableiten. Wer weiterliest, wird allerdings enttäuscht. Denn in der Liste der verbotenen Diskriminierungsmerkmale wie z. B. Geschlecht, Herkunft, Religion oder Behinderung ist das Alter im Absatz 3 desselben Grundgesetzartikels gar nicht aufgeführt.

Das 2006 in Kraft getretene Allgemeine Gleichbehandlungsgesetz (AGG) – umgangssprachlich auch als »Antidiskriminierungsgesetz« bekannt – geht in dieser Hinsicht einen Schritt weiter. So werden im AGG nicht nur Diskriminierungen aus rassistischen Gründen bzw. aufgrund der ethnischen Herkunft, wegen des Geschlechts, der Religion oder der Weltanschauung, einer Behinderung und der sexuellen Identität verboten, sondern ausdrücklich auch Diskriminierungen aufgrund des Lebensalters.[8] Damit sind konsequenterweise nicht nur unzulässige Ungleichbehandlungen aufgrund eines »zu hohen«, sondern auch aufgrund eines »zu jungen« Alters gemeint. Das AGG gilt jedoch nicht für alle Diskriminierungsarten und auch nicht in allen gesellschaftlichen Bereichen, sondern begründet im Wesentlichen einen Schutz vor Benachteiligungen im Arbeitsleben und im Zivilrecht. Zudem machen Rechtsexperten darauf aufmerksam, dass der gewährte Schutz selbst in diesen Bereichen Lücken aufweist, insofern sowohl arbeitsrechtlich als auch zivilrechtlich Ausnahmetatbestände bzw. Rechtfertigungsklauseln für Ungleichbehandlungen bestehen und sich das zivilrechtliche Benachteiligungsverbot nur auf sogenannte »Massengeschäfte« und nicht auf den diskriminierungsfreien Zugang zu Waren und Dienstleistungen beziehe.[9]

Die Aufnahme des Kriteriums Lebensalter in das Antidiskriminierungsgesetz ist demnach zwar ein Schritt in die richtige Richtung, sie macht eine Ergänzung bzw. Präzisierung des Grundgesetzes jedoch nicht überflüssig. Denn, so das Deutsche Institut für Menschenrechte: »Wo ein solches explizites Merkmal fehlt, sind Diskriminierungen aufgrund des Alters und insbesondere älterer Menschen [...] in der Monitoring- und Spruchpraxis der Menschenrechtsorgane und der Staaten kaum sichtbar«[10]. Eine Aufnahme des Lebensalters in den Artikel 3 des Grundgesetzes würde dagegen die Schutzpflicht des Staates betonen, zu der auch die Verpflichtung zum Erlass wirksamer Antidiskriminierungsgesetze gehört.[11] Auch vor dem Hintergrund, dass das Kriterium Lebensalter im Diskriminierungsverbot des Artikels 21 der Europäischen Grundrechtecharta ausdrücklich genannt wird und der Europäische Gerichtshof bereits 2005 aus dem allgemeinen Gleichheitsgrundsatz ein Verbot der Altersdiskriminierung abgeleitet hat,[12] scheint hier verfassungsrechtlicher Nachholbedarf zu bestehen.

Diese Schlussfolgerung wird durch das Ergebnis einer repräsentativen Umfrage des Meinungsforschungsinstituts Kantar Emnid aus dem Jahr 2019 unterstützt.[13] Demnach hält eine Mehrheit der Deutschen den derzeitigen Grundrechtsschutz für unvollständig und spricht sich für eine ausdrückliche verfassungsrechtliche Verankerung des Schutzes vor Diskriminierung wegen des Lebensalters aus (56 %). »Gerade in Zeiten, in denen Vorurteile und Hass lauter geäußert werden«, kommentiert die Antidiskriminierungsstelle des Bundes dieses klare Votum, »wäre es ein wichtiges Signal, den Schutz vor Diskriminierung [...] wegen des Alters klar im Grundgesetz zu verankern«[14].

Auch auf der Ebene des internationalen Rechts wird von Alten- und Menschenrechtsexperten Handlungsbedarf gesehen. Hier ist das Diskriminierungsverbot aufgrund des Alters bisher nur in der UN-Behindertenrechtskonvention (UN-BRK) ausdrücklich aufgeführt.[15] Allerdings fällt selbst in der Gruppe der hochaltrigen (über 80-jährigen) Menschen lediglich die Hälfte unter die Schutzwirkung dieser Regelungen. Für alle übrigen alten Menschen bietet die UN-BRK keinen ausreichenden Schutz, da sie nicht behindert im Sinne des UN-BRK sind. Die Verabschiedung einer UN-Konvention für die Rechte älterer Personen, wie sie derzeit noch in Arbeitsgruppen und Gremien der Vereinten Nationen diskutiert wird,[16] könnte daher auf internationaler, aber auch auf nationaler Ebene dazu beitragen, das öffentliche Bewusstsein für drohende oder manifeste Altersdiskriminierungen und Verletzungen der Menschenrechte alter Personen zu stärken und Regierungen, gesetzgebende Gremien und sonstige mit dem Wohlergehen dieser Bevölkerungsgruppe betraute Institutionen dazu ermahnen, diese zu schützen bzw. präventive Maßnahmen zu ihrem Schutz zu ergreifen.[17]

Kapitel 18: Gerecht sollte es schon sein

Generationengerechtigkeit gilt dann als verwirklicht, wenn die Chancen der nachfolgenden Generation, sich ihre Bedürfnisse erfüllen zu können, mindestens genau so groß sind wie die der Vorgängergeneration.[1] Wie allein schon der Blick in die jüngere Geschichte zeigt, handelt es sich dabei allerdings um einen nicht immer zu erreichenden Idealzustand. Denn selbst wenn die gerade in der Verantwortung stehende Elterngeneration stets im höchsten Maße nachhaltig und »enkelgerecht« entscheiden und wirtschaften würde, um ihren Nachkommen einen ebenso hohen oder gar besseren Lebensstandard zu ermöglichen, könnte dieses erstrebenswerte Ziel doch niemals garantiert werden. Zu komplex und dynamisch sind gerade in einer globalisierten Welt die politischen und ökonomischen Verflechtungen, zu groß die Unwägbarkeiten, die Wirtschaftswachstum und Wohlstandsentwicklung der Volkswirtschaften einschließlich der Leistungsfähigkeit ihrer sozialen Sicherungssysteme beeinflussen können.

Hinzu kommt die schwierige Frage, wie der anzustrebende Zustand einer Gleich- oder Besserstellung eigentlich (objektiv) festgestellt werden kann. Reine Querschnittsbetrachtungen, bei denen etwa Lebensstandards zwischen den aktuell lebenden Altersgruppen nebeneinandergestellt werden, greifen hier zu kurz. Das liegt allein schon an der Tatsache, dass Menschen in unterschiedlichen Lebensphasen zeitweise »Nettozahler« oder »Nettoempfänger« sein können. Daher bräuchte man Längsschnittbetrachtungen, die mit hinreichender Genauigkeit Lebensbilanzen bzw. »Wohlfahrtsbilanzen« über die gesamte Lebensspanne zwischen Generationen vergleichbar machen.[2] Gerade die vorausschauende Erstellung solcher Bilanzen ist aber ein außerordentlich schwieriges Unterfangen, das – selbst wenn es seriös angegangen wird – teilweise auf vagen Annahmen beruht und daher zu entsprechend unsicheren Ergebnissen führt. Kurzum, wie hoch z. B. die Rente der Millennials oder der Zoomer in 30 oder 40 Jahren einmal tatsächlich ausfallen wird und was dies dann für deren Lebensstandard bedeuten würde, bewegt sich im Bereich des Spekulativen.

Darüber hinaus führt die isolierte Betrachtung wohlfahrtsstaatlicher Versorgungsleistungen (wie der gesetzlichen Altersrente) zu einer verzerrten Betrachtung, indem sie wertvolle soziale und materielle Transferleistungen der Älteren für die Jüngeren ausblendet. Diese finden auf der familiären Ebene z. B. in Form von finanziellen Unterstützungen, Erbschaften, Schenkungen oder Enkelbetreuungsdiensten, auf der gesellschaftlichen Ebene in Form von Steuerzahlungen oder ehrenamtlichem Engagement statt. So weisen Studien zum sogenannten *Generational accounting*, d. h. zur Frage umfassender Bilanzen von Gütertransfers zwischen den Alterskohorten, darauf hin, dass die heute Jüngeren insgesamt immer noch mehr von den Älterem erhalten, als sie an diese zahlen, insbesondere wenn die umfassenden Bildungsausgaben, die in den früheren Studien fehlten, mit berücksichtigt werden.[3]

Anhand dieser wenigen Überlegungen wird deutlich, dass sich die Frage, wie Generationengerechtigkeit erreicht werden kann, schon bei der Diagnose der Ausgangssituation mit großen Herausforderungen konfrontiert sieht. So entsteht der Eindruck, dass es oft weniger die tatsächlichen als vielmehr die *gefühlten* Ungerechtigkeiten sind, die das Klima in der aktuellen (und vergangenen) Generationendebatte bestimmen. Ein Vertrauensverlust, der die Akzeptanz des Generationenvertrags und damit die Solidarität zwischen Jung und Alt infrage stellen könnte, droht insbesondere dann, wenn der Aufruf zur Solidarität und das Gerechtigkeitsempfinden in ein Spannungsverhältnis geraten, weil die Ausübung von Solidarität mit Belastungen einhergeht, die die Beteiligten tatsächlich oder vermeintlich überfordern.

Politik gestaltet die Rahmenbedingungen, in denen sich solidarische Generationenbeziehungen verwirklichen können. Daher trägt sie insbesondere in den im Folgenden dargestellten Feldern eine entscheidende Verantwortung für den Erhalt des Vertrauens und die Schaffung von Akzeptanz für die Institutionen, die Generationengerechtigkeit gewährleisten sollen.

Altersrente gerecht gestalten

Die Rentenfinanzierung ist eine sozialpolitische Dauerbaustelle. Das ist jedoch nicht weiter tragisch, sondern zeigt nur, dass hier im politischen Tagesgeschäft ständig darum gerungen wird, Einnahmen und Ausgaben unter wechselnden ökonomischen, demografischen und historischen Bedingungen auszutarieren und dabei zugleich die Leistungsfähigkeit des Systems zu erhalten. Die materielle Alterssicherung, zu der die gesetzliche Rente, flankiert durch die Betriebsrente und die private Altersvorsorge, beiträgt, ist schließlich ein existenzielles Thema, das viele Menschen emotional bewegt und gerade junge Menschen in große Sorge versetzt.[4] Angesichts des sich aktuell vollziehenden Übergangs der Babyboomer in den Ruhestand wird es heute auch in Hinsicht auf die Generationengerechtigkeit wieder sehr emotional diskutiert.

Darüber, dass die Altersrenten auch langfristig gesichert werden müssen und dass es sich angesichts der demografischen Veränderungen um eine große Herausforderung handelt, besteht zwischen den Parteien Einigkeit. Der Zwist beginnt bei der Frage, *wie* dies am besten geschehen soll. Je nachdem, ob hier eher ein konservativer, ein wirtschaftsliberaler oder ein gewerkschaftsnaher Standpunkt eingenommen wird, fallen die Lösungsvorschläge recht unterschiedlich aus. Schließlich geht es ganz wesentlich auch um Verteilungsfragen und damit um allgemeine Fragen sozialer Gerechtigkeit. Fest steht, dass es aufgrund der demografischen Entwicklung zu erheblichen Mehrkosten in der gesetzlichen Rentenversicherung kommen wird. Diese Dynamik wird sich zwischen 2025 und 2035 mit besonders großer Geschwindigkeit vollziehen. Die entscheidende Frage ist, wie diese Kosten gerecht auf die unterschiedlichen Akteure (d. h. Rentner, Beitragszahler, Arbeitgeber und Steuerzahler) verteilt werden können. Dabei wird zweifelsohne auch die Generationengerechtigkeit berührt.

Selbstredend wäre es nicht gerecht, die Kosten einseitig nur einer Generation aufzubürden. Wie bereits an anderer Stelle dargestellt, wäre das etwa der Fall, wenn man die Generation der Babyboomer mit einem maßlos sinkenden Rentenniveau belasten würde (vgl. z. B. Kapitel 4):

- Der finanzielle Beitrag der aktuell in den Ruhestand tretenden Generation an den Lasten der demografischen Entwicklung ist durch die Rentenreformen der vergangenen Jahre bereits eingepreist. Die damit einhergehenden Leistungskürzungen werden die Babyboomer in naher Zukunft treffen. Viele Rentnerinnen und Rentner sind heute schon durch Altersarmut bedroht, obwohl sie ihr Leben lang gearbeitet haben. Es wäre geradezu paradox und noch dazu unfair, hier im Namen der »Generationengerechtigkeit« noch weitere Kürzungen draufzusatteln, ohne anderweitigen sozialen Ausgleich zu schaffen.

- Eine hundertprozentige Äquivalenz zwischen eingezahlten Beiträgen und späteren Rentenzahlungen hat es nie gegeben und kann es aus grundsätzlichen Erwägungen auch in Zukunft nicht geben. Allein volkswirtschaftlich betrachtet kann es keine Entwicklungsverläufe geben, bei dem alle Alterskohorten immer gleichbehandelt werden. Diese vollkommene Gleichbehandlung der Generationen ist eine naive Illusion, weswegen es weder aus politischer noch aus rechtlicher Sicht einen Anspruch darauf geben kann.

- Insofern eine drohende Ungleichbehandlung der jungen Generationen gegenüber der aktuell in den Ruhestand tretenden Generation beklagt wird, ist dies als sozialpolitisches Problem ernst zu nehmen. Allerdings unterlagen bereits die Babyboomer einer Ungleichbehandlung in Bezug auf ihre Vorgängergeneration. Schuldzuweisungen bzw. Diffamierungen (z. B. »gierige Rentner«) halfen bereits in der Vergangenheit nicht weiter und werden dies auch heute nicht tun.

- Die einseitige Fokussierung auf die Altersrente blendet andere Transferleistungen der älteren für die jüngeren Generationen aus, die wesentlich zur Herstellung von Generationengerechtigkeit beitragen.

Ebenso ungerecht wäre es jedoch, die in der Rentenversicherung entstehenden Mehrkosten einseitig den Jüngeren in Form von maßlos steigenden Beitragssätzen aufzubürden, ohne daran gleichzeitig das verlässliche Versprechen auf zukünftig auskömmliche Renten knüpfen zu können. Schließlich können auch diese Generationen nicht für den demografischen Wandel verantwortlich gemacht werden. Hinzu kommt, wie oben bereits erwähnt, dass eine Überforderung der jungen Beitragszahler das Vertrauen in das System weiter erschüttern und dadurch dessen Akzeptanz infrage stellen würde.

Aber auch die dritte Option, das Stopfen der drohenden Finanzlöcher mit Steuermitteln, birgt die Gefahr von Ungerechtigkeiten, wenn sie überstrapaziert wird. Zwar werden die Steuern von den Angehörigen aller Generationen erbracht (und damit auch von den Rentnern selbst), aber die Steuergelder, die in das Rentensystem fließen, stehen für andere wichtige öffentliche Investitionen etwa Bildung oder Infrastruktur nicht mehr zur Verfügung.

Ein Weg zu einer möglichen Kompromissbildung wurde unlängst von der Kommission Verlässlicher Generationenvertrag im Auftrag des Bundessozialministeriums vorschlagen.[5] In ihrem 2020 veröffentlichten Abschlussbericht gibt sie einerseits Empfehlungen, wie das Finanzierungsgefüge der gesetzlichen Rentenversicherung für kommende Jahrzehnte neu justiert werden kann, und schlägt gleichzeitig ein Verfahren vor, wie dies auf verlässliche Weise geschehen könnte. Im Vorfeld der Kommissionsarbeit gab es einen »Generationendialog« in Form eines zweitägigen Workshops, bei dem Vertreter von Jugend- und Seniorenorganisationen mit den Kommissionsmitgliedern über die Frage »Was sind die Erwartungen an die Politik, um eine generationengerechte und nachhaltige Rentenpolitik zu gestalten?« diskutieren konnten.[6] Inwieweit die Ergebnisse dieses Austausches allerdings in die Empfehlungen der Kommission eingeflossen sind, bleibt unklar.

Im Kern beinhalten die Empfehlungen ein Bekenntnis zum bewährten Umlageverfahren und zur Einführung von gesetzlich festgelegten »Haltelinien«, die Unter- bzw. Obergrenzen für Rentenniveau bzw. Beitragssatz definieren. Um Verlässlichkeit und Stabilität zu gewährleisten, sollen *verbindliche* Haltelinien für sieben Jahre und *perspektivische* Haltelinien für fünfzehn Jahre eingeführt werden. Wenn eine Haltelinie z. B. aufgrund unvorhersehbarer wirtschaftlicher Entwicklungen nicht eingehalten werden kann, soll automatisch der Staat einspringen, um die Finanzierungslücke aus Steuermitteln zu decken. Darüber hinaus empfiehlt die Kommission Korridore für das Rentenniveau (zwischen 44 und 49 %) und den Beitragssatz (zwischen 20 und 24 %) ab dem Jahr 2025. Über die konkrete Festlegung der Haltelinien soll ein neu geschaffener Alterssicherungsbeirat in regelmäßigen Abständen Empfehlungen abgeben.[7] Eine Erhöhung der Regelaltersgrenze über das 67. Lebensjahr hinaus wird vorerst nicht empfohlen.

Insgesamt ist in den Empfehlungen der Rentenkommission das Bemühen um Generationengerechtigkeit erkennbar und der Versuch, zukünftige finanzielle Belastungen ausgewogen auf Rentner, Beitragszahler und Steuerzahler zu verteilen. Auch der zu Beginn der Kommissionsarbeit eingeleitete »Generationendialog« geht in die richtige Richtung. Es wäre allerdings zu wünschen, dass dieser keine einmalige, symbolische Veranstaltung bleibt, sondern als regelmäßiges Austauschforum mit den Mitgliedern des neuen Alterssicherungsbeirats fest institutionalisiert wird.

Auch die seit Dezember 2021 regierende »Ampelkoalition« hat sich die Förderung der Generationengerechtigkeit bei der Altersvorsorge auf die Fahne geschrieben.[8] Zur langfristigen Stabilisierung von Rentenniveau und Beitragssatz strebt sie u. a. den Einstieg in eine teilweise Kapitaldeckung der gesetzlichen Rentenversicherung an. Diese soll als dauerhafter Fond von einer unabhängigen öffentlich-rechtlichen Stelle professionell verwaltet werden und global anlegen. Für das Kollektiv der Beitragszahler (d. h. für die jüngere Generation der zukünftigen Rentner) soll der kapitalgedeckte Teil der gesetzlichen Rente dauerhaft eigentumsgeschützt sein. Ob dieses Modell allerdings halten kann, was seine Konstrukteure versprechen, ist von vielen schwer vorhersagbaren Faktoren (so z. B. der langfristigen Entwicklung der Renditen auf den Kapitalmärkten) abhängig.

Darüber hinaus löst die Beachtung der Generationengerechtigkeit bei der Rente nicht das allgemeine Gerechtigkeitsproblem. So sehen u. a. der Sozialverband Deutschland und der Deutsche Gewerkschaftsbund (DGB) den von der Kommission verlässlicher Generationenvertrag empfohlenen Korridor für das Rentenniveau schon jetzt als zu niedrig angesetzt.[9] Unter Verweis auf drohende Altersarmut fordern sie, das Rentenniveau bei 50 % zu stabilisieren und perspektivisch weiter anzuheben.

Auch ein Ausbau der staatlich unterstützten privaten Vorsorge, wie er ebenfalls von der Ampelkoalition angestrebt wird, kann laut DGB das allgemeine Gerechtigkeitsproblem nicht lösen, weil die Beschäftigten damit einen größeren Teil der Kosten des demografischen Wandels alleine tragen würden. Eine solche Politik reduziere nicht die wirklichen Kosten. Sie reduziere nur den Beitragssatz zur gesetzlichen Rentenversicherung. Die Kosten würden privatisiert und versteckt. Dies lasse jene mit unzureichenden Renten zurück, die nicht privat zusätzlich sparen und für das Alter vorsorgen können. Das eigentliche Problem besteht also in der ungleichen Verteilung von Vermögen und Einkommen.[10] Oder anders formuliert: Gerechtigkeit *zwischen* den Generationen ist ohne die Herstellung von Gerechtigkeit *innerhalb* der Generationen auf Dauer nicht zu erreichen.

Tatsächlich wären stabile oder sogar höhere Renten für die nachfolgenden Generationen grundsätzlich auch innerhalb des Umlagesystems finanzierbar, wenn man anerkennt, dass für die Einnahmeseite der Rentenversicherung weniger die Entwicklung der Bevölkerung im erwerbsfähigen Alter, sondern vielmehr die Zahl der *tatsächlich erwerbstätigen* und beitragszahlenden Beschäftigten maßgebend ist.[11] Denn die Höhe der Renten wird nur teilweise von der demografischen Entwicklung beeinflusst und ganz wesentlich auch von anderen (sozioökonomischen) Faktoren (vgl. Kapitel 16).

Damit entblößt auch der DGB den ständigen Verweis auf die Demografie als »Augenwischerei«, um von teilweise bedeutenderen Problemen der Rentenfinanzierung (Arbeitslosigkeit, Ausweitung des Niedriglohnsektors, sinkende Reallöhne etc.) abzulenken. Während jedoch die demografische Entwicklung in den nächsten Jahrzehnten weitgehend vorherbestimmt ist, können viele andere Faktoren kurzfristig gestaltet werden (z. B. im Bereich der Arbeitsmarkt-, Wirtschafts- und Sozialpolitik). Hieraus ergibt sich die Schlussfolgerung, dass das Politikfeld Altersvorsorge heute und in Zukunft nicht zu einem Schlachtfeld des Generationenkampfes ausgerufen werden darf. Abgesehen davon, dass dies nicht nur den sozialen Frieden nachhaltig erschüttern könnte, würde eine Polarisierung von Jung und Alt anhand der Rentenfrage schlichtweg in die Irre führen.

Gesundheitsversorgung: gerechte und transparente Priorisierung statt Rationierung

Dass sowohl die verdeckte als auch die offene Altersrationierung medizinischer Leistungen in einem solidarischen Gesundheitssystem aus ethischen Gründen abzulehnen sind, wurde bereits an anderer Stelle ausführlich begründet. Auch der Verweis auf Generationengerechtigkeit ändert an dieser Einschätzung nichts, da auch die drohenden Finanzierungsprobleme in der gesetzlichen Krankenversicherung im Wesentlichen nicht durch den demografischen Wandel getrieben werden. Befürworter des Lebenszyklusarguments (vgl. Kapitel 14) verweisen darauf, dass ja alle Menschen dieselben Lebensphasen durchlaufen und dadurch zu unterschiedlichen Zeitpunkten sowohl von den Vor- als auch von den Nachteilen einer Altersrationierung betroffen sein würden, weswegen es sich nicht um eine ungerechte Diskriminierung handeln würde. Abgesehen von den wahrscheinlich geringen Einspareffekten vernachlässigt diese Argumentation jedoch, dass eine Altersrationierung mit einer Ungleichbehandlung speziell der gealterten Babyboomer einhergehen würde, weswegen der Fairnessanspruch des Lebenszyklusarguments hier ins Leere läuft: Denn bei den für die Zukunft erwarteten demografisch bedingten Mehrbelastungen unseres Gesundheitswesens handelt es sich im Wesentlichen nicht um einen Altersgruppeneffekt, sondern um einen Kohorteneffekt, der auf die schiere Größe der Babyboomer-Generation zurückgeführt werden kann. Von einer in naher Zukunft eingeführten Altersrationierung wäre daher weder die vorhergehende noch die nachfolgenden Generationen in ähnlicher Weise betroffen, da sich die Kassenlage nach dem Ableben der »teuren« Babyboomer voraussichtlich wieder entspannen würde.

Gleichwohl sind für die Zukunft Szenarien vorstellbar, bei denen sich das Verhältnis von Einnahmen und Ausgaben in der gesetzlichen Krankenversicherung derart ungünstig entwickelt, dass das Gesundheitssystem – selbst nach Ausschöpfung aller Wirtschaftlichkeitsreserven – an die Grenzen seiner Finanzierbarkeit gerät: Eine etwas länger anhaltende Wirtschaftsflaute mit steigender Arbeitslosigkeit und einer Zunahme prekärer Jobverhältnisse – und schon könnte eine Situation eintreten, in der sich weitere Beitragserhöhungen verbieten, da sie sowohl die Beitragszahler als auch die Wirtschaft in unzumutbarer Weise belasten und die Akzeptanz des Systems insgesamt gefährden würden. Nach der Ausschöpfung womöglich noch vorhandener Rationalisierungsreserven wären dann Priorisierungen und Kürzungen bei den Leistungen die Folge, und – ähnlich wie bereits zu Beginn der 2000er Jahre – es dürfte nicht lange dauern, bis man die älteren Beitragszahler einmal mehr als »lohnende« Zielgruppe für Einsparungen entdeckt.

Als gerechte Alternative zur dann drohenden offenen Altersrationierung bietet sich die offene Priorisierung an, so wie sie z. B. in Schweden schon seit vielen Jahren erfolgreich praktiziert wird. Vor dem Hintergrund steigender Gesundheitsausgaben erarbeitete dort zu Beginn der 1990er Jahre eine durch Experten unterstützte Parlamentskommission drei ethisch (nicht primär ökonomisch) fundierte Prinzipien für die Priorisierung von medizinischen Leistungen:[12]

1. *Prinzip der Menschenwürde:* Allen Menschen kommt unabhängig von persönlichen Merkmalen und ihren Aufgaben in der Gesellschaft die gleiche Würde zu. Hierzu im Widerspruch stehende Priorisierungskriterien wie z. B. Lebensalter, sozialer Status oder Lebensstil werden explizit ausgeschlossen.

2. *Prinzip von Bedarf und Solidarität:* Es muss sichergestellt werden, dass die jeweils verfügbaren Ressourcen den Personen mit dem größten (objektivierbaren) Bedarf zugute kommen.

3. *Prinzip der Kosteneffizienz:* Innerhalb jedes Indikationsbereiches muss ein angemessenes Verhältnis von Kosten und Nutzen beachtet werden. Denn die wirtschaftliche (d. h. ressourcenschonende) Verwendung der von der Solidargemeinschaft zur Verfügung gestellten Mittel stellt ebenfalls eine ethische Verpflichtung dar.

Basierend auf diesen Grundprinzipien wurde ein Leitfaden zur Priorisierung bei klinischen Aktivitäten abgesteckt, der eine Rangfolge für verschiedene (abstrakte) Versorgungsbereiche festlegt (vgl. Tabelle 1).

Priorisierungsgruppe	Versorgungsbereich
IA	Versorgung von lebensbedrohlichen Erkrankungen und Erkrankungen, die unbehandelt zu permanenter Behinderung oder vorzeitigem Tod führen
IB	Versorgung von schwer chronischen Erkrankungen. Palliative Versorgung. Versorgung von Menschen mit eingeschränkter Autonomie
II	Individualisierte Prävention in Kontakten mit medizinischen Diensten, Habilitation/Rehabilitation
III	Versorgung von weniger schweren akuten und chronischen Erkrankungen
IV	Grenzfälle
V	Versorgung aus anderen Gründen als Erkrankungen oder Verletzungen

Abb. 7: Leitfaden zur Priorisierung bei klinischen Aktivitäten. Quelle: Heiner Raspe/Thorsten Meyer, Priorisierung. Vom schwedischen Vorbild lernen, in: Deutsches Ärzteblatt 106 (2009), S. A1037.

Vor dem Hintergrund dieser allgemeinen Priorisierungsmatrix stellte sich danach die Aufgabe, innerhalb einzelner Erkrankungsbereiche (z. B. der Demenztherapie) Kopplungen konkreter medizinischer Leistungen mit bestimmten Indikationen in eine Rangfolge zu bringen, die festlegt, welche Leistungen vorrangig finanziert werden sollen. Entsprechend der drei ethischen Grundprinzipien wurden dabei neben der wissenschaftlichen Evidenz für die Wirksamkeit einer Maßnahme auch die Schwere der Erkrankung, der

Bedarf sowie Kosten-Nutzen-Erwägungen berücksichtigt. Die Ranglisten wurden dann in Form von Priorisierungsleitlinien in die Versorgungspraxis eingebracht.

Bemerkenswerterweise hat sich nach Einführung der offenen Priorisierung in Schweden gezeigt, dass – im Gegensatz zur (offenen) Rationierung – zunächst einmal keine Leistung per se ausgeschlossen wurde. Dagegen habe, so die Versorgungsforscher Heiner Raspe und Thorsten Meyer, die Priorisierung über Versorgungsentscheidungen informiert und orientiert und damit zunächst gedanklich Ordnung geschaffen.[13] Der zentrale ethische Orientierungspunkt ist dabei – wie oben dargestellt – das Patientenwohl und nicht die Wirtschaftlichkeit, wenngleich klare und gerechte Kriterien an die Hand gegeben werden, an welcher Stelle in Zeiten knapper Kassen zuerst gespart werden könnte. So wäre z. B. die Versorgung von Menschen mit Demenz unter Zugrundelegung der obigen Tabelle der Priorisierungsgruppe IB (Versorgung von schwer chronischen Erkrankungen. Palliative Versorgung. Versorgung von Menschen mit eingeschränkter Autonomie) zuzuordnen und damit im Gesamtspektrum medizinischer Leistungen hoch priorisiert. Gemessen an den im Kapitel 11 dargestellten realen Defiziten in der Versorgung älterer, chronisch kranker Menschen wäre dies allein schon hinsichtlich der öffentlichen Wahrnehmung legitimer Ansprüche an eine angemessene medizinische Behandlung und pflegerische Betreuung als Fortschritt zu begrüßen.

In Anlehnung an den schwedischen Weg hat die Zentrale Ethikkommission der Bundesärztekammer bereits 2007 eine Stellungnahme erarbeitet, in der sie sich für eine breite öffentliche Diskussion über eine transparente und ethisch fundierte Priorisierung im System der gesetzlichen Krankenversicherung ausspricht und entsprechende Vorschläge zur Ausgestaltung macht.[14] Diese wurden jedoch von politischer Seite bislang nicht aufgegriffen. Auch im Sinne der Bewahrung des Generationenfriedens wäre es an der Zeit, diese Diskussion wiederzubeleben. Um die Akzeptanz dieses Vorgehens zu gewährleisten, sollte dies im Rahmen eines möglichst transparenten, öffentlichen Verfahrens geschehen, das neben der medizinischen und wissenschaftlichen Expertise die Sicht der Betroffenen miteinbezieht. Hierdurch würde auch der Kerngedanke eines solidarisch finanzierten Gesundheitssystems gestärkt, in dem Leistungsfähige für weniger Leistungsfähige, Gesunde für (chronisch) Kranke und Wohlhabende für weniger Wohlhabende Verantwortung übernehmen und dafür das Versprechen erhalten, dieselbe Solidarität zu erfahren, sollten sie im Laufe ihres Lebens einmal »die Seite« wechseln. Auch durch die Generationenbrille betrachtet ist das keine Einbahnstraße: Denn selbstverständlich finanzieren dabei auch fitte und wohlhabende alte Menschen die Behandlungen von kranken, weniger vermögenden jungen Menschen mit.

Klimagerechtigkeit

Es ist ungerecht, nachfolgenden Generationen einen Planeten mit hoffnungslos ruiniertem Ökosystem zu hinterlassen. Das bedarf keiner weiteren Diskussion. Dieser Gedanke und die damit verbundenen Appelle zur Abkehr von einer Wirtschaftsweise, die die Vernichtung unserer natürlichen Lebensgrundlagen riskiert, sind allerdings nicht neu. Spätestens seit den 1970er Jahren wächst auch in Deutschland in allen Altersgruppen die Zahl derjenigen, die diese Botschaft ernst nehmen und bereit sind, hierfür Konsumverzicht zu leisten oder andere Änderungen ihres Lebensstils in Kauf zu nehmen. Eine polarisierende Aufteilung der aktuell lebenden Menschen in diejenigen »Generationen«, die den Schlamassel verursacht haben, und diejenigen, die ihn in Zukunft ausbaden müssen, ist daher eine unzutreffende Vereinfachung.

Dies wird auch deutlich, wenn man die Historie eines der aktuell drängendsten globalen Ökoprojekte betrachtet – die Dekarbonisierung der Erdatmosphäre. Der sogenannte Treibhauseffekt wurde bereits Mitte des 19. Jahrhunderts beschrieben, ohne damals jedoch bereits bedrohliche Ausmaße anzunehmen. Etwas mehr als hundert Jahre später (1972) wies der Club of Rome erstmals auf die Grenzen des Wachstums hin und äußerte sich seitdem wiederholt zu den katastrophalen Folgen eines ungebremsten Klimawandels.[15] Damit wurde er zu einem wichtigen Referenzpunkt für die entstehende Umweltschutzbewegung, die nach ihrem politischen Erstarken nun seit mehreren Jahrzehnten als feste Größe in deutschen Parlamenten vertreten ist. An der Energiewende wird in Deutschland seit den 1990er Jahren ernsthaft gebastelt. Die naturwissenschaftlichen Grundlagen der hierfür erforderlichen Technologien – Fotovoltaik, E-Mobilität, moderne Windkraftanlagen – wurde von Angehörigen längst vergangener Generationen entdeckt und technologisch erschlossen. Es waren Angehörige der Kriegskindergeneration, der Babyboomer und der Generation X, die diese Technologien weiterentwickelt, verfeinert und schließlich deren breite Markteinführung umgesetzt haben. Auch die wissenschaftlichen Erkenntnisse über die Gefahren des Klimawandels wurden weitgehend von den Angehörigen dieser Generationen erarbeitet. Dass heute, zweihundertfünfzig Jahre nach Beginn der industriellen Revolution, der endgültige Ausstieg aus der fossilen Energiegewinnung nicht mehr eine ferne Utopie, sondern sowohl politisch als auch technologisch in greifbare Nähe gerückt ist, ist eine kulturelle Errungenschaft, die sich auf die Leistungen zahlreicher vorangehender Generationen stützen kann.

Gleichzeitig scheint der Menschheit die Zeit davonzulaufen. Es ist daher allzu verständlich, dass es nun die Zoomer und Millennials sind, die aufs Tempo drücken und mit besonderer Vehemenz den sofortigen und vollständigen Ausstieg einfordern. Schließlich sind sie es, die noch am längsten mit den zerstörerischen Folgen einer weiteren Verzögerung dieses überfälligen Schrittes leben müssten. Das Urteil des Bundesverfassungsgerichts vom Mai 2021, wonach die deutsche Regierung heute verpflichtet ist, die Weichen dafür zu stellen, dass künftigen Generationen nicht die

Hauptlast im Kampf gegen den Klimawandel aufgebürdet werde, hat eindrucksvoll unterstrichen, dass sie damit alles Recht auf ihrer Seite haben.[16]

Dass die Jugend dieses nicht nur für sie selbst, sondern für die ganze Menschheit bedeutende Anliegen mit erfrischender Unbefangenheit vortragen kann, hat jedoch noch einen anderen Grund: Aufgrund ihrer gesellschaftlichen Stellung verfolgen Kinder, Jugendliche und junge Erwachsene noch nicht in gleichem Maße wirtschaftliche Interessen wie ihre Eltern und Großeltern. Wie man zu einer forcierten Energiewende steht, hat aber nicht nur damit zu tun, welcher Generation man angehört, sondern auch damit, auf welcher Seite des wirtschaftlichen Spiels man sich befindet: kurzum, ob man zahlungskräftiger Konsument oder Habenichts, Wachstumsprofiteur oder Wachstumsverlierer, Ausbeuter oder Ausgebeuteter ist. Auch die Frage, ob man einen Arbeitsplatz besitzt, der von der Förderung fossiler Brennstoffe direkt oder indirekt abhängig ist, kann hier eine Rolle spielen. Die Scientists for Future weisen zu Recht darauf hin, dass die Beiträge zum Klimawandel sowie dessen Konsequenzen (Schäden ebenso wie Profite) in unterschiedlichen Dimensionen (geografisch, sozioökonomisch, historisch) ungleich verteilt sind.[17] So betrachtet ist Generationengerechtigkeit nur ein Teilaspekt des viel umfassenderen Konzepts der Klimagerechtigkeit.

Im Kern der Debatte um Klimagerechtigkeit steht die Erkenntnis, dass zwar alle Länder von den Folgen des Klimawandels betroffen sind oder sein werden, dass allerdings diejenigen, die am meisten dazu beigetragen haben, im Schnitt am wenigsten unter den Auswirkungen leiden (werden). Und umgekehrt: dass diejenigen, die durch geringen Ressourcenverbrauch und Ausstoß von Treibhausgasen am wenigsten für den Klimawandel verantwortlich sind, im Schnitt viel stärker den daraus resultierenden existenziellen Risiken ausgesetzt sind.[18] Strukturell betrachtet gehören also *alle* in der wohlhabenden Bundesrepublik Deutschland lebenden Menschen, einschließlich der demonstrierenden

Schülerinnen und Schüler, zu den Profiteuren des Klimawandels. Dies bringt zwar nicht das politische Anliegen der Klimajugend in Misskredit, mag aber dazu beitragen, den vermeintlich im Klimawandel begründeten Konflikt zwischen den hier und jetzt lebenden Generationen etwas distanzierter zu betrachten.

Auch die folgende Überlegung könnte diesem Ziel dienen: Wenn der Kampf gegen den Klimawandel *heute* verloren wird, werden nicht nur die Angehörigen der Generationen Y und Z darunter zu leiden haben, sondern auch die Babyboomer. Denn diese werden voraussichtlich noch 20 bis 30 Jahre leben – während sich die schädlichen Folgen des Klimawandels von Jahr zu Jahr potenzieren werden. Und selbst wenn es optimal läuft und alle Forderungen der heutigen Klimaschützer zügig und vollständig umgesetzt würden, würde es nach Expertenansicht mehrere Jahrzehnte dauern, bis das Klima wieder »geheilt« und die ökologischen Folgeschäden nicht mehr spürbar wären. Bis dahin wären viele der jugendlichen Klimaaktivisten von heute selbst jenseits des fünfzigsten Lebensjahrs und damit im letzten Drittel ihres Lebens angekommen. Daher gehen sie heute letztlich weniger für sich selbst als für die Lebensqualität *ihrer* Kinder auf die Straße, und auch die Älteren wären gut beraten, dasselbe für die Lebensqualität ihrer Enkel zu tun.

Kurzum: Die heute lebenden Generationen sitzen beim Klima ohnehin in einem Boot. Viele Angehörige der älteren Generationen wissen dies auch und handeln entsprechend, indem sie sich mit den jugendlichen Klimaaktivisten solidarisieren. Die Unterstellung, dass bei den meisten alten Menschen die Haltung »Nach mir die Sintflut!« vorherrscht, geht an der Realität vorbei. Denn Klimagerechtigkeit ist viel mehr als Generationengerechtigkeit. Die Vermengung der beiden emotional stark aufgeladenen Bereiche führt dagegen auseinander und nicht zusammen.

Generationenpolitik als politische Querschnittsaufgabe

Generationenpolitik beschränkt sich nicht auf Detailfragen der Renten-, Gesundheits- oder Umweltpolitik. Laut dem Internationalen Netzwerk für die Analyse intergenerationeller Beziehungen ist sie ein Ausdruck der aktuellen »Bemühungen über Generationengerechtigkeit und der staatlichen sowie der nichtstaatlichen Institutionen, welche die Ressourcen zwischen den Generationen verteilen. [...] Generationenpolitik betreiben heißt, gesellschaftliche Bedingungen zu schaffen, die es ermöglichen, in Gegenwart und Zukunft die privaten und öffentlichen Generationenbeziehungen so zu gestalten, dass sie zum einen die Entfaltung zu einer eigenverantwortlichen und gemeinschaftsfähigen Persönlichkeit, zum anderen die gesellschaftliche Weiterentwicklung gewährleisten«[19].

So gesehen bezieht eine gelungene Generationenpolitik auch andere Politikfelder mit ein, soweit diese für das Erreichen der genannten Ziele von Belang sind (z. B. Finanzpolitik, Bildungspolitik oder in jüngerer Zeit »Coronapolitik«). Sie setzt darüber hinaus auf transparente politische Kommunikation als eine wichtige Voraussetzung für Vertrauen und Akzeptanz. Gleichzeitig schafft sie die (institutionellen) Bedingungen für faire und partizipative Aushandlungsprozesse, die von Verteilungskonflikten im Generationenverhältnis ihren Ausgang nehmen können und im günstigsten Fall dazu führen, diese Konflikte zu befrieden (vgl. Kapitel 4).

Vielleicht ist es daher an der Zeit, eine politische Initiative zur Schaffung eines »Generationengerechtigkeitsgesetzes« aus dem Jahre 2006 wieder aufleben zu lassen. Parteiübergreifend hatten damals über hundert junge Bundestagsabgeordnete die Einführung einer Klausel zur Nachhaltigkeits- und Generationengerechtigkeit in das deutsche Grundgesetz beantragt. Sie argumentierten, dass politischen Entscheidungen immer ein Strukturproblem innewohne, nämlich eine Tendenz zur Bevorzugung der Gegenwart und zur Vernachlässigung der Zukunft. Bei Verteilungskonflikten zwischen den Partikularinteressen der Gegenwart hätten die nicht repräsentierten künftigen Generationen und die schwach repräsentierte junge Generation das Nachsehen. Es sei jedoch gerade im Interesse der künftigen Generationen, dass Politik eine langfristige Ausrichtung erhalte. Die Gesetzesinitiative wurde nach der ersten Lesung im Deutschen Bundestag im Oktober 2007 an die Ausschüsse überwiesen, bevor sie kurze Zeit später im Sande verlief. Gleichwohl wird dieser politische Ansatz auch weiterhin von führenden Verfassungsrechtsexperten unterstützt. So weist der Heidelberger Juraprofessor Wolfgang Kahl darauf hin, dass sich Deutschland zwar politisch vor einigen Jahren auf den Weg zum Nachhaltigkeitsstaat gemacht habe, die Verfassungsrechtslage demgegenüber aber hinterherhinke. Zur Beseitigung dieses »Nachhaltigkeitsdefizits des Grundgesetzes« schlägt er die Einführung eines Staatsziels Nachhaltigkeit bzw. Generationengerechtigkeit in das Grundgesetz vor, ergänzt durch Elemente direkter Demokratie, einen Nachhaltigkeitsrat und einen Ausbau der Nachhaltigkeitsprüfung im Rahmen der Gesetzesfolgenabschätzung.[20]

Die Umsetzung dieser Vorschläge könnten dazu dienen, die Interessen junger Menschen im Rahmen politischer Entscheidungsprozesse besser zur Geltung zu bringen und damit das Vertrauen und die Akzeptanz für die jeweiligen Entscheidungen zu stärken. Tatsächlich sitzen sich ja bei der Aushandlung der Eckpunkte des »Generationenvertrags« nicht Vertreter von Jung und Alt gegenüber, sondern gewählte Repräsentanten verschiedener Parteien und anderer gesellschaftlicher Interessengruppen (Arbeitgeber, Gewerkschaften, Unternehmer, Lobbyverbände etc.). Das ist im Sinne des Demokratieprinzips einerseits gut so, zumal sich viele politische Fragen gar nicht zufriedenstellend lösen ließen, wenn man sie nur durch die Generationenbrille betrachten würde. Im Sinne des Generationenfriedens darf andererseits die Frage gestellt werden, wie die Interessen nachfolgender Generationen besser in aktuelle Entscheidungen mit weitreichenden Auswirkungen einfließen könnten. Der Sachverständigenrat für Umweltfragen hat diesbezüglich erst kürzlich die Einrichtung eines »Rates für Generationengerechtigkeit« vorgeschlagen, der Bundestag und Bundesrat bei bestimmten Gesetzgebungsverfahren berät und der mit einem (aufschiebenden) Vetorecht in Bezug auf jene Gesetzentwürfe auszustatten sei, gegen die er schwerwiegende Bedenken wegen ihrer Auswirkungen auf die Generationengerechtigkeit hat.[21]

Gerechtigkeit zwischen den Generationen ist ohne Gerechtigkeit innerhalb der Generationen nicht zu haben

Ein friedliches und solidarisches Miteinander zwischen den Generationen setzt voraus, dass sich jede Seite gerecht behandelt fühlt. Dies erfordert einerseits die Beseitigung realer Gerechtigkeitsdefizite, andererseits die Transparenz politischer Entscheidungsprozesse und die Möglichkeit, an diesen zu partizipieren. Die Analyse der zentralen Konfliktfelder Rente, Gesundheit und Klima macht gleichwohl deutlich, dass die größten Gerechtigkeitsdefizite nicht *zwischen*, sondern *innerhalb* der Generationen zu beklagen sind. Im Gegensatz zu dem schwer fassbaren Zustand der Generationengerechtigkeit, der sich immer auch auf Zukünftiges, teilweise Hypothetisches bezieht, handelt es sich bei diesen Ungerechtigkeiten um ganz konkrete, gegenwärtige Missstände. Wer Gerechtigkeit zwischen den Generationen fordert, sollte daher die Gerechtigkeit innerhalb der Generationen nie aus dem Auge verlieren. Denn Erstere ist ohne Letztere nicht zu haben. Dies setzt jedoch die Sensibilität voraus, gesamtgesellschaftliche Verteilungsfragen nicht ausschließlich durch die Generationenbrille zu betrachten.

Kapitel 19: Gemeinsame Interessen in den Blick nehmen – der neue Dialog der Generationen

Solidarität zwischen den Generationen ist keine Selbstverständlichkeit. Im Idealfall gründet sie auf geteilten Werten, die ein helfendes, unterstützendes und kooperatives Verhalten als sinnvoll für die anderen und für die Gemeinschaft betrachten. Dieser Form der Solidarität liegt ein sozialer Altruismus zugrunde, also die Bereitschaft, etwas zu geben, ohne dabei ein Eigeninteresse zu verfolgen bzw. ohne dafür eine ausdrückliche Gegenleistung zu erwarten. Sie scheint im Familienverband also für das private bzw. persönliche Verhältnis im Rahmen des sogenannten »kleinen Generationenvertrags« gut zu funktionieren.[1] In den meisten Familien unterstützen Eltern und Großeltern ihre Kinder und Enkel in psychologischer, sozialer und materieller Hinsicht, und wenn sie selber hilfsbedürftig werden, können sie auf Unterstützung ihrer Nachkommen hoffen, ohne dass daran ausdrückliche Bedingungen geknüpft sind.

Auch auf der gesellschaftlichen Ebene wird sozialer Altruismus zwischen Angehörigen verschiedener Generationen gelebt. Sie ist hier allerdings brüchiger und weniger selbstverständlich,[2] was allein schon durch die größere Anonymität zwischen Unterstützungsbedürftigen und Unterstützenden im Vergleich zur familiären »Alltagssolidarität« zu erklären ist. Die uneigennützige Solidarität wird auf gesellschaftlicher Ebene zudem durch Vorurteile (z. B. negative Altersbilder), ein unvorteilhaftes gesellschaftliches Klima oder verzerrende mediale Berichterstattung viel leichter infrage gestellt. Wer hilft schon gerne anderen Menschen, die er als unsympathisch, unfair oder egoistisch empfindet?

Negative Gefühle und Ambivalenzen im Generationenverhältnis werden auch dann verstärkt, wenn eigene Interessen scheinbar zu stark beeinträchtigt werden, ohne dass eine als fair empfundene Gegenleistung in Aussicht steht. Häufig wird dabei jedoch das gegenseitige Angewiesensein bei der Lösung wichtiger Gegenwarts- und Zukunftsaufgaben übersehen, ebenso wie die gemeinsamen Interessen, die zugunsten der egoistischen oder gruppenbezogenen Interessen in den Hintergrund rücken. Bleibt der Konflikt ungelöst oder eskaliert er gar, verlieren am Ende alle. Im Rahmen eines neuen Dialogs der Generationen wird es also entscheidend darauf ankommen, weniger die vermeintlichen Interessengegensätze, sondern vielmehr gemeinsame Interessenlagen verstärkt in den Blick zu nehmen.

Arbeitsmarktpolitik und Arbeitswelt

Eine ausreichende Zahl von guten, sicheren und auskömmlichen Jobs und eine Steigerung der Erwerbsquote kommen sowohl den (erwerbsaktiven) Jüngeren als auch den Rentnerinnen und Rentnern zugute (vgl. Kapitel 16). Sie tragen darüber hinaus zur Stabilisierung und gesteigerten Leistungsfähigkeit der gesetzlichen Krankenversicherung und der sozialen Pflegeversicherung bei, was ebenfalls Alt wie Jung zugutekommt. Das Institut für Marktökonomie und Konjunkturforschung hat vorgerechnet, dass dieses Ziel u. a. durch eine Senkung des Niedriglohnanteils und eine Förderung der Integration von Frauen, Zuwanderern und älteren Beschäftigten in den Arbeitsmarkt, flankiert von einer klugen wirtschaftspolitischen Wachstumsstrategie, erreicht werden könnte.[3]

Um älteren Menschen einen längeren Verbleib im Arbeitsleben zu ermöglichen, sollten allerdings auch die Arbeitsbedingungen alterns- und altengerecht gestaltet werden sowie Angebote zur Prävention und Rehabilitation ausgebaut werden.[4] Ansonsten besteht die Gefahr, dass selbst motivierte Mitarbeiter mit Abschlägen in den vorzeitigen Ruhestand gedrängt werden, wodurch die Anhebung der Regelaltersgrenze zu einem versteckten Rentenkürzungsprogramm verkommt, das Altersarmut begünstigt. Die

Bekämpfung von Altersdiskriminierung im Arbeitsleben und am Arbeitsmarkt ist ebenfalls als wirksame Maßnahme gegen Frühverrentung anzusehen. Ein gesetzlicher Schutz, wie er etwa durch eine konsequente Anwendung des Antidiskriminierungsgesetzes verwirklicht werden könnte (vgl. Kapitel 17), ist dafür jedoch allein nicht ausreichend. Die entscheidende Frage ist vielmehr, wie jüngere und ältere Mitarbeiter im konkreten Arbeitsalltag wertschätzender miteinander umgehen können. Ein Beispiel dafür, wie das Verhältnis der Generationen im Betrieb zum gegenseitigen Vorteil gestaltet werden kann, ist das »Reverse Coaching«: In einer Art Umkehr des klassischen Schüler-Lehrer-Verhältnisses teilen junge Mitarbeiter ihr »frisches« Wissen von der Uni oder im Bereich digitaler Anwendungen mit älteren Kollegen, lernen dabei gleichzeitig etwas über deren Arbeitsalltag und profitieren von deren langjährigen Erfahrungen.[5] Dadurch ergibt sich ein gegenseitiges Geben und Nehmen, das auch die persönliche Wertschätzung und das Arbeitsklima verbessern kann.

Für junge Menschen in der Familiengründungsphase sollten darüber hinaus Arbeitsbedingungen geschaffen werden, die es ihnen ermöglichen, Job und Familie in Einklang zu bringen. Dies trägt insbesondere dazu bei, qualifizierte Frauen im Beruf zu halten, und kommt am Ende auch pflegebedürftigen älteren Angehörigen zugute.

Bildung

Wenn junge Menschen heute eine hervorragende Bildung und Ausbildung erhalten, werden sie besser in der Lage sein, die »vielen Alten« von morgen zu finanzieren. Denn Bildung und berufliche Qualifikation sind eine wichtige Voraussetzung, um berufliche Aufstiegschancen gut nutzen und sich in einer dynamischen Arbeitswelt behaupten zu können – eine klassische Win-win-Situation!

Dafür, so der Volkswirt und ehemalige Sekretär des Deutschen Caritasverbandes Georg Cremer, müsse es gelingen, den in Deutschland im internationalen Vergleich engen Zusammenhang zwischen sozialer Herkunft und Bildungserfolg deutlich zu lockern.[6] Denn das Worst-Case-Szenario sei ein Land, dessen wirtschaftliche Leistungsfähigkeit und Innovationskraft aufgrund eines wachsenden Fachkräftemangels zurückgeht und das gleichzeitig Menschen dauerhaft von produktiver Tätigkeit ausschließt, weil das Bildungssystem sie als Jugendliche nicht zu erreichen vermochte.

Eine ausreichende Zahl gut qualifizierter Lehrer und eine zeitgemäße Infrastruktur an Schulen und Universitäten kosten Geld, das im Wesentlichen der Steuerzahler aufbringen muss. Gerade weil eine Intensivierung der öffentlichen Investitionen in Bildung im Interesse aller Generationen ist, sollte ihr jedoch nicht nur in Wahlkampfreden, sondern auch ganz praktisch eine hohe Priorität auf der politischen Agenda zukommen.

Sozialpolitik

In der Debatte über Generationengerechtigkeit steht die zukünftige Ausgestaltung und Finanzierung der sozialen Sicherungssysteme immer wieder in der Diskussion. Je nach Konjunktur- bzw. Kassenlage werden dabei sogar extreme Positionen vorgetragen, wie z. B. eine Infragestellung des Umlageverfahrens in der gesetzlichen Rentenversicherung oder selektive Leistungseinschränkungen für alte Menschen in der gesetzlichen Krankenversicherung (vgl. Kapitel 11 und 14). Dass derartige Einschnitte jedoch nicht nur der älteren, sondern auch den nachfolgenden Generationen schaden würden, zeigen zwei einfache Gedankenexperimente:

Stellen Sie sich vor, die Umlagefinanzierung der Rentenversicherung würde ab heute (deutlich) zurückgefahren und durch ein kapitalgedecktes Verfahren ersetzt. Dann könnten jüngere

Beitragszahler *kurzfristig* finanziell entlastet werden und erhielten damit die Möglichkeit, in private Altersvorsorge zu investieren. Die Umstellung des Systems wäre jedoch zugleich mit erheblichen Risiken auch für die Jüngeren behaftet, zumindest wenn sie im größeren Umfang umgesetzt würde. Eines davon betrifft die komplexe Frage, was mit den bereits erworbenen Anwartschaften der Jüngeren geschieht, da das alte System ja praktisch über keine Rücklagen verfügt. Gleichzeitig ist aufgrund vielfältiger externer (ökonomischer) Risiken nicht garantiert, dass das in eine kapitalgedeckte Altersvorsorge investierte Geld tatsächlich eine bessere Rendite abwerfen würde. Allein hieraus folgt, dass es in gemeinsamem Interesse aller Generationen sein sollte, das bisherige System nicht leichtfertig aufs Spiel zu setzen. Etwaige demografisch bedingte Ungleichbehandlungen können auch auf andere Weise ausgeglichen werden (vgl. Kapitel 18).

Stellen Sie sich weiterhin vor, alte Menschen würden aus der solidarischen Finanzierung von Gesundheit und Pflege teilweise ausgeschlossen. Dann würden diejenigen, die es sich leisten können, die nicht mehr gewährten Leistungen privat finanzieren bzw. über privat abgeschlossene Versicherungen zukaufen. Dies könnte jedoch sehr teuer werden, wodurch alte Menschen gezwungen werden könnten, ihre Vermögensbestände aufzulösen. Finanzielle Zuwendungen und Schenkungen, die Ältere heute an die Jüngeren leisten, oder schlicht die »Erbmasse« würden dadurch empfindlich zusammenschmelzen. Unterm Strich könnte es für die nachfolgenden Generationen also nicht billiger werden, da sie die teuren privaten Gesundheitsaufwendungen ihrer Eltern und Großeltern indirekt mitbezahlen müssten. Diejenigen alten Menschen jedoch, die sich eine private Finanzierung ihrer Gesundheit *nicht* leisten könnten, wären früher und stärker durch Invalidität bedroht oder würden gar früher versterben. Auch dies ist offensichtlich nicht im Interesse der nachfolgenden Generationen, allein da viele wertvolle soziale Beiträge, die alte Menschen heute für die Gesellschaft leisten, verloren gehen würden. Eine schlechtere Gesundheitsversorgung für alte Menschen würde darüber hinaus deren Pflegebedürftigkeit erhöhen, was letztlich auch zulasten der jüngeren Generationen gehen würde. Zudem darf nicht vergessen werden, dass alte Menschen nicht mehr als Beitragszahler zur Verfügung stehen, wenn man sie aus der solidarischen Finanzierung ausschließt. Dies würde einen Teil der möglichen Einspareffekte wieder auffressen. In der Summe betrachtet, ist es daher auch im Interesse der Jüngeren, alte Menschen in der gesetzlichen Krankenversicherung nicht systematisch zu benachteiligen.

Die Familienförderung ist ein weiterer Bereich der Sozialpolitik, in dem ein Ressourcentransfer zwischen den Generationen stattfindet. Hier sind es die Älteren, die die finanziellen Zuwendungen an junge Familien über ihre Steuern mitfinanzieren, obwohl sie selbst keinen unmittelbaren Nutzen daraus ziehen. Allerdings ist auch dies im Interesse aller, wie sich leicht ableiten lässt. Denn schließlich begünstigt eine familienfreundliche Politik die Bereitschaft junger Menschen, Nachwuchs zu bekommen, und wirkt damit einer »Unterjüngung« unserer Gesellschaft entgegen.

Migrationspolitik

Auch eine bessere und raschere Integration von zugewanderten Menschen trägt zur Verjüngung unserer Gesellschaft bei und ist daher im gemeinsamen Interesse aller Generationen. Hierzu gehört zum einen eine lebendige und aufrichtige Willkommens- und Anerkennungskultur, die sich nicht darin erschöpft, heute am Bahnsteig Teddys zu verteilen, um sich morgen von den niederen Affekten einer systematisch geschürten xenophoben Propaganda mitreißen zu lassen. Eine bessere Integration der Zuwanderer erfordert jedoch auch einen Abbau bürokratischer und anderer gesetzlicher Hürden, der am besten in einem zeitgemäßen Zuwanderungsgesetz geregelt werden könnte. Xenophobe und rassistische Ressentiments müssen auf allen gesellschaftlichen

Ebenen bekämpft und abgebaut werden, denn sie haben in einem modernen und zukunftsorientierten Einwanderungsland keinen Platz, schaden vielmehr der Gesellschaft als Ganzes. Dies zeigt sich auch an unserem Umgang mit Geflüchteten, die in Medien und Öffentlichkeit auch jenseits populistischer Demagogie immer noch überwiegend als Belastung oder gar Bedrohung dargestellt werden. Dabei handelt es sich um Menschen, von denen jeder Einzelne, sofern die Bereitschaft zum Bleiben besteht, einen wertvollen Beitrag für unser Gemeinwesen leisten könnte, wenn dies durch angemessene Förderung etwa in den Bereichen Bildung und Ausbildung ermöglicht wird.

Staatsfinanzen

Es wird oft darauf verwiesen, dass die heute Verantwortlichen den nachrückenden Generationen keinen überschuldeten Staat hinterlassen dürfen. Die politischen und wirtschaftlichen Handlungsspielräume der Jüngeren würden sonst zu stark eingeschränkt. Das klingt plausibel, wer möchte schon seinen Kindern einen Haufen Schulden vererben? Allerdings funktionieren Staatshaushalte anders als Privathaushalte und fragt man Wirtschaftsexperten, dann ist die Erhebung der sogenannten schwarzen Null zum ehernen Dogma der Finanzpolitik eine zweischneidige Sache. Denn wenn durch eine allzu rigide Sparpolitik das Wirtschaftswachstum gebremst wird und dringend notwendige öffentliche Investitionen in den Ausbau und Erhalt wichtiger Infrastrukturen wie z. B. Schulen, Straßen, Bahnnetze, Krankenhäuser, Digitalisierung etc. unterbleiben, ist dies zum Nachteil aller Bürger, insbesondere jedoch zum Schaden der jüngeren Generationen, die in absehbarer Zukunft ein Land mit maroder Infrastruktur übernehmen müssen. Allein die Tatsache, dass sich führende Wirtschaftsfachleute in diesem Punkt nicht einig sind und sich sowohl Befürworter als auch Gegner der »Schuldenbremse« auf das »Wohl unserer Kinder und Enkel« berufen, sollte uns stutzig machen. Jung und Alt sind daher gut beraten, sich auch bei diesem Thema nicht auseinanderdividieren zu lassen.

Umwelt und Klima

Beim Ausstieg aus der Kohleverstromung wird häufig auf die kurzfristigen negativen Folgen verwiesen, so z. B. steigende Energiepreise, Eingriffe in das Landschaftsbild durch das Aufstellen von Windrädern oder ein Verlust von Arbeitsplätzen, während die positiven Folgen für das Klima erst mittel- bis langfristig erwartet werden könnten. Hierdurch entsteht der verzerrte Eindruck, dass eine Beschleunigung der Energiewende überwiegend den jungen Generationen nutzen würde. Dabei würde dies nicht nur den CO_2-Ausstoß verringern, sondern durch die Vermeidung von Feinstaub und anderen Atemgiften bereits kurzfristig eine Verbesserung der Lebensqualität für alle bewirken. Denn die Luftverschmutzung erhöht das Risiko für Atemwegserkrankungen wie Lungenentzündungen oder Asthma, Herz-Kreislauf-Erkrankungen, Schlaganfälle und sogar Tumorleiden.[7] Der Kohleausstieg hat also unmittelbare positive Folgen gerade auch für ältere Menschen. Auch die mittelbaren gesundheitlichen Folgen des Klimawandels treffen bereits heute vor allem Angehörige der älteren Generationen: Bei der Zahl von rund 20 000 jährlichen Hitzetoten in Deutschland, die eine Forschergruppe des University College in London in einer viel beachteten Studie ermittelte,[8] handelt es sich überwiegend um die Schicksale sehr alter, hochbetagter Menschen.

Durch die Folgen des Klimawandels – wie Sturmkatastrophen, Überschwemmungen, Dürren und extreme Hitzeperiode – tragen jedoch nicht nur hochbetagte Menschen, sondern Menschen aller Altersstufen auch heute schon schwere Schäden davon. Wenn nichts geschieht, werden klimabedingte Naturkatastrophen zunehmen und vor allem, aber nicht nur Menschen im sogenannten »globalen Süden« hart treffen. Die direkten Folgen des Klimawandels, z. B. in Form extremer Wetterereignisse, und die indirekten, etwa ökonomischen Folgen sind bereits heute auch in Deutschland für alle Generationen spürbar. Daher werden auch von den mittelfristigen Vorteilen einer raschen Dekarbonisierung der Erdatmosphäre nicht nur die jüngeren Generationen profitieren.

Epilog

Abschließend möchte ich Ihnen eine kurze Kalendergeschichte des Schriftstellers Johann Peter Hebel aus dem Jahr 1804 mit auf den Weg geben:

> *Aber ein anderer ging mit seinem Vater, welcher durch Alter und Kränklichkeit freilich wunderlich geworden war, so übel um, dass dieser wünschte, in ein Armenspital gebracht zu werden, das im nämlichen Orte war. Dort hoffte er, wenigstens bei dürftiger Pflege von den Vorwürfen frei zu werden, die ihm daheim die letzten Tage seines Lebens verbitterten. Das war dem undankbaren Sohn ein willkommenes Wort. Ehe die Sonne hinter den Bergen hinab ging, war dem armen alten Greis sein Wunsch erfüllt. Aber er fand im Spital auch nicht alles, wie er es wünschte. Wenigstens ließ er seinen Sohn nach einiger Zeit bitten, ihm die letzte Wohltat zu erweisen und ihm ein paar Leintücher zu schicken, damit er nicht alle Nacht auf bloßem Stroh schlafen müsste. Der Sohn suchte die zwei schlechtesten, die er hatte, heraus und befahl seinem zehnjährigen Kind, sie dem alten Murrkopf ins Spital zu bringen. Aber mit Verwunderung bemerkte er, dass der kleine Knabe vor der Tür eines dieser Tücher in einen Winkel verbarg, und folglich dem Großvater nur eines davon brachte. »Warum hast du das getan?« fragte er den Jungen bei seiner Zurückkunft. »Zur Aushülfe für die Zukunft«, erwiderte dieser kalt und bösherzig, »wenn ich Euch, o Vater! auch einmal in das Spital schicken werde.«*[9]

Die Jungen von heute sind die Alten von morgen. Niemand möchte in einer Gesellschaft alt werden, in der Gerontophobie, Stigmatisierung und Diskriminierung vorherrschend sind.

Das gesellschaftliche Generationenverhältnis ist stets auch durch Interessengegensätze, ambivalente Emotionen und Konflikte bestimmt. Solidarität zwischen den Generationen und der darauf aufbauende Generationenvertrag sind daher kulturelle und gesellschaftliche Errungenschaften, deren Fortbestand nicht selbstverständlich ist. Ob sie unter dem Eindruck der aktuellen demografischen Dynamik unbeschadet bleiben, hängt von vielen Faktoren ab. Einer davon ist gewiss die (globale) wirtschaftliche Entwicklung und die damit verbundene Frage, ob der Sozialstaat mit seinem gegenwärtigen Leistungsversprechen weitergedacht werden kann oder ob wir uns unter dem Einfluss zukünftiger Krisen – viel mehr noch als bisher – daran gewöhnen müssen, Knappheit und Mangel zu verwalten. Sollten diese zunehmen, besteht die Gefahr einer weiteren Entsolidarisierung, von der gerade auch das Verhältnis der Generationen betroffen sein wird. Wenn jedoch der Kalte Krieg der Generationen in seine heiße Phase übergeht, gehören chronisch kranke, aber auch arme alte Menschen, zu denen jeder von uns einmal gehören könnte, zu den ersten Opfern. Abrüstung ist daher das Gebot der Stunde.

Anhang

Anmerkungen

Kapitel 1: Jung gegen Alt – nichts Neues unter der Sonne?

1 Christoph Conrad, Gierige Gruftis. Bereichern sich die Alten auf Kosten der Jungen?, in: Die Zeit, Nr. 39 vom 23.9.1988.
2 Arnold Seul, Krieg den Alten!, in: Wiener, März (1989), S. 3–6.
3 Jetzt kommt ein gnadenloser Krieg, in: Der Spiegel, Nr. 16 vom 16.4.1989, https://www.spiegel.de/politik/jetzt-kommt-ein-gnadenloser-krieg-a-c89f7070-0002-0001-0000-000013494746?context=issue (abgerufen am 24.11.2021).
4 Bryant 2011, Alterungsangst und Todesgefahr.
5 Gronemeyer 1991, Die Entfernung vom Wolfsrudel.
6 Ebd.
7 Mohl 1993, Die Altersexplosion, S. 14–19.
8 Deutscher Bundestag 2002, Enquête-Kommission Demographischer Wandel, S. 13.
9 Schirrmacher 2004, Das Methusalem-Komplott, S. 28–35 und S. 63–66.
10 Wolf 1990, Krieg der Generationen?, S. 99.
11 Mohl 1993, Die Altersexplosion, S. 16.
12 Amann 2004, Die großen Alterslügen.
13 Bryant 2011, Alterungsangst und Todesgefahr.
14 Burgdörfer 1932, Volk ohne Jugend, S. 89.
15 Bryant 2011, Alterungsangst und Todesgefahr, S. 2.
16 Ebd.
17 Siehe z. B. Thilo Sarrazin, Deutschland schafft sich ab, München 2010.
18 DESTATIS – Statistisches Bundesamt 2019, Bevölkerung im Wandel und DESTATIS – Statistisches Bundesamt 2021, Mittelfristige Bevölkerungsvorausberechnung.
19 DESTATIS – Statistisches Bundesamt 2019, Bevölkerung im Wandel, S. 24–26.
20 Kochskämper 2017, Sozialversicherungen, S. 158.
21 Deutscher Bundestag 2002, Enquête-Kommission Demographischer Wandel, S. 37.
22 DESTATIS – Statistisches Bundesamt 2019, S. 27.

23 Kistler 2006, Methusalem-Lüge, S. 211–215.
24 https://service.destatis.de/bevoelkerungspyramide/index.html#!y=2022 (abgerufen am 24.11.2021).
25 DESTATIS – Statistisches Bundesamt 2019, S. 27–28.
26 Kochskämper 2017, Sozialversicherungen, S. 162–167.
27 Wolf 1990, Krieg der Generationen?, S. 99f.
28 Tassilo Hummel/Jan Karon, OK Boomer! Der neue Generationenkonflikt, in: Deutschlandfunk Kultur vom 15.9.2020, https://www.deutschlandfunkkultur.de/ok-boomer-der-neue-generationenkonflikt-100.html (abgerufen am 24.11.2021).

Kapitel 2: Von Boomern und Zoomern – klare Sache?

1 Im Interesse einer besseren Lesbarkeit wurde ggf. darauf verzichtet, die weibliche und die männliche Form anzuführen und das generische Maskulinum gewählt. Sämtliche Ausführungen beziehen sich jedoch stets auf beide Geschlechter.
2 adigioconsult GmbH, Glossar, https://www.adigiconsult.ch/glossar/generation-silent-baby-boomer-x-y-me-millennials-z-alpha/ (abgerufen am 24.11.2021).
3 Siehe z. B. Gibt es die Generation Y gar nicht?, in: Frankfurter Allgemeine Zeitung vom 8.11.2018, https://www.faz.net/aktuell/karriere-hochschule/warum-alle-generationen-im-grunde-gleich-sind-15880810.html (abgerufen am 24.11.2021).
4 https://de.wikipedia.org/wiki/Generation_Alpha (abgerufen am 24.11.2021).
5 Eine gemeinsame gesellschaftliche Prägung kann in Gesamtdeutschland erst nach der Wiedervereinigung (also ab der Generation Y) angenommen werden.
6 Menning/Hoffmann 2009, Die Babyboomer.
7 Rupps 2008, Wir Babyboomer; von Becker 2014, Babyboomer; https://de.wikipedia.org/wiki/Baby-Boomer.
8 Körber Stiftung 2018, Die Babyboomer gehen in Rente, S. 6.
9 Ebd., S. 7.
10 Ebd.
11 Uli Schulte Döinghaus, Die Dividenden der Demographie, in: Handelsblatt vom 7.2.2007, https://www.handelsblatt.com/politik/deutschland/wirtschaftswachstum-die-dividenden-der-demographie/2766512-all.html (abgerufen am 24.11.2021).
12 Illies 2021, Generation Golf.
13 https://de.wikipedia.org/wiki/Generation_Golf (abgerufen am 24.11.2021).
14 Siehe z. B. den Vortrag von Antje-Britta Mörstedt (Göttingen): https://www.pfh.de/fileadmin/Content/PDF/forschungspapiere/vortrag-generation-z-moerstedt-ihk-goettingen.pdf (abgerufen am 24.11.2021).
15 https://de.wikipedia.org/wiki/Generation_Y (abgerufen am 24.11.2021).
16 Heinrich Böll Stiftung, Y wie Y [Generation Why]. Leben und Arbeiten zwischen Sinnsuche und Sicherheitsbegehren – mit Cornelia Koppetsch, Vortrag 12.8.2019, https://www.boell.de/de/2019/08/12/y-wie-y-generation-why-leben-und-arbeiten-zwischen-sinnsuche-und-sicherheitsbegehren-mit (abgerufen am 24.11.2021).
17 Hurrelmann/Albrecht 2014, Die heimlichen Revolutionäre.
18 https://de.wikipedia.org/wiki/Generation_Y (abgerufen am 24.11.2021).

19 Generation Y und Generation Z, in: Scholz 2014, Generation Z, S. 4–5.
20 Ebd., S. 5
21 https://de.wikipedia.org/wiki/Generation_Z (abgerufen am 24.11.2021).
22 Albert et al. 2019, 18. Shell-Jugendstudie, S. 20 f.
23 Ebd., S. 15–19 und Schnetzer/Hurrelmann 2021, Jugend in Deutschland, S. 22 f.
24 Schnetzer/Hurrelmann 2021, Jugend in Deutschland, S. 4–12.
25 Albert et al. 2019, 18. Shell-Jugendstudie, hier, S. 13 und S. 19.
26 Ebd., S. 17.
27 Ebd., S. 25.
28 Marc Calmbach/Heide Möller-Slawinski, Generation What? Europabericht, 2017, https://www.sinus-institut.de/fileadmin/user_data/sinus-institut/Dokumente/downloadcenter/Generation_What_/GenerationWhat_Europabericht.pdf, S. 36 (abgerufen am 24.11.2021).

Kapitel 3: Das schleichende Gift der Gerontophobie – oder: Das Aufrüsten beginnt in den Köpfen

1 BMFSFJ 2010, Sechster Altenbericht, S. 36–67.
2 Ebd.
3 Wesentliche Unterschiede gab es hier z. B. zwischen den Gesellschaften Athens, Spartas und des alten Roms. Vgl. Gutsfeld/Schmitz 2003, Altersbilder in der Antike, S. 57–208.
4 Martina Keller, »Strikte Isolation ist gerade für Ältere Gift«. Interview mit Johannes Pantel, in: Spiegel Online vom 2.4.2020, https://www.spiegel.de/gesundheit/coronavirus-strikte-isolation-ist-gerade-fuer-aeltere-gift-a-da331fcf-c5ea-40db-822c-9bbc8f85d67b (abgerufen am 24.11.2021).
5 Vorbehalte gegen ältere Menschen weit verbreitet, in: ÄrzteZeitung vom 18.3.2021, https://www.aerztezeitung.de/Panorama/Vorbehalte-gegen-aeltere-Menschen-weit-verbreitet-417997.html (abgerufen am 24.11.2021).
6 Lev et al. 2018, Origins of Ageism at the Individual Level, S. 51–72.
7 BMFSFJ 2010, Sechster Altenbericht, S. 448–457.
8 Siehe Tremmel 1996, Der Generationenbetrug.
9 Hurrelmann/Albert (2006), 15. Shell-Jugendstudie.
10 http://www.generation-what.de/europe/video/out-with-the-old-generation (abgerufen am 24.11.2021).
11 Matthias Giordano, Darum sind alle über 40 Volltrottel, in: Die Welt vom 15.6.2017, https://www.welt.de/kmpkt/article165550670/Darum-sind-alle-ueber-40-Volltrottel.html (abgerufen am 24.11.2021).
12 Hannes Stein, Gefährliche Babyboomer. Die Tyrannei der Generation Woodstock muss ein Ende haben, in: Die Welt vom 1.4.2018, https://www.welt.de/debatte/kommentare/article175041193/Babyboomer-Wider-die-Tyrannei-der-Generation-Woodstock.html (abgerufen am 24.11.2021).
13 Das ist allein schon historisch völlig falsch: In Europa waren die Babyboomer in den 1970er Jahren meist noch Kinder.
14 Baby Boomer sind narzisstischer als Millennials, in: Jetzt vom 17.12.2019, https://www.jetzt.de/kultur/studie-generation-baby-boomer-ist-narzisstischer-als-millennials (abgerufen am 24.11.2021).

15 Carolin Würfel/Andreas Öhler, Zeit, Platz zu machen?, in: Zeit Online vom 8.2.2019, https://www.zeit.de/2019/07/generation-babyboomer-klimawandel-generationenvertrag-rente-generationenwechsel (abgerufen am 24.11.2021).
16 Qayyah Moynihan, How the Baby Boomer Generation is the Real Problem, According to 21 Millennials, in: Business Insider Germany vom 4.10.2021, https://www.businessinsider.com/millennials-talk-about-the-baby-boomer-generation-2018-5 (abgerufen am 24.11.2021).
17 Tassilo Hummel/Jan Karon, OK Boomer! Der neue Generationenkonflikt, in: Deutschlandfunk Kultur vom 15.9.2020, https://www.deutschlandfunkkultur.de/ok-boomer-der-neue-generationenkonflikt-100.html (abgerufen am 24.11.2021).
18 Jan Vollmer, »OK, Boomer«. Mit diesem Meme protestiert Generation Z, in: t3n vom 7.11.2019, https://t3n.de/news/ok-boomer-diesem-meme-zeigt-uns-1218013/ (abgerufen am 24.11.2021).
19 Taylor Lorenz, »OK Boomer« Marks the End of Friendly Generational Relations, in: New York Times vom 29.10.2019, https://www.nytimes.com/2019/10/29/style/ok-boomer.html (abgerufen am 12.1.2022).
20 Rezo, »OK, Boomer« ist okay, Boomer!, in: Zeit Online vom 20.11.2019, https://www.zeit.de/kultur/2019-11/generationenkonflikt-ok-boomer-millenials-babyboomer-rezo (abgerufen am 24.11.2021).
21 Ebd. und Jan Stremmel, In Ordnung, alter Mann, in: Süddeutsche Zeitung vom 15.11.2019, https://www.sueddeutsche.de/leben/internet-in-ordnung-alter-mann-1.4678212 (abgerufen am 24.11.2021).
22 Aufdruck auf einem massenhaft verkauften Kapuzenpulli, entworfen von der Schülerin Shannon O'Conner (Jahrgang 2001).

Kapitel 4: Die Hofübergabe – was heißt hier schon gerecht?

1 Nora Pauelsen, Interview mit Lukas Sustala, in: Jetzt vom 29.1.2020, https://www.jetzt.de/politik/interview-lukas-sustala-darueber-warum-die-millennials-zu-spaet-zur-party-gekommen-sind (abgerufen am 12.1.2022).
2 Z. B. Bernd Klöckner 2005, Die gierige Generation.
3 https://wirkuendigen.de/wir-kuendigen/ (abgerufen am 24.1.2022).
4 Schnetzer/Hurrelmann 2021, Jugend in Deutschland, S. 22.
5 Deutscher Bundestag 2002, Enquête-Kommission Demographischer Wandel, S. 37; Diessenbacher 1990, Generationenvertrag, S. 255 f.
6 Diessenbacher 1990, Generationenvertrag, S. 255.
7 Regierungsberater schlagen Rente mit 68 vor, in: Handelsblatt vom 8.6.2021, https://www.handelsblatt.com/politik/deutschland/renteneintrittsalter-regierungsberater-schlagen-rente-mit-68-vor/27264784.html (abgerufen am 24.11.2021).
8 BMFSFJ 2010, Sechster Altenbericht, S. 449 f.
9 Tremmel 1996, Der Generationenbetrug, vgl. hierzu jüngere Wortmeldungen z. B. https://www.flossbachvonstorch.de/de/news/der-grosse-generationenbetrug/ (abgerufen am 2.1.2022)
10 Wolf 1990, Krieg der Generationen?, S. 112–113.
11 Ebd.

12 Kistler 2006, Methusalem-Lüge, S. 235 f.
13 So zu lesen auf einer Internetseite der »Generationenstiftung«, https://wirkuendigen.de/wir-kuendigen/ (abgerufen am 19.1.2022).

Kapitel 5: Meine Oma ist 'ne alte Umweltsau – was uns Fridays for Future lehrt

1 Vgl. z. B. das angeblich auf eine »indianische Weisheit« zurückgehende Motto der Grünen zur Bundestagswahl 1983 »Wir haben die Erde von unseren Kindern nur geborgt«, https://www.hdg.de/lemo/bestand/objekt/plakat-wir-haben-die-erde-von-unseren-kindern-nur-geborgt.html (abgerufen am 24.1.2022).
2 Die typische Fridays-for-Future-Unterstützerin ist weiblich, hat keinen Migrationshintergrund und besucht ein Gymnasium oder eine Hochschule. Das klingt nicht nach einem repräsentativen Querschnitt der gesamten Alterskohorte.
3 Juli Zeh, Über Menschen, München 2021, S. 21.
4 Berichterstattung in: Der Merkur vom 25.12.2019, https://www.merkur.de/politik/fridays-for-future-klima-twitter-grosseltern-greta-thunberg-empoerung-entruestung-jugend-zr-13366746.html (abgerufen am 24.11.2021).
5 Tassilo Hummel/Jan Karon, OK Boomer! Der neue Generationenkonflikt, in: Deutschlandfunk Kultur vom 15.9.2020, https://www.deutschlandfunkkultur.de/ok-boomer-der-neue-generationenkonflikt-100.html (abgerufen am 24.11.2021).
6 Katrin Nussmayr, »Oma ist 'ne alte Umweltsau«. Chronologie einer Empörung, in: Die Presse vom 7.1.2020, https://www.diepresse.com/5748305/oma-ist-ne-alte-umweltsau-chronologie-einer-emporung (abgerufen am 20.1.2022).
7 Josef Joffe, Kinderlied als Kulturkampf, in: Zeit Online vom 15.1.2020, https://www.zeit.de/politik/2020-01/umweltsau-skandal-wdr-satire-empoerung-folgen/komplettansicht (abgerufen am 25.11.2021).
8 Lindner spricht streikenden Schülern Klima-Kompetenz ab, in: Der Tagesspiegel vom 10.3.2019, https://www.tagesspiegel.de/politik/fdp-chef-lindner-spricht-streikenden-schuelern-klima-kompetenz-ab/24085544.html (abgerufen am 25.11.2021).
9 https://www.baden-wuerttemberg.de/de/service/presse/pressemitteilung/pid/jugendstudie-2020-veroeffentlicht/ (abgerufen am 25.11.2021).
10 Schnetzer/Hurrelmann 2021, Jugend in Deutschland, S. 14.
11 Europäische Kommission, Special Eurobarometer 490, Climate Change, April 2019, https://ec.europa.eu/clima/system/files/2019-09/report_summary_2019_en.pdf (abgerufen am 24.11.2021).
12 Gewaltsamer Widerstand, wenn der Planet weiter stirbt?, Marc Brost und Ileana Grabitz im Gespräch mit Stephan Rammler, in: Zeit Online vom 27.8.2021, https://www.zeit.de/politik/2021-08/klimaschutz-klimawandel-wahlkampf-bundestagswahl-stephan-rammler-politikpodcast (abgerufen am 30.11.2021).
13 Stückler 2020, »Die Alten« und die Corona-Krise.
14 https://fridaysforfuture.de/about/ (abgerufen am 25.11.2021).

Kapitel 6: Corona und die Generationen – ein Virus bringt die Fronten in Stellung

1 Teile dieses Kapitels wurden in abgewandelter Form bereits in folgenden Aufsätzen veröffentlicht: Pantel 2020, Das Virus und »die Alten« und Pantel 2021, Bedrohung der Menschenrechte.

2 Jens Spahn im Gespräch mit Philipp May, in: Deutschlandfunk vom 11.3.2020, https://www.deutschlandfunk.de/spahn-zu-massnahmen-gegen-das-coronavirus-wir-machen-das-um.694.de.html?dram:article_id=472194.

3 Einen »Kollaps«, d. h. einen Zusammenbruch des deutschen Gesundheitssystems, hat es während der Pandemie zu keinem Zeitpunkt gegeben. Tatsächlich kam es zu zeitlich und regional begrenzten Kapazitätsengpässen, die jedoch bewältigt werden konnten.

4 Vgl. hierzu Kruse 2021, Generationengerechtigkeit in Corona-Zeiten.

5 Stephan Lessenich, Verwundbar ist, wer zu uns gehört, in: Süddeutsche Zeitung vom 6.5.2020, https://www.sueddeutsche.de/kultur/coronavirus-vulnerabilitaet-triage-1.4897768 (abgerufen am 13.1.2022).

6 Vgl. Starke et al. 2021, The Isolated Effect of Age on the Risk of COVID-19. Allein aus diesem Grund erweist sich z. B. die Forderung der Virologin Melanie Brinkmann nach einer Impfpflicht nur für über 50-Jährige als wenig durchdacht und letztlich an der Sache vorbei.

7 Robert Koch Institut, Epidemiologischer Steckbrief zu SARS-CoV-2 und COVID-19, https://www.rki.de/DE/Content/InfAZ/N/Neuartiges_Coronavirus/Steckbrief.html#doc13776792bodyText4 (abgerufen am 6.7.2021).

8 COVID-19. Sterblichkeit unter Pflegebedürftigen fünfzigmal höher, in: Deutsches Ärzteblatt vom 10.6.2020, https://www.aerzteblatt.de/nachrichten/113675/COVID-19-Sterblichkeit-unter-Pflegebeduerftigen-fuenfzigmal-hoeher (abgerufen am 1.7.2020).

9 Tahira, Ana C./Sergio Verjovski-Almeida/Sergio T. Ferreira, Dementia is an Age-Independent Risk Factor for Severity and Death in COVID-19 Inpatients, Alzheimer's and Dementia (2021), S. 1–14, https://doi.org/10.1002/alz.12352.

10 Robert Booth, Half of Coronavirus Deaths Happen in Care Homes, Data from EU Suggests, in: The Guardian vom 13.4.2020, https://www.theguardian.com/world/2020/apr/13/half-of-coronavirus-deaths-happen-in-care-homes-data-from-eu-suggests (abgerufen am 9.7.2020).

11 AOK-Bundesverband, Pflege-Report 2021. Deutlicher Anstieg der Sterblichkeit in Pflegeheimen während der ersten und zweiten Pandemiewelle, https://www.aok-bv.de/presse/pressemitteilungen/2021/index_24651.html (abgerufen am 29.11.2021).

12 Gerald John/Andreas Schnauder/Selina Thaler, Der teure Schutz der Alten, in: Der Standard vom 24.5.2020, https://www.derstandard.de/story/2000117640844/der-teure-schutz-der-alten (abgerufen am 2.7.2020).

13 Ebd.

14 Christoph von Marschall/Georg Ismar, »Ältere und Kranke werden ihre Kontakte deutlich länger reduzieren müssen«, in: Der Tagesspiegel vom 28.3.2020, https://www.tagesspiegel.de/politik/kanzleramtschef-erteilt-rascher-lockerung-

eine-absage-aeltere-und-kranke-werden-ihre-kontakte-deutlich-laenger-reduzieren-muessen/25690036.html (abgerufen am 1.7.2020).

15 Tomas Morgenstern, »Alle Menschen über 70 sollten in Quarantäne«, in: Neues Deutschland vom 24.3.2020, https://www.neues-deutschland.de/artikel/1134655.coronavirus-alle-menschen-ueber-sollten-in-quarantaene.html (abgerufen am 28.8.2020).

16 Benno Stieber, Interview mit Boris Palmer, in: taz vom 5.4.2020, https://taz.de/Boris-Palmer-ueber-Corona-Quarantaene/!5676475/ (abgerufen am 13.1.2022).

17 https://de.wikipedia.org/wiki/Altersdiskriminierung (abgerufen am 22.8.2020).

18 Verfassungsrechtlich müssen derartige Maßnahmen nicht nur einen legitimen Zweck verfolgen, sondern auch geeignet, erforderlich und angemessen sein.

19 Pantel 2021, Gesundheitliche Risiken, S. 6–8.

20 Vgl. hierzu Kruse 2021, Generationengerechtigkeit in Corona-Zeiten.

21 Joel Dullroy, Kommentar. Corona zerstört alle Vorurteile über die Millennials, in: Deutsche Welle vom 19.3.2020, https://p.dw.com/p/3Zjkr (abgerufen am 28.11.2020).

22 Jung, motiviert – abgehängt?, in: Der Spiegel vom 23.5.2020, https://www.spiegel.de/wirtschaft/soziales/generation-corona-jung-motiviert-abgehaengt-a-00000000-0002-0001-0000-000171037308 (abgerufen am 28.11.2020).

23 Jimenez-Sotomayor et al. 2020, Coronavirus, Ageism, and Twitter, S. 1661–1665 (abgerufen am 28.11.2021).

24 Dies berichtet Andreas Stückler in Stückler 2020, Die »Alten« und die Corona-Krise.

25 Tim Wirth, Wacht auf, liebe Senioren!, in: Tagesanzeiger vom 7.4.2020, https://www.tagesanzeiger.ch/wacht-auf-liebe-senioren-648625920236 (abgerufen am 28.11.2021).

26 Stückler 2020, Die »Alten« und die Corona-Krise.

27 Vgl. hierzu die brillante soziologische Analyse von Andreas Stückler, ebd.

28 Schnetzer/Hurrelmann 2021, Jugend in Deutschland, S. 4–6.

29 Beispielhaft sind hier die Beiträge von Junge-Union-Chef Tilman Kuban und des Journalisten Leonard Geßner vom 3.2.2021 bzw. 29.3.2021 zu nennen, https://www.welt.de/debatte/kommentare/article229360229/Corona-Schuelern-wird-Abiball-verboten-Senioren-reisen-nach-Mallorca.htm und https://www.zeit.de/news/2021-02/03/junge-union-chef-kuban-gegen-sonderrechte-fuer-geimpfte (abgerufen jeweils am 22.6.2021).

Kapitel 7: Triage – wer darf ans Beatmungsgerät?

1 Prominente rufen zur »moralischen Revolte« auf, in: Spiegel Online vom 23.5.2020, https://www.spiegel.de/panorama/gesellschaft/corona-krise-und-alte-menschen-prominente-fordern-moralische-revolte-a-b08b09a4-7ae4-49ba-8407-2719f78cc081 (abgerufen am 28.5.2020).

2 Janssens 2020, Pandemie Triage-Entscheidungen; Rüdiger Soldt/Michaela Wiegel, Corona-Notstand im Elsass: »Wer über 75 Jahre alt ist, wird nicht mehr intubiert«, in: Frankfurter Allgemeine Zeitung vom 26.3.2020, https://www.faz.net/aktuell/politik/inland/im-elsass-werden-alte-corona-patienten-nicht-mehr-beatmet-16698139.html (abgerufen am 21.11.2020).

3 Zum Versuch einer ethischen Legitimierung altersdiskriminierender Rationierungsmaßnahmen vgl. Kapitel 14.
4 Soldt/Wiegel, Corona-Notstand im Elsass (s. Anm. 2).
5 Andrew Woodcock, Secret Proposal to Ration Care by Age in Pandemic Branded Unacceptable, in: The Independent vom 21.7.2021, https://www.independent.co.uk/news/uk/politics/pandemic-nhs-triage-elderly-ration-b1894399.html (abgerufen am 11.8.2021).
6 Altman 2021, Consequentialist Argument, S. 359.
7 Der Vollständigkeit halber sei an dieser Stelle darauf hingewiesen, dass die Höhe der Budgets keinem Naturgesetz folgt, sondern das Ergebnis politischer Entscheidungen darstellt.
8 Vgl. hierzu die Ausführungen zum »Schwedischen Weg« im Kapitel 18.
9 WHO, Global Report on Ageism, 2021, https://www.un.org/development/desa/dspd/wp-content/uploads/sites/22/2021/03/9789240016866-eng.pdf, S. 22–25.
10 Vgl. hierzu Laura Donnely in: The Telegraph vom 3.7.2014, https://www.telegraph.co.uk/news/health/news/10942295/NHS-defies-the-law-to-deny-pensioners-vital-operations-warns-Royal-College-of-Surgeons.html (abgerufen am 5.6.2021).
11 BMFSFJ 2010, Sechster Altenbericht, S. 327.
12 Biermann 2009, »Der Alte stirbt doch sowieso«, S. 34–52; BMFSFJ 2010, Sechster Altenbericht, S. 324–331; Reither-Theil/Albisser Schleger 2007, Alter Patient – (k)ein Grund zur Sorge?, S. 189–196.
13 Pantel 2017, Möglichkeiten und Grenzen altersmedizinischer Versorgung, S. 45–64.
14 Frank/Sievers/Hackel 2013, Qualität der Behandlung von Menschen mit demenziellen Störungen in Deutschland.
15 AOK, Pflege-Report 2021, https://www.aok-bv.de/presse/pressemitteilungen/2021/index_24651.html (abgerufen am 28.11.2021).
16 Martin Dahms, Coronavirus in Spanien. Viele Tote in Altenheimen – wurden die Alten bewusst vernachlässigt?, in: Frankfurter Rundschau vom 10.6.2020, https://www.fr.de/politik/coronavirus-spanien-viele-tote-altenheimen-13793291.html und Melissa Davey/Ben Butler, Nurses Horrified by »Weeks of Neglect« of Woman from Covid-hit Melbourne Nursing Home, in: The Guardian vom 21.8.2020, https://www.theguardian.com/australia-news/2020/aug/22/nurses-horrified-by-weeks-of-neglect-of-woman-from-covid-hit-melbourne-nursing-home (abgerufen am 24.8.2020).
17 Zur Situation alter Menschen im britischen National Health Service vgl. Kings Fund, Age Discrimination and Social Care, https://www.nhsggc.org.uk/media/255856/nhsggc_equalities__kings_fund_age_discrimination_in_hsc.pdf (abgerufen am 12.1.2022).
18 Jana Kötter, »Weniger ist manchmal mehr«. Interview mit Ferdinand Gerlach, in: ÄrzteZeitung vom 8.8.2016, https://www.aerztezeitung.de/Politik/Weniger-ist-manchmal-mehr-302183.html (abgerufen am 18.6.2021).

Kapitel 8: No country for old men? – Der Countdown läuft

1 DESTATIS – Statistisches Bundesamt 2019, Bevölkerung im Wandel, S. 22.
2 Vgl. hierzu Tesch-Römer et al. 2002, Sicherung der Solidarität der Generationen.
3 Schirrmacher 2004, Das Methusalem-Komplott, S. 54.
4 Stückler 2020, Die »Alten« und die Corona-Krise.
5 In der »Mitte-Studie« 2021 der Friedrich-Ebert-Stiftung stimmten fast 17 % der Befragten dieser Aussage zu: https://www.fes.de/forum-berlin/gegen-rechtsextremismus/mitte-studie-2021 (abgerufen am 18.10.2021).

Kapitel 9: Über die Tötung der Alten – ein kleiner Ausflug in Literatur und Geschichte

1 Swift 1726/1889/2012, Gullivers Reisen, S. 270–274.
2 Ebd., S. 274.
3 Regie führte Michael Anderson.
4 https://www.kino.de/film/hyperland/news/endjaehrig-film-der-zdf-dystopia-reihe-heute-nacht-im-tv/ (abgerufen am 3.12.2021).
5 Tatsächlich gibt es in den meisten dieser Geschichten einen heldenhaften Protagonisten, der gegen die grausamen Maßnahmen aufbegehrt.
6 Pousset 2018, Senizid und Altentötung.
7 Ebd., S. 3.
8 Ebd., S. 5.
9 Ebd., S. 20 f.
10 Müller 1968, Altentötung, S. 17–44.
11 Allerdings wurden auch in den antiken Gesellschaften alte Menschen an den Rand gedrängt und sogar ausgegrenzt. Historische Beispiele hierfür finden sich in Gutsfeld/Schmitz 2003, Am schlimmen Rand des Lebens?
12 Pousset 2018, Senizid und Altentötung, S. 17.
13 Ebd., S. 11 f. Eine quellenkritische Auseinandersetzung findet sich bei: Schulte 2001, Gerontocide in Science Fiction and Fact, S. 31–36.
14 Allerdings gibt es auch »weiße Flecken« auf der Landkarte. So finden sich keine historischen Hinweise für Senizide bei den Altägyptern, den Persern, den Finnen und bei Juden.
15 Aus: Kirchhöfer/Schröter, Zerrissene Familien, Berlin 2014. Zitiert nach Pousset, 2018, Senizid und Altentötung, S. 14.
16 Pousset 2018, Senizid und Altentötung, S. 14.
17 Ebd., S. 7 f.
18 Ebd.
19 Ebd., S. 13.
20 Eine ausführliche Beschreibung dieser Praxis findet sich in: Chatterjee 2014, Thalaikoothal.
21 Pousset, Senizid und Altentötung, S. 25.
22 Ebd., S. 19.
23 Koty 1934, Die Behandlung der Alten und Kranken bei den Naturvölkern.
24 Hahn 2001, Pflegebedürftige alte Menschen im Nationalsozialismus, S. 135–137.

Kapitel 10: Von der Gerontophobie zum Gerontozid

1 Beine/Turczynski 2017, Tatort Krankenhaus, S. 10–13.

2 Beine 2020, Praxis der Sterbehilfe durch Ärzte und Pflegekräfte in deutschen Krankenhäusern.

3 https://de.wikipedia.org/wiki/Todesengel_von_Lainz#Waltraud_Wagner (abgerufen am 7.5.2021).

4 Gisela Friedrichsen, »Waltraud, i brauch' no a Bett«, in: Der Spiegel vom 31.3.1991, https://www.spiegel.de/politik/waltraud-i-brauch-no-a-bett-a-d21150b5-0002-0001-0000-000013487762?context=issue.

5 Schimany/Hörl 2004, Gewalt gegen pflegebedürftige alte Menschen in der Familie, S. 194–215.

6 Wenige Ausnahmen bestehen z. B. bei der Notwehr oder Nothilfe, bei einem finalen Rettungsschuss oder im Krieg.

7 https://de.wikipedia.org/wiki/Senizid (abgerufen am 17.6.2021).

8 Hillenkamp 2020, Altentötung und Alterssuizid, S. 728 f.

9 So z. B. der Rechtsmediziner Hans-Joachim Wagner, der Medizinhistoriker und Medizinethiker Axel Bauer oder der Soziologe Hartmut Diessenbacher.

10 Pousset 2018, Senizid und Altentötung, S. 29.

11 Ebd.

12 Das Initiieren von allen Maßnahmen, die durch Inedia zum Tode führen, wird hierbei nicht selbstbestimmt, sondern durch Dritte vollzogen, z. B. durch das Vorenthalten von Nahrung und Flüssigkeit.

13 Pousset 2018, Senizid und Altentötung, S. 2–4 und 37 f.

14 Zumindest in ihren individualisierten, weniger in ihren strukturell bedingten Formen.

15 Pousset 2018, Senizid und Altentötung, S. 27.

16 Beine/Turczynski 2017, Tatort Krankenhaus, S. 13.

Kapitel 11: Droht der gesundheitspolitische Senizid? – Wenn alte Menschen hinten runterfallen

1 Diessenbacher 1987, Gibt es einen gesundheitspolitischen Gerontozid?, S. 257.

2 Pousset 2018, Senizid und Altentötung, S. 33 sowie 37 f.

3 Reiter-Theil/Albisser Schleger 2007, Alter Patient, S. 193.

4 Ebd., S. 190–191.

5 Universität Duisburg-Essen, Sozialpolitik aktuell, 2021, https://www.sozialpolitik-aktuell.de/files/sozialpolitik-aktuell/_Politikfelder/Gesundheitswesen/Datensammlung/PDF-Dateien/abbVI11.pdf (abgerufen am 17.6.2021).

6 So etwa der Vorsitzende der Jungen Union, Philipp Mißfelder, mit seiner Aussage aus dem Jahr 2003: »Ich halte nichts davon, wenn 85-Jährige noch künstliche Hüftgelenke auf Kosten der Solidargemeinschaft bekommen.«

7 Friedrich Breyer ist seit vielen Jahren Mitglied des wissenschaftlichen Beirats des Bundeswirtschaftsministeriums und dessen ehemaliger stellvertretender Vorsitzender.

8 Breyer 2005, Rationierung von GKV-Leistungen nach dem Alter, S. 349 f.

9 Robert Koch Institut, Gesundheit in Deutschland – Gesundheitsberichterstat-

tung des Bundes, Berlin 2015, S. 439, https://www.rki.de/DE/Content/Gesundheitsmonitoring/Gesundheitsberichterstattung/GesInDtld/GesInDtld_node.html;jsessionid=2781D1A62E71F2ECA6280D782A614653.internet052 (abgerufen am 3.7.2021).
10 Im Folgenden modifiziert nach: Pantel 2017, Möglichkeiten und Grenzen altersmedizinischer Versorgung.
11 Statista 2021, https://de.statista.com/statistik/daten/studie/1189601/umfrage/kosten-von-demenzerkrankungen-weltweit/ (abgerufen am 3.7.2021).
12 Statista 2021, https://de.statista.com/statistik/daten/studie/787556/umfrage/pro-kopf-kosten-fuer-pflegebeduerftige-demenzpatienten-nach-leistungsbereich/ (abgerufen am 3.7.2021).
13 Im Folgenden modifiziert nach: Pantel 2021, Disease Modifying Treatment.
14 Wimo 2018, Alzheimer's Disease Nightmare, S. 41.
15 Ebd., S. 42.
16 Whitehouse 2014, The End of Alzheimer's Disease, S. 677–681.
17 Alzheimer's Disease International, World Alzheimer Report 2013, https://www.alzint.org/u/WorldAlzheimerReport2013.pdf (abgerufen am 28.11.2021).
18 Deutscher Bundestag, Drucksache 19/1803 vom 23.4.2018, https://dserver.bundestag.de/btd/19/018/1901803.pdf (abgerufen am 28.11.2021).
19 Pandemie trifft Pflegenotstand, in: intensiv 3/2020: https://www.thieme.de/de/pflege/pandemie-trifft-pflegenotstand-157236.htm (abgerufen am 28.11.2021).
20 Pflegnotstand in Deutschland: Offizielle Zahlen und hohe Dunkelziffer, 5.5.2018, http://www.lazarus.at/2018/05/05/pflegnotstand-in-deutschland-offizielle-zahlen-und-hohe-dunkelziffer/ (abgerufen am 28.11.2021).
21 Heinz Rothgang/Rolf Müller, BARMER Pflegereport 2021: Wirkungen der Pflegereformen und Zukunftstrends, https://www.barmer.de/presse/infothek/studien-und-reports/pflegereport/pflegereport-2021-360768 (abgerufen am 1.12.2021).
22 Pflegenotstand tötet Menschen, in: Sozialticker vom 20.9.2017, https://www.sozialticker.com/pflegenotstand-toetet-menschen/ (abgerufen am 28.11.2021).
23 Kistler 2006, Methusalem-Lüge, S. 209.
24 Schimany/Hörl 2004, Gewalt gegen pflegebedürftige alte Menschen, S. 208.
25 Ebd., S. 211–213.
26 Ebd., S. 201.
27 Vollmar/Buscher 2014, Beschreibung der Szenarien, S. 155–164.

Kapitel 12: Sollen wir sterben wollen? – Wie die moralisch saubere Selbstentsorgung funktioniert

1 Hugo Van Aken/Bettina Schöne-Seifert, Es geht um den Patienten-Willen, in: Westfälische Nachrichten vom 11.4.2020, https://www.wn.de/muensterland/es-geht-um-den-patienten-willen-871109 (abgerufen am 28.11.2021).
2 Ebd., Hervorh. durch J. P.
3 Frederik Schindler, Tuttlingen und die Grenze des Vertretbaren, in: Die Welt vom 14.12.2021, https://www.welt.de/politik/deutschland/article235657942/Corona-und-Krankenhaeuser-Tuttlingen-und-die-Grenze-des-Vertretbaren.html (abgerufen am 20.1.2022).

4 Ebd.
5 Van Aken/Schöne-Seifert, Es geht um den Patienten-Willen (s. Anm. 1), Hervorh. durch J. P.
6 Die im Artikel empfohlene Verwendung der »Palliativ-Ampel« der Palliativ-Stiftung ist allerdings kein Instrument der Prognoseeinschätzung, sondern dient der standardisierten Dokumentation des Patientenwillens. Dies wird in dem Artikel verwischt.
7 Ezekiel J. Emanuel, Why I Hope to Die at 75, in: The Atlantic, Oktober 2014, https://www.theatlantic.com/magazine/archive/2014/10/why-i-hope-to-die-at-75/379329/ (abgerufen am 28.11.2021).
8 Übersetzung aus dem Englischen: J. P.
9 Deutsches Ärzteblatt vom 5.5.2021, https://www.aerzteblatt.de/nachrichten/123586/Umfrage-zeigt-grosse-Zustimmung-zu-einer-liberalen-Sterbehilfe (abgerufen am 28.11.2021).
10 Peter Winnemöller, »Sterbehilfe wird nicht mehr zu bremsen sein«. Interview mit Axel W. Bauer, in: Die Tagespost vom 20.6.2020, https://www.die-tagespost.de/politik/sterbehilfe-wird-nicht-mehr-zu-bremsen-sein-art-209349 (abgerufen am 20.1.2022).
11 Ebd.
12 Hegerl 2021, Suizidprävention und -assistenz, S. 18–25.
13 Peter Winnemöller, Interview mit Axel W. Bauer (s. Anm. 10).
14 Pousset 2018, Senizid und Altentötung, S. 7.
15 Bundespräsident Johannes Rau am 18. Mai 2011 im Otto-Braun-Saal der Staatsbibliothek Berlin, https://www.bundesregierung.de/breg-de/service/bulletin/-berliner-rede-von-bundespraesident-johannes-rau-785526 (abgerufen am 30.11.2021).
16 Eser 2009, Möglichkeiten und Grenzen der Sterbehilfe, S. 137–164.
17 Evangelischer Pressedienst vom 29.3.2021, https://www.evangelisch.de/inhalte/184301/29-03-2021/ethik-expertin-bahr-neuregelung-der-sterbehilfe-braucht-zeit (abgerufen am 30.11.2021).
18 Nina Streeck, »Ein Embryo hat kein Recht auf Leben«. Interview mit Peter Singer, in: Neue Zürcher Zeitung vom 24.5.2015, https://www.nzz.ch/nzzas/nzz-am-sonntag/philosoph-peter-singer-ein-embryo-hat-kein-recht-auf-leben-1.18547574 (abgerufen am 30.11.2021).
19 Sarah-Kate Templeton, Better for Old to Kill Themselves than be a Burden, Says Warnock, in: The Sunday Times vom 12.12.2004, https://www.thetimes.co.uk/article/better-for-old-to-kill-themselves-than-be-a-burden-says-warnock-tjj8qm66jn0 (abgerufen am 30.11.2021). Übersetzung aus dem Englischen: J. P.
20 Martin Beckford, Baroness Warnock. Dementia Sufferers May Have a »Duty to Die«, in: The Telegraph vom 18.9.2008, https://www.telegraph.co.uk/news/uknews/2983652/Baroness-Warnock-Dementia-sufferers-may-have-a-duty-to-die.html (abgerufen am 30.11.2021).
21 Bauer 2015, Notausgang assistierter Suizid, S. 49.

Kapitel 13: Am rutschigen Hang – ein Exkurs über die Tötung Demenzkranker in den Niederlanden

1 Handreichung des Deutschen Hospiz- und Palliativverbands zum Thema Sterbehilfe vom 18.1.2021, https://www.dhpv.de/files/public/stellungnahmen/2021_Dialogpapier-DHPV-EF-Anlage3.pdf (abgerufen am 30.11.2021).
2 Jahresberichte der niederländischen Regionalen Kontrollkommissionen für Sterbehilfe, https://www.euthanasiecommissie.nl/ (abgerufen am 30.11.2021).
3 Statista, Total Number of End-of-Life Decisions the Netherlands 2001–2015, by Medical Decision, https://www.statista.com/statistics/523047/total-number-of-end-of-life-decisions-in-the-netherlands-by-medical-decision/ (abgerufen am 30.11.2021).
4 Dutch Doctor on Trial in Landmark Euthanasia Case, in: Courthouse News Service vom 26.8.2019, https://www.courthousenews.com/dutch-doctor-on-trial-in-landmark-euthanasia-case/ (abgerufen am 30.11.2021).
5 Dutch High Court Allows Euthanasia for Some Dementia Patients, in: Courthouse News Service vom 21.4.2020, https://www.courthousenews.com/dutch-high-court-allows-euthanasia-for-some-dementia-patients/ (abgerufen am 30.11.2021).
6 Florian Staeck, Sterbehilfe in den Niederlanden. Der Arzt entscheidet bei der Tötung von Demenzkranken, in: ÄrzteZeitung vom 25.11.2020, https://www.aerztezeitung.de/Politik/Der-Arzt-entscheidet-bei-der-Toetung-von-Demenzkranken-414994.html (abgerufen am 30.11.2021).
7 Ebd.
8 Detaillierte praxisnahe Empfehlungen hierzu finden sich in der AWMF-Leitlinie »Einwilligung von Menschen mit Demenz in medizinische Maßnahmen«, https://www.awmf.org/uploads/tx_szleitlinien/108-001l_S2k_Einwilligung_von_Menschen_mit_Demenz_in_medizinische_Ma%C3%9Fnahmen_2020-10_01.pdf (abgerufen am 21.1.2022).
9 Bauer 2015, Notausgang assistierter Suizid, S. 70.
10 Statista, Patientenverfügungen – Umfrage zur Verbreitung in Deutschland nach Altersgruppe, https://de.statista.com/statistik/daten/studie/375267/umfrage/patientenverfuegungen-verbreitung-in-deutschland-nach-altersgruppen/ (abgerufen am 30.11.2021).
11 Horst Gross, Nur jede 50. Patientenverfügung greift im Notfall, in: Deutschlandfunk Kultur vom 6.6.2019, https://www.deutschlandfunkkultur.de/medizinische-versorgung-am-lebensende-nur-jede-50.976.de.html?dram:article_id=450680 (abgerufen am 30.11.2021).
12 Stellungnahme der Deutschen Gesellschaft für Gerontopsychiatrie und -psychotherapie e. V. (DGGPP) zum Urteil des Bundesverfassungsgerichts vom 26.2.2020 zur Sterbehilfe, https://dggpp.de/stellungnahmen/DGGPP_Stellungnahme_assistierter_Suizid.pdf (abgerufen am 2.12.2021).
13 Petition gegen aktive Sterbehilfe bei Demenz-Patienten in den Niederlanden, in: Deutsches Ärzteblatt vom 9.2.2017, https://www.aerzteblatt.de/nachrichten/72991/Petition-gegen-aktive-Sterbehilfe-bei-Demenz-Patienten-in-den-Niederlanden (abgerufen am 2.12.2021).
14 Holländische Sterbehilfe-Kontrolleurin tritt aus Protest zurück, in: Deutsches Ärzteblatt vom 25.1.2018, https://www.aerzteblatt.de/nachrichten/88797/Hol-

laendische-Sterbehilfe-Kontrolleurin-tritt-aus-Protest-zurueck (abgerufen am 2.12.2021).

15 Andreas Öhler im Interview mit Theo A. Boer, in: Zeit Online vom 26.2.2020, https://www.zeit.de/2020/10/theo-a-boer-aktive-sterbehilfe-ethik (abgerufen am 2.12.2021).

16 Jahresbericht 2020 der niederländischen »Regionalen Tötungskommissionen«, S. 19, https://www.euthanasiecommissie.nl/de-toetsingscommissies/uitspraken/jaarverslagen/2020/april/15/jaarverslag-2020 (abgerufen am 2.12.2021).

17 Raus et al. 2021, Euthanasia in Belgium.

18 NRC Handelsblad vom 16.6.2017, https://www.nrc.nl/nieuws/2017/06/16/de-euthanasiegeest-is-uit-de-fles-11123806-a1563406 (abgerufen am 2.12.2021).

19 Gisela Klinkhammer, Sterbehilfe in den Niederlanden – Tod frei Haus, in: Deutsches Ärzteblatt vom 24.2.2012, https://www.aerzteblatt.de/archiv/122764/Sterbehilfe-in-den-Niederlanden-Tod-frei-Haus (abgerufen am 21.1.2022).

20 Gisela Klinkhammer, Niederlande. Erste Bilanz einer Sterbeklinik, in: Deutsches Ärzteblatt vom 16.11.2012, https://www.aerzteblatt.de/archiv/132617/Niederlande-Erste-Bilanz-einer-Sterbeklinik, vgl. hierzu auch den Selbstbericht der Levenseindekliniek in Den Haag aus dem Jahr 2018: http://slk-jaarverslag-beleidsplan.nl/Portals/2/Siteafbeeldingen/downloads/Levenseindekliniek%20Feiten%20en%20Cijfers%202018%20Def.pdf (jeweils abgerufen am 21.1.2022).

21 Thomas Kirchner, Neu Nachdenken über das Leben, in: Süddeutsche Zeitung vom 3.2.2020, https://www.sueddeutsche.de/politik/niederlande-neu-nachdenken-ueber-das-leben-1.4783041 (abgerufen am 3.12.2021).

22 Ebd.

23 Institut für Medizinische Anthropologie und Bioethik Wien (IMABE), Kanada. Sterbehilfe untergräbt medizinische Standards in der Versorgung, 4.3.2021, https://www.imabe.org/bioethikaktuell/einzelansicht/kanada-sterbehilfe-untergraebt-medizinische-standards-in-der-versorgung (abgerufen am 3.12.2021).

24 Sterbehilfe in Heimen soll gesetzlich ermöglicht werden, in: Nachrichtenportal Südostschweiz vom 3.5.2021, https://www.suedostschweiz.ch/aus-dem-leben/2021-05-03/sterbehilfe-in-heimen-soll-gesetzlich-ermoeglicht-werden (abgerufen am 21.1.2022).

25 Ebd.

26 The Office of the Parliamentary Budget Office (Kanada), 20.10.2020, https://www.pbo-dpb.gc.ca/web/default/files/Documents/Reports/RP-2021-025-M/RP-2021-025-M_en.pdf (abgerufen am 3.12.2021).

27 Eckart 2012, Medizin in der NS-Diktatur, S. 21–100.

28 Zum Beispiel bei Adolf Jost: Das Recht auf den Tod. Eine sociale Studie, Göttingen 1895.

29 Eckart 2012, Medizin in der NS-Diktatur, S. 65–89 und Deutsche Gesellschaft für Psychiatrie, Psychotherapie und Nervenheilkunde (DGPP), Eine verhängnisvolle Publikation. Die Freigabe der Vernichtung lebensunwerten Lebens, https://www.dgppn.de/schwerpunkte/rassenhygiene.html (abgerufen am 21.1.2022).

30 Klie 2021, Recht auf Demenz, S. 15.

Kapitel 14: Darf man das? – Das ethische Bollwerk bröckelt

1 Hillenkamp 2020, Altentötung und Alterssuizid, S. 728 f.
2 Ebd.
3 Markmann 2003, Gesundheitsversorgung im Alter, S. 3–33.
4 Der »organ harvest«-Fall ist eine Variante des sogenannten Trolley-Problems, siehe: Thomson 1985, The Trolley Problem, S. 1395–1415.
5 In seinem Buch »The Ethics of Killing« behauptet Jeff McMaham z. B.: »[...] the demented patient is a post-person who succeeds the patient at onset in the latter's own body. The person who contracts progressive dementia may thus cease to exist well before the disease has run its full course.« Siehe McMaham 2002, Ethics of Killing, S. 493.
6 Vgl. ebd., S. 485 f. und Singer 1994, Praktische Ethik, S. 230.
7 Noll/Wolf 2019, Altersrationierung im Gesundheitswesen, S. 11.
8 Altman 2021, Consequentialist Argument, S. 360 f. Übersetzung J. P.
9 Deutsche interdisziplinäre Vereinigung für Intensiv- und Notfallmedizin (DIVI), Entscheidungen über die Zuteilung intensivmedizinischer Ressourcen im Kontext der COVID-19-Pandemie, Version 2, Klinisch-ethische Empfehlungen, 17.4.2020, https://www.divi.de/joomlatools-files/docman-files/publikationen/covid-19-dokumente/200417-divi-covid-19-ethik-empfehlung-version-2.pdf (abgerufen am 3.12.2021).
10 Zitiert nach Noll/Wolf 2019, Altersrationierung im Gesundheitswesen, S. 13; Marckman 2005, Alter als Verteilungskriterium, S. 351 f.
11 Schweda 2013, Altersbilder, S. 149–167.
12 Ebd., S. 161 f.
13 Ebd., S. 161.
14 Ebd.
15 Ebd.
16 Beth Baker, Renowned Ethicist Says To »Set Limits« On Health Care, in: NPR vom 10.12.2009, https://www.npr.org/templates/story/story.php?storyId=121283688&t=1633010261996 (abgerufen am 3.12.2021).
17 Deutsche Bischofskonferenz, Stellungnahme zu den Äußerungen von Herrn Prof. Dr. Joachim Wiemeyer in der ARD-Sendung »Report Mainz«, 4.6.2003, https://www.dbk.de/presse/aktuelles/meldung/stellungnahme-zu-den-aeusserungen-von-herrn-prof-dr-joachim-wiemeyer-in-der-ard-sendung-report-main (abgerufen am 3.12.2021).
18 Breyer 2005, Rationierung von GKV-Leistungen nach dem Alter, S. 349 f.
19 So z. B. in Noll/Wolf 2019, Altersrationierung im Gesundheitswesen, S. 11.
20 Ebd.
21 Vgl. hierzu Streng-Baunemann 2016, Strafrechtliche Grenzen, S. 25–49.
22 Siehe hierzu die Ausführungen des Sozialrechtsexperten Stefan Huster 2005, Altersrationierung im Gesundheitswesen, S. 369–372.

Kapitel 15: Altersbilder korrigieren – Generationen zusammenführen

1 Requena et al. 2018, Educational Methods, S. 383–402.
2 Hafeneger 1995, Jugendbilder und Jugendfeindlichkeit, S. 217–225.

3 Vgl. Nikolai Okunew/Niels Theinert, Die Pandemie als »Generationenkonflikt«. Von »Corona-Partys« und Moral Panic, in: Zeitgeschichte-online vom 2.4.2020, https://zeitgeschichte-online.de/node/58142 (abgerufen am 3.12.2021).
4 Siehe hierzu Antje-Britta Möhrstedt, Generation Z – geht'z noch, Vortrag vom 24.4.2018, https://www.stbverband-sachsen.de/download/24_04_2018_1.pdf (abgerufen am 3.12.2021).
5 Michael Schmidt, »Hauptsache divers, Hauptsache Migrationshintergrund, Hauptsache Quote«, in: Der Tagessspiegel vom 14.10.2021, https://www.tagesspiegel.de/politik/elke-heidenreich-zur-causa-sarah-lee-heinrich-hauptsache-divers-hauptsache-migrationshintergrund-hauptsache-quote/27702422.html (abgerufen am 24.1.2022).
6 BMFSFJ, In gemeinsamer Verantwortung. Politik für, mit und von Jugend, Die Jugendstrategie der Bundesregierung, 2020, https://www.bmfsfj.de/resource/blob/141940/bfd79e3fc3acf5197251512ccec1d901/in-gemeinsamer-verantwortung-politik-fuer-mit-und-von-jugend-data.pdf (abgerufen am 3.12.2021).
7 BMFSFJ 2010, Sechster Altenbericht, S. 270–274.
8 Deutscher Presserat, Pressecodex, https://www.presserat.de/pressekodex.html (abgerufen am 3.12.2021).
9 BMFSFJ 2010, Sechster Altenbericht, S. 479–481.
10 Ingrid Friedrich, Die Darstellung älterer Menschen in der Fibel, Universität Kassel, http://forschung.uni-kassel.de/converis/portal/Project/5697230?auxfun=&lang=en_GB (abgerufen am 3.12.2021).
11 Ginschel/Schlüter 2020, Analyse von Altersbildern.
12 BMFSFJ 2010, Sechster Altenbericht, S. 481.
13 Lüscher et al. 2014/2015, Generationen, Generationenbeziehung und Generationenpolitik, S. 21.
14 Vgl. Kruse/Schmitt 2012, Bildung im Dialog der Generationen, S. 10.
15 Amrhein/Schüller 2005, Dialog der Generationen, https://www.bpb.de/apuz/29217/dialog-der-generationen und Volker Amrhein, Zukunft gemeinsam gestalten – Dialog der Generationen, https://www.generationendialog.de/zukunft-gemeinsam-gestalten-dialog-der-generationen/ (abgerufen am 3.12.2021) (beide abgerufen am 3.12.2021).
16 BMFSFJ 2010, Sechster Altenbericht, S. 429 f.
17 Ebd., S. 431–469.
18 Ebd., S. 445.

Kapitel 16: Nicht hinters Licht führen lassen!

1 Gerd Bosbach, Demografische Entwicklung. Realität und mediale Aufarbeitung, in: Berliner Debatte Initial vom 2.8.2006, zitiert nach https://www.linksnet.de/artikel/20020 (abgerufen am 3.12.2021); ders., Demografie-Angst. Völlig unbegründet, in: Deutschlandfunk Kultur vom 12.10.2015, https://www.deutschlandfunkkultur.de/bevoelkerungsforschung-demografie-angst-voellig-unbegruendet.1008.de.html?dram:article_id=333656 (abgerufen am 3.12.2021); ders. 2008, Droht eine Kostenlawine im Gesundheitswesen?,

S. 5–12; Kistler 2006, Die Methusalem-Lüge; Strange 2006, Keine Angst vor Methusalem.

2 Kistler 2006, Methusalem-Lüge, S. 235.

3 https://de.wikipedia.org/wiki/Rentenreform (abgerufen am 3.12.2021).

4 Beispiele hierfür sind die völlig unterschiedlichen Strukturen der sozialen Sicherungssysteme und die Tatsache, dass der »Babyboom« in den USA bereits zehn Jahre früher als in Deutschland einsetzte und auch früher wieder abebbte, sodass die deutsche und amerikanischen »Babyboomer«-Generation nicht gleichgesetzt werden darf.

5 DESTATIS – Statistisches Bundesamt 2019, Bevölkerung im Wandel, S. 13–16.

6 Kistler 2006, Methusalem-Lüge, S. 10.

7 Weyerer 2021, Epidemiologie und demografischer Wandel, S. 48.

8 Statista, Gesamtausgaben der gesetzlichen Krankenversicherung (GKV) in Deutschland in den Jahren 1994 bis 2020, 26.7.2021, https://de.statista.com/statistik/daten/studie/2668/umfrage/gesetzliche-krankenversicherung-ausgaben/ (abgerufen am 3.12.2021).

9 Universität Duisburg-Essen, Sozialpolitik aktuell, 2021, https://www.sozialpolitik-aktuell.de/files/sozialpolitik-aktuell/_Politikfelder/Gesundheitswesen/Datensammlung/PDF-Dateien/abbVI11.pdf (abgerufen am 17.6.2021).

10 Bosbach, Demografische Entwicklung (s. Anm. 1).

11 Bosbach, Demografie-Angst (s. Anm. 1).

12 Ebd.

13 Türk et al., 2018, Den demografischen Wandel bewältigen, S. 12–17.

14 Bosbach, Demografische Entwicklung (s. Anm. 1).

15 Strange 2006, Keine Angst vor Methusalem, S. 118–132.

16 Barbara Galakionow, Chancen des Wandels – Produktivität schlägt Demografie, in: Süddeutsche Zeitung vom 11.4.2014, https://www.sueddeutsche.de/politik/chancen-des-wandels-produktivitaet-schlaegt-demografie-1.1934635 (einschließlich eines Gespräches mit Gerd Bosbach) (abgerufen am 3.12.2021).

17 Bosbach 2008, Kostenlawine, S. 5–12.

18 Kistler 2006, Methusalem-Lüge, S. 206–209.

19 Bosbach 2008, Kostenlawine, S. 9.

Kapitel 17: Alte Menschen besser schützen

1 Modifiziert aus: Pantel 2016, Fixierungen im Pflegeheim, S. 14–18.

2 Meyer et al. 2009, Restraint Use, S. 981–990.

3 Andrea M. Berzlanovich/Jutta Schöpfer/Wolfgang Keil, Todesfälle bei Gurtfixierungen, in: Deutsches Ärzteblatt vom 20.1.2012, S. 27–32, https://www.aerzteblatt.de/archiv/118941/Todesfaelle-bei-Gurtfixierungen (abgerufen am 24.1.2022).

4 Siehe hierzu ausführlich: Haberstroh/Pantel 2011, Demenz psychosozial behandeln, und Pantel/Schall 2019, Nicht-Pharmakologische und psychosoziale Therapien.

5 Deutsches Institut für Menschenrechte 2017, Altersdiskriminierung, S. 23.

6 Eggert et al. 2018, Aggression und Gewalt in der informellen Pflege, S. 1–27.

7 Beigang et al. 2017, Diskriminierungserfahrungen in Deutschland, S. 94–98.

8 https://de.wikipedia.org/wiki/Allgemeines_Gleichbehandlungsgesetz (abgerufen am 3.12.2021).
9 Deutsches Institut für Menschenrechte 2017, Altersdiskriminierung, S. 11.
10 Ebd., S. 10.
11 Ebd.
12 Huster 2010, Altersrationierung im Gesundheitswesen, S. 372.
13 Büro gegen Altersdiskriminierung, Mehrheit für Erweiterung von Artikel 3 GG um das Lebensalter, 14.5.2019, https://www.altersdiskriminierung.de/themen/artikel.php?id=10093 (abgerufen am 3.12.2021).
14 Ebd.
15 Deutsches Institut für Menschenrechte 2017, Altersdiskriminierung, S. 10–11.
16 https://social.un.org/ageing-working-group/ (abgerufen am 3.12.2021).
17 Pantel 2021, Bedrohung der Menschenrechte älterer Personen im Kontext der Corona-Krise, S. 23–42.

Kapitel 18: Gerecht sollte es schon sein

1 Hierzu Tremmel 2012, Eine Theorie der Generationengerechtigkeit.
2 Dallinger 2005, Generationen-Gerechtigkeit; BMFSFJ 2010, Sechster Altenbericht, S. 449 f.; Deutscher Bundestag 2002, Enquête-Kommission Demographischer Wandel, S. 37 f.
3 Wilkoszewski 2012, Demografie und sozialpolitische Einstellungen, S. 32.
4 Schnetzer/Hurrelmann 2021, Jugend in Deutschland, S. 22 f.
5 Bundesministerium für Arbeit und Soziales 2020, Bericht.
6 Bundesministerium für Arbeit und Soziales, Generationendialog, 18.1.2021, https://www.bmas.de/DE/Soziales/Rente-und-Altersvorsorge/Kommission-Verlaesslicher-Generationenvertrag/Dokumente/generationendialog.html (abgerufen am 3.12.2021).
7 Hierfür wird eine Weiterentwicklung des Sozialbeirats empfohlen, der seit 1958 das Bundesministerium für Arbeit und Soziales berät. Bundesministerium für Arbeit und Soziales, 2020, Bericht, S. 7.
8 »Mehr Fortschritt wagen«. Koalitionsvertrag zwischen der SPD, Bündnis 90/Die Grünen und FDP vom November 2021, S. 73 f., https://www.spd.de/fileadmin/Dokumente/Koalitionsvertrag/Koalitionsvertrag_2021-2025.pdf (abgerufen am 8.12.2021).
9 Sozialverband Deutschland, Stellungnahme zum Bericht der Rentenkommission der Bundesregierung »Verlässlicher Generationenvertrag«, 27.3.2020, https://www.sovd-hh.de/news-service/stellungnahmen/rente/09042020-verlaesslicher-generationenvertrag/ (abgerufen am 3.12.2021); Deutscher Gewerkschaftsbund, Abschlussbericht der Rentenkommission. Fragen und Antworten, 26.3.2020, https://www.dgb.de/++co++784fedd4-6f51-11ea-8a81-52540088cada (abgerufen am 3.12.2021).
10 Kistler 2006, Methusalem-Lüge, S. 197 und S. 235 f.
11 Deutscher Gewerkschaftsbund, Neue Sicherheit für alle Generationen. Bericht zur Rentenpolitik in Deutschland, 27.3.2020, S. 49–59, https://www.dgb.de/themen/++co++5c26fb50-701b-11ea-8f86-52540088cada (abgerufen am 3.12.2021).

12 Pantel 2017, Möglichkeiten und Grenzen altersmedizinischer Versorgung; Raspe/Meyer 2009, Priorisierung, S. A1036–A1039.

13 Raspe/Meyer 2009, Priorisierung, S. A1036–A1039.

14 Zentrale Kommission zur Wahrung ethischer Grundsätze in der Medizin und ihren Grenzgebieten (Zentrale Ethikkommission) bei der Bundesärztekammer, Stellungnahme zur Priorisierung medizinischer Leistungen im System der Gesetzlichen Krankenversicherung (GKV), September 2007, https://www.zentrale-ethikkommission.de/fileadmin/user_upload/downloads/pdf-Ordner/Zeko/KurzfassungPriorisierung.pdf (abgerufen am 3.12.2021).

15 Club of Rome warnt mit Nachdruck vor Klimawandel, in: Deutsche Welle vom 8.5.2012, https://p.dw.com/p/14rTJ (abgerufen am 3.12.2021).

16 Verfassungsgericht stärkt Fridays for Future. Klimaschutzgesetz geht nicht weit genug, in: Frankfurter Rundschau vom 29.4.2021, https://www.fr.de/politik/fridays-for-future-klimaschutz-verfassungsgericht-karlsruhe-gesetz-entscheidung-90480505.html (abgerufen am 3.12.2021).

17 Scientists for Future, Klimagerechtigkeit. Materialsammlung, 19.8.2020, https://www.die-gdi.de/uploads/media/S4F-Klimagerechtigkeit_--_132_Folien_--_2020-08-19.pdf (abgerufen am 3.12.2021).

18 Creactiv, Klimagerechtigkeit. Was bedeutet das?, https://klimaretter.hamburg/klimagerechtigkeit/ (abgerufen am 3.12.2021).

19 Lüscher et al. 2014/2015, Generationen, Generationenbeziehung und Generationenpolitik, S. 20f.

20 Kahl 2018, Nachhaltigkeitsverfassung, S. 13.

21 Sachverständigenrat für Umweltfragen, Zum Vorschlag eines Rats für Generationengerechtigkeit, 22.6.2020, https://www.umweltrat.de/SharedDocs/Kurzmeldungen/DE/2016_2020/2020_06_Generationengerechtigkeit.html (abgerufen am 8.12.2021).

Kapitel 19: Gemeinsame Interessen in den Blick nehmen – der neue Dialog der Generationen

1 BMFSFJ 2010, Sechster Altenbericht, S. 229; Wilkoszewski 2012, Demografie und sozialpolitische Einstellungen, S. 34.

2 Deutscher Bundestag 2002, Enquête-Kommission Demographischer Wandel, S. 37.

3 Türk et al. 2018, Den demografischen Wandel bewältigen, S. 16f.

4 Vgl. hierzu: Bundesministerium für Arbeit und Soziales 2020, Bericht der Kommission Verlässlicher Generationenvertrag, S. 11.

5 Was ist eigentlich … Reverse Coaching?, https://www.kursfinder.de/kursfinder-fuer-unternehmen/lernen-zum-quadrat-aktionswoche/was-ist-eigentlich-reverse-coaching-17165 (abgerufen am 3.12.2021).

6 Cremer 2020, Was ist gerecht?, S. 99.

7 Stefanie Groll/Anne Stauffer, Billige Kohle kommt der Gesundheit teuer zu stehen, 18.12.2018, https://www.boell.de/de/2018/12/28/billige-kohle-kommt-der-gesundheit-teuer-zu-stehen (abgerufen am 3.12.2021).

8 Watts et al., The 2020 Report of the Lancet Countdown on Health and Climate Change. Responding to Converging Crises, in: The Lancet 397 (2021),

S. 129–170, https://www.thelancet.com/journals/lancet/article/PIIS0140-6736(20)32290-X/fulltext#%20 (abgerufen am 3.12.2021).

9 Auf diese Geschichte machte mich mein Freund und hochgeschätzter Kollege Prof. Axel W. Bauer aufmerksam: Johann Peter Hebel, Kindes Dank und Undank (1804), in: ders., Poetische Werke, München 1961, S. 40, http://bit.ly/U09slh (abgerufen am 3.12.2021).

Literaturverzeichnis

Albert, Matthias/Klaus Hurrelmann/Gudrun Quenzel/Kantar, 18. Shell-Jugendstudie, Jugend 2019. Eine Generation meldet sich zu Wort – Zusammenfassung, https://www.shell.de/about-us/shell-youth-study/_jcr_content/par/toptasks.stream/1570810209742/9ff5b72cc4a915b9a6e7a7a7b6fdc653cebd4576/shell-youth-study-2019-flyer-de.pdf.

Altman, Matthew C., A Consequentialist Argument for Considering Age in Triage Decisions During the Coronavirus Pandemic, in: Bioethics 35 (2021), S. 356–363.

Amann, Anton, Die großen Alterslügen. Generationenkrieg, Pflegechaos, Fortschrittsbremse, Wien 2004.

Amrhein, Volker/Bernd Schüller, Dialog der Generationen, in: APuZ 51/52 (2005), https://www.bpb.de/apuz/29217/dialog-der-generationen.

Bauer, Axel W., Notausgang assistierter Suizid? Die Thanatopolitik in Deutschland vor dem Hintergrund des demografischen Wandels, in: Thomas Sören Hoffmann/Marcus Knaup (Hrsg.), Was heißt: In Würde sterben? Wider die Normalisierung des Tötens, Wiesbaden 2015, S. 49–78.

Becker, Bernhard von, Babyboomer. Die Generation der Vielen, Berlin 2014.

Beigang, Steffen/Karolina Fetz/Dorina Kalkum/Magdalena Otto, Diskriminierungserfahrungen in Deutschland. Ergebnisse einer Repräsentativ- und einer Betroffenenbefragung, Baden-Baden 2017.

Beine, Karl H./Jeanne Turczynski, Tatort Krankenhaus. Ein kaputtes System macht es den Tätern leicht, München 2017.

Ders., Praxis der Sterbehilfe durch Ärzte und Pflegekräfte in deutschen Krankenhäusern, in: Deutsche Medizinische Wochenschrift 145 (2020), e123–e129.

Berzlanovich, Andrea/Jutta Schöpfer/Wolfgang Keil, Todesfälle bei Gurtfixierung, in: Deutsches Ärzteblatt 109 (3) (2012), S. 27–32.

Biermann, Ursula, »Der Alte stirbt doch sowieso!« Der alltägliche Skandal im Medizinbetrieb, Freiburg i. Br. 2009.

Bosbach, Gerd, Droht eine Kostenlawine im Gesundheitswesen?, in: Soziale Sicherheit 1 (2008), S. 5–12.

Breyer, Friedrich, Rationierung von GKV-Leistungen nach dem Alter. Pro, in: Deutsche Medizinische Wochenschrift 130 (2005), S. 349–350.

Bundesministerium für Arbeit und Soziales, Bericht der Kommission Verlässlicher Generationenvertrag vom 27. März 2020, https://www.bmas.de/SharedDocs/Downloads/DE/Rente/Kommission-Verlaesslicher-Generationenvertrag/bericht-der-kommission-kurzfassung.pdf;jsessionid=34BAE4FBB796AF604DB1D3038978E61F.delivery1-replication?__blob=publicationFile&v=1.

Bundesministerium für Familie, Senioren, Frauen und Jugend (BMFSFJ), Sechster Bericht der Sachverständigenkommission zur Lage der älteren Generation in der Bundesrepublik Deutschland. Altersbilder in der Gesellschaft, Berlin 2010, https://www.bmfsfj.de/resource/blob/101922/b6e54a742b2e84808af68b8947d10ad4/sechster-altenbericht-data.pdf.

Bryant, Thomas, Alterungsangst und Todesgefahr. Der deutsche Demografie-Diskurs (1911–2011), in: APuZ 10/11 (2011), https://www.bpb.de/apuz/33451/alterungsangst-und-todesgefahr-der-deutsche-demografie-diskurs-1911-2011.

Burgdörfer Friedrich, Volk ohne Jugend. Geburtenschwund und Überalterung des deutschen Volkskörpers, Berlin 1932.

Chatterjee, Pyali, Thalaikoothal. The Practice of Euthanasia in the Name of Custom, in: European Researcher 87 (2014), S. 2005–2012.

Cremer, Georg, Was ist gerecht? Annäherung an eine schwierige Frage, in: Bundesministerium für Arbeit und Soziales (Hrsg.), Bericht der Kommission Verlässlicher Generationenvertrag vom 27. März 2020, S. 97–101, https://www.bmas.de/SharedDocs/Downloads/DE/Rente/Kommission-Verlaesslicher-Generationenvertrag/bericht-der-kommission-band-2.pdf?__blob=publicationFile&v=1.

Dallinger, Ursula, Generationen-Gerechtigkeit. Die Wahrnehmung in der Bevölkerung, in: APuZ 8 (2005), https://www.bpb.de/apuz/29222/generationen-gerechtigkeit-die-wahrnehmung-in-der-bevoelkerung.

DESTATIS – Statistisches Bundesamt, Bevölkerung im Wandel. Annahmen und Ergebnisse der 14. Koordinierten Bevölkerungsvorausberechnung, Wiesbaden 2019, https://www.destatis.de/DE/Presse/Pressekonferenzen/2019/Bevoelkerung/pressebroschuere-bevoelkerung.pdf?__blob=publicationFile.

Dass., Ergebnis der 1. mittelfristigen Bevölkerungsvorausberechnung, Wiesbaden 2021, https://www.destatis.de/DE/Themen/Gesellschaft-Umwelt/Bevoelkerung/Bevoelkerungsvorausberechnung/_inhalt.html.

Deutscher Bundestag, Schlussbericht der Enquête-Kommission »Demographischer Wandel. Herausforderungen unserer älter werdenden Gesellschaft an den Einzelnen und die Politik«, Drucksache 14/8800 vom 28. März 2002.

Deutsches Institut für Menschenrechte (Hrsg.), Altersdiskriminierung und das Recht Älterer auf Freiheit von Gewalt, Misshandlung und Vernachlässigung. Dokumentation der Fachgespräche vom 21. April 2017, https://www.institut-fuer-menschenrechte.de/publikationen/detail/altersdiskriminierung-und-das-recht-aelterer-auf-freiheit-von-gewalt-misshandlung-und-vernachlaessigung.

Diessenbacher, Hartmut, Gibt es einen gesundheitspolitischen Gerontozid? Zur Ethik und Ökonomie des Generationenkonflikts im Gesundheitssystem, in: Neue Praxis 3 (1987), S. 257–265.

Ders., Generationenvertrag, Ethik und Ökonomie: Ist das höhere Lebensalter noch finanzierbar?, in: Christoph Sachße/H. Tristan Engelhardt (Hrsg.), Sicherheit und Freiheit. Zur Ethik des Wohlfahrtstaates, Frankfurt a. M. 1990, S. 255–271.

Eckart, Wolfgang Uwe, Medizin in der NS-Diktatur. Ideologie, Praxis, Folgen, Köln 2012.

Eggert, Simon/Patrick Schnapp/Daniela Sulmann/Zentrum für Qualität in der Pflege, Aggression und Gewalt in der informellen Pflege, Juni 2018, https://www.zqp.de/wp-content/uploads/ZQP_Analyse_Gewalt_informelle_Pflege.pdf.

Eser, Albin, Möglichkeiten und Grenzen der Sterbehilfe aus der Sicht eines Juristen, in: Walter Jens/Hans Küng (Hrsg), Menschwürdig Sterben: Ein Plädoyer für Selbstverantwortung, München 2009, S. 137–164.

Frank, Godemann/Christoph Sievers/Natalie Hackel, Die Qualität der Behandlung von Menschen mit demenziellen Störungen in Deutschland, in: Uwe Repschläger/Claudia Schulte/Nicole Osterkamp (Hrsg.), BARMER GEK Gesundheitswesen aktuell 2013: Beiträge und Analysen, Köln 2013, S. 288–312.

Ginschel, Franziska/Kirsten Schlüter, Analyse von Altersbildern in Schulbüchern der Primarstufe und Sekundarstufe I, in: Christiane Woopen/Anna Janhsen/Marcel

Mertz/Anna Genske (Hrsg.), Alternde Gesellschaft im Wandel, Berlin/Heidelberg 2020.

Gronemeyer, Reimer, Die Entfernung vom Wolfsrudel. Über den drohenden Krieg der Jungen gegen die Alten, Frankfurt a. M. [2]1991.

Gutsfeld, Andreas/Winfried Schmitz (Hrsg.), Am schlimmen Rand des Lebens? Altersbilder in der Antike, Köln 2003.

Haberstroh, Julia/Johannes Pantel (Hrsg.), Demenz psychosozial behandeln, Heidelberg 2011.

Hafeneger, Benno, Jugendbilder und Jugendfeindlichkeit. Anmerkungen zum Generationenverhältnis, in: Deutsche Jugend 43 (5) (1995), S. 217–225.

Hahn, Susanne, Pflegebedürftige alte Menschen im Nationalsozialismus, in: Christoph Kopke (Hrsg.), Medizin und Verbrechen, Ulm 2001, S. 131–142.

Hegerl, Ulrich, Suizidprävention und -assistenz. Das BVG-Urteil zur Suizidassistenz und die Versorgungslage, in: Frankfurter Forum Diskurse (2021), H. 23, S. 18–25.

Hillenkamp, Thomas, Altentötung und Alterssuizid. Eine Bestandsaufnahme für die Kriminalpolitik, in: Zeitschrift für die gesamte Strafrechtswissenschaft 132 (4) (2020), S. 705–741.

Hurrelmann, Klaus/Mathias Albert, 15. Shell-Jugendstudie. Eine pragmatische Generation unter Druck, Frankfurt 2006.

Ders./Erik Albrecht, Die heimlichen Revolutionäre. Wie die Generation Y unsere Welt verändert, Weinheim 2014.

Huster, Stefan, Altersrationierung im Gesundheitswesen. (Un-)Zulässigkeit und Ausgestaltung, in: Medizinrecht 28 (2010), S. 369–372.

Illies, Florian, Generation Golf. Eine Inspektion, Frankfurt a. M. 2001.

Janssens, Uwe, Pandemie Triage-Entscheidungen, in: Gerechte Gesundheit. Positionen vom 26. Mai 2020, https://www.gerechte-gesundheit.de/debatte/positionen/uebersicht/detail/position/32.html.

Jimenez-Sotomayor, Maria Renee/Carolina Gomez-Moreno/Enrique Soto-Perez-de-Celis, Coronavirus, Ageism, and Twitter. An Evaluation of Tweets about Older Adults and COVID-19, in: Journal of the American Geriatrics Society 68 (8) (2020), S. 1661–1665, https://doi.org/10.1111/jgs.16508.

Kahl, Wolfgang, Nachhaltigkeitsverfassung. Reformüberlegungen, Tübingen 2018.

Kirchhöfer, Dieter/Ursula Schröter, Zerrissene Familien und Kontaktabbrüche, Berlin 2014.

Kistler, Ernst, Die Methusalem-Lüge. Wie mit demographischen Mythen Politik gemacht wird, München 2006.

Klie, Thomas, Recht auf Demenz. Ein Plädoyer, Stuttgart 2021.

Klöckner, Bernd, Die gierige Generation. Wie die Alten auf Kosten der Jungen abkassieren, Frankfurt a. M. 2005.

Kochskämper, Susanne, Sozialversicherungen. Nachhaltigkeit ohne neue Leistungsversprechen, in: Institut der deutschen Wirtschaft (Hrsg.), Perspektive 2035, Köln 2017, S. 157–178.

Körber Stiftung, Die Babyboomer gehen in Rente. Was das für die Kommunen bedeutet. Thesenpapier des Berlin-Instituts für Bevölkerung und Entwicklung, Hamburg 2018, https://www.koerber-stiftung.de/mediathek/die-babyboomer-gehen-in-rente-was-das-fuer-die-kommunen-bedeutet-1690.

Koty, John, Die Behandlung der Alten und Kranken bei den Naturvölkern, Stuttgart 1934.

Kruse, Andreas/Eric Schmitt, Bildung im Dialog der Generationen, in: Zeitschrift für Internationale Bildungsforschung und Entwicklungspädagogik 35 (2012), S. 9–14.

Ders., Generationengerechtigkeit in Corona-Zeiten. Prof. Andreas Kruse im Podcast-Interview mit Mathias Knappe, Bayerischer Rundfunk am 6. Mai 2021, https://www.br.de/mediathek/podcast/aktuelle-interviews/generationengerechtigkeit-in-corona-zeiten-prof-andreas-kruse-deutscher-ethikrat/1825503.

Lev, Sagit/Susanne Wurm/Liat Ayalon, Origins of Ageism at the Individual Level, in: Liat Ayalon/Clemens Tesch-Römer, Contemporary Perspectives on Ageism, Cham 2018, S. 51–72.

Lüscher, Kurt/Andreas Hoff/Giovanni Lamura/Marta Renzi/Mariano Sánchez/Gil Viry/Eric Widmer/Andrzej Klimczuk/Paulo de Salles Oliveira, Generationen, Generationenbeziehung und Generationenpolitik. Ein mehrsprachiges Kompendium, 2014/2015, http://www.kurtluescher.de/downloads/Luescher-Kompendium_7sprachig-komplett_online_15-10-2015.pdf.

Marckmann, Georg (Hrsg.), Gesundheitsversorgung im Alter zwischen ethischer Verpflichtung und ökonomischem Zwang, Stuttgart 2003.

Ders., Alter als Verteilungskriterium in der Gesundheitsversorgung. Contra, in: Deutsche Medizinische Wochenschrift 130 (2005), S. 351–352.

McMaham, Jeff, The Ethics of Killing: Problems at the Margins of Life, Oxford 2002.

Menning, Sonja/Elke Hoffmann, Die Babyboomer. Ein demografisches Portrait, in: Deutsches Zentrum für Altersfragen (Hrsg.), Report Altersdaten – GeroStat 2 (2009), https://www.dza.de/fileadmin/dza/Dokumente/Report_Altersdaten/Report_Altersdaten_Heft_2_2009.pdf.

Meyer, Gabriele/Sascha Köpke/Burkhard Haastert/Ingrid Mühlhauser, Restraint Use Among Nursing Home Residents. Cross-Sectional Study and Prospective Cohort Study, in: Journal of Clinical Nursing 18 (7) (2009), S. 981–990.

Mohl, Hans, Die Altersexplosion. Droht uns ein Krieg der Generationen?, Stuttgart 1993.

Müller, Klaus E., Zur Frage der Altentötung im westeurasischen Raum, in: Paideuma – Mitteilungen zur Kulturkunde 14 (1968), S. 17–44.

Noll, Bernd/Sascha Wolf, Altersrationierung im Gesundheitswesen. Ein wirtschaftsethisch vertretbarer Weg?, in: Journal for Markets and Ethics 7 (1) (2019), S. 1–20.

Pantel, Johannes, Fixierungen im Pflegeheim. Notwendiges Übel oder strafbarer Freiheitsentzug?, in: Der Allgemeinarzt 16 (2016), S. 14–18.

Ders., Möglichkeiten und Grenzen altersmedizinischer Versorgung in einer Gesellschaft des demografischen Wandels, in: D. Döring (Hrsg.), Gesundes Leben. Die Perspektiven, Frankfurt a. M. 2017, S. 45–64.

Ders./Arthur Schall, Nicht-Pharmakologische und psychosoziale Therapien. Was sonst noch hilft, in: Markus Horneber/Rupert Püllen/Janine Hübner (Hrsg.), Das demenzsensible Krankenhaus. Grundlagen und Praxis einer patientenorientierten Betreuung und Versorgung, Stuttgart 2019, S. 276–290.

Ders., Das Virus und »die Alten«, in: Demenz – das Magazin 47 (2020), S. 27–29.

Ders., Bedrohung der Menschenrechte älterer Personen im Kontext der Corona-Krise. Ein Advocacy Review, in: Psychotherapie im Alter 18 (2021), S. 23–42.

Ders., Gesundheitliche Risiken von sozialer Isolation und Einsamkeit im Alter, in: Geriatrie Report 16 (2021), S. 6–8.

Ders., Disease Modifying Treatment (DMT) kurz vor der Zulassung. Ist die Alzheimer-Demenz bald besiegt?, in: Demenz – das Magazin 48 (2021), S. 28–29.

Pousset, Raimund, Senizid und Altentötung. Ein überfälliger Diskurs, Wiesbaden 2018.

Raspe, Heiner/Thorsten Meyer, Priorisierung. Vom schwedischen Vorbild lernen, in: Deutsches Ärzteblatt 106 (2009), S. A1036–A1039.

Raus, Kasper/Bert Vanderhaegen/Sigrid Sterckx, Euthanasia in Belgium. Shortcomings of the Law and its Application and of the Monitoring of Practice, in: The Journal of Medicine and Philosophy. A Forum for Bioethics and Philosophy of Medicine 46 (1) (2021), S. 80–107.

Reither-Theil, Stella/Heidi Albisser Schleger, Alter Patient – (k)ein Grund zur Sorge?, in: Notfall und Rettungsmedizin 10 (2007), S. 189–196.

Requena, María del Carmen/Hannah J. Swift/Laura Naegele/Marc Zwamborn/Susan MetzWilco/P. H. Bosems/Joost van Hoof, Educational Methods Using Intergenerational Interaction to Fight Ageism, in: Liat Ayalon/Clemens Tesch-Römer, Contemporary Perspectives on Ageism, Cham 2018, S. 383–402.

Romero Starke, Karla/David Reissig/Gabriela Petereit-Haack/Stefanie Schmauder/Albert Nienhaus/Andreas Seidler, The Isolated Effect of Age on the Risk of COVID-19 Severe Outcomes. A Systematic Review with Meta-Analysis, in: British Medical Journal Global Health 6 (2021), e006434, DOI:10.1136/bmjgh-2021-006434.

Rupps, Martin, Wir Babyboomer. Wir waren immer zu viele, Freiburg i. Br. 2008.

Schimany, Peter/Josef Hörl, Gewalt gegen pflegebedürftige alte Menschen in der Familie. Ein Zukunftsthema für die Generationenbeziehungen?, in: Zeitschrift für Familienforschung 16 (2004), S. 194–215.

Schirrmacher, Frank, Das Methusalem-Komplott, München 2004.

Schnetzer, Simon/Klaus Hurrelmann, Jugend in Deutschland. Trendstudie Winter 2021/22, Kempten 2021.

Scholz, Christian, Generation Z. Wie sie tickt, was sie verändert und warum sie uns alle ansteckt, Weinheim 2014.

Schulte, Anja, Gerontocide in Science Fiction and Fact, in: European Review of Native American Studies 15 (2001), S. 31–36.

Schweda, Mark, Zu alt für die Hüftprothese, zu jung zum Sterben? Die Rolle von Altersbildern in der ethisch-politischen Debatte um eine altersabhängige Begrenzung medizinischer Leistungen, in: Gunnar Duttge/Markus Zimmermann-Acklin (Hrsg.), Gerecht Sorgen. Verständigungsprozesse über einen gerechten Einsatz knapper Ressourcen bei Patienten am Lebensende, Göttingen 2013, S. 149–167.

Singer, Peter, Praktische Ethik, Ditzingen [2]2002.

Strange, Nicholas, Keine Angst vor Methusalem! Warum wir mit dem Altern unserer Bevölkerung gut leben können, Springe 2006.

Streng-Baunemann, Anne Franziska, Strafrechtliche Grenzen der Rationierung medizinischer Leistungen, Berlin 2016.

Stückler, Andreas, »Die Alten« und die Corona-Krise. Ein Kommentar aus alterssoziologischer Sicht, in: Sozblog. Journal des Instituts für Soziologie der Universität Wien vom 27. April 2020, https://sozblog.univie.ac.at/wp/2020/04/27/die-alten-und-die-corona-krise/.

Swift, Jonathan, Gullivers Reisen 1726, übers. v. Franz Kottenkamp, Stuttgart 1839, Nachdruck Köln 2012.

Tesch-Römer, Clemens/Andreas Motel-Klingebiel/Hans-Joachim von Kondratowitz/Deutsches Zentrum für Altersfragen, Sicherung der Solidarität der Generationen. Zusammenhalt der Generationen im Zeichen des demographischen Wandels unter besonderer Berücksichtigung der individuellen und familialen Faktoren und deren Spannungsverhältnisse zur gesamtgesellschaftlichen Entwicklung, Berlin 2002, https://www.dza.de/fileadmin/dza/Dokumente/Diskussionspapiere/Diskussionspapier_Nr_33.pdf.

Thomson, Judith Jarvis, The Trolley Problem, in: Yale Law Journal 94 (1985), S. 1395–1415.

Tremmel, Jörg, Der Generationenbetrug. Plädoyer für das Recht der Jungen auf Zukunft, Würzburg 1996.

Ders., Eine Theorie der Generationengerechtigkeit, Paderborn 2012.

Türk, Erik/Florian Blank/Camille Logeay/Josef Wöss/Rudolf Zwiener, Den demografischen Wandel bewältigen. Die Schlüsselrolle des Arbeitsmarkts (IMK Report, Nr. 137), April 2018.

Vollmar, Horst Christian/Ines Buscher (2014), Beschreibung der Szenarien, in: Horst Christian Vollmar (Hrsg.), Leben mit Demenz im Jahr 2030, Weinheim/Basel 2014.

Weyerer, Siegfried, Epidemiologie und demografischer Wandel, in: Johannes Pantel/Cornelius Bollheimer/Andreas Kruse/Johannes Schröder/Cornel Sieber/Valentina Tesky, Praxishandbuch Altersmedizin, Stuttgart 22021, S. 40–55.

Whitehouse, Peter J., The End of Alzheimer's Disease. From Biochemical Pharmacology to Ecopsychosociology: A Personal Perspective, in: Biochemical Pharmacology 88 (4) (2014), S. 677–681.

Wilkoszewski, Harald, Demografie und sozialpolitische Einstellungen, in: Journal für Generationengerechtigkeit 12 (2012), S. 30–40.

Wimo, Anders, The End of the Beginning of the Alzheimer's Disease Nightmare. A Devil's Advocate's View, in: Journal of Alzheimer's Disease 64 (2018), S. 41–46.

Wolf, Jürgen, Krieg der Generationen? Sozialstaatliche Verteilung und politische Handlungspotentiale Älterer in der »alternden« Gesellschaft, in: PROKLA – Zeitschrift für Kritische Sozialwissenschaft 20 (80) (1990), S. 99–117.

Über den Autor

© *Joachim Pantel*

Johannes Pantel, geboren 1963, studierte Medizin, Philosophie, Psychologie und Geschichte der Medizin in Münster, Heidelberg und London. Nach seiner Facharztweiterbildung in Psychiatrie, Psychotherapie und Geriatrie, Forschungsaufenthalten in den USA sowie Habilitation (Universität Heidelberg) war er viele Jahre in leitenden klinischen Funktionen tätig und bekleidet heute eine Professur für Altersmedizin mit Schwerpunkt Psychogeriatrie und Klinische Gerontologie an der Goethe-Universität Frankfurt. Er ist Autor und Herausgeber von über 30 Sach- und Fachbüchern. Er wird als medizinischer Experte und Meinungsbildner vielfach angefragt, auch von Sendern wie *ARD* (u.a. »hart aber fair«), *ZDF, Deutsche Welle, ARTE* und *Deutschlandfunk* (»Kultur heute«,

»Lebenszeit«) sowie Zeitungen wie *FAZ*, *Spiegel* und *Die Zeit*. Er war und ist beratend u. a. für den Deutschen Bundestag, die Bundeszentrale für gesundheitliche Aufklärung, Ministerien und zahlreiche Stiftungen tätig.